JAPANS

WOORDENSCHAT

THEMATISCHE WOORDENLIJST

NEDERLANDS
JAPANS

De meest bruikbare woorden
Om uw woordenschat uit te breiden en
uw taalvaardigheid aan te scherpen

9000 woorden

Thematische woordenschat Nederlands-Japans - 9000 woorden

Door Andrey Taranov

Woordenlijsten van T&P Books zijn bedoeld om u woorden van een vreemde taal te helpen leren, onthouden, en bestudering. Dit woordenboek is ingedeeld in thema's en behandelt alle belangrijk terreinen van het dagelijkse leven, bedrijven, wetenschap, cultuur, etc.

Het proces van het leren van woorden met behulp van de op thema's gebaseerde aanpak van T&P Books biedt u de volgende voordelen:

- Correct gegroepeerde informatie is bepalend voor succes bij opeenvolgende stadia van het leren van woorden
- De beschikbaarheid van woorden die van dezelfde stam zijn maakt het mogelijk om woord-groepen te onthouden (in plaats van losse woorden)
- Kleine groepen van woorden faciliteren het proces van het aanmaken van associatieve verbin-dingen, die nodig zijn bij het consolideren van de woordenschat
- Het niveau van talenkennis kan worden ingeschat door het aantal geleerde woorden

T&P Books Publishing
www.tpbooks.com

ISBN: 978-1-78492-297-9

Dit boek is ook beschikbaar in e-boek formaat.
Gelieve www.tpbooks.com te bezoeken of de belangrijkste online boekwinkels.

JAPANSE WOORDENSCHAT
nieuwe woorden leren

T&P Books woordenlijsten zijn bedoeld om u te helpen vreemde woorden te leren, te onthouden, en te bestuderen. De woordenschat bevat meer dan 9000 veel gebruikte woorden die thematisch geordend zijn.

- De woordenlijst bevat de meest gebruikte woorden
- Aanbevolen als aanvulling bij welke taalcursus dan ook
- Voldoet aan de behoeften van de beginnende en gevorderde student in vreemde talen
- Geschikt voor dagelijks gebruik, bestudering en zelftestactiviteiten
- Maakt het mogelijk om uw woordenschat te evalueren

Bijzondere kenmerken van de woordenschat

- De woorden zijn gerangschikt naar hun betekenis, niet volgens alfabet
- De woorden worden weergegeven in drie kolommen om bestudering en zelftesten te vergemakkelijken
- Woorden in groepen worden verdeeld in kleine blokken om het leerproces te vergemakkelijken
- De woordenschat biedt een handige en eenvoudige beschrijving van elk buitenlands woord

De woordenschat bevat 256 onderwerpen zoals:

Basisconcepten, getallen, kleuren, maanden, seizoenen, meeteenheden, kleding en accessoires, eten & voeding, restaurant, familieleden, verwanten, karakter, gevoelens, emoties, ziekten, stad, dorp, bezienswaardigheden, winkelen, geld, huis, thuis, kantoor, werken op kantoor, import & export, marketing, werk zoeken, sport, onderwijs, computer, internet, gereedschap, natuur, landen, nationaliteiten en meer ...

INHOUDSOPGAVE

UITSPRAAKGIDS

Hiragana	Katakana	Romaji	Japans voorbeeld	T&P fonetisch alfabet	Nederlands voorbeeld

Medeklinkers

あ	ア	a	あなた	[a]	acht
い	イ	i	いす	[i], [iː]	bidden, lila
う	ウ	u	うた	[u], [uː]	hoed, doe
え	エ	e	いいえ	[e]	delen, spreken
お	オ	o	しお	[ɔ]	aankomst, bot
や	ヤ	ya	やすみ	[jɑ]	januari, jaar
ゆ	ユ	yu	ふゆ	[ju]	jullie, aquarium
よ	ヨ	yo	ようす	[jo]	New York, jongen

Lettergrepen

ば	バ	b	ばん	[b]	hebben
ち	チ	ch	ちち	[ʧ]	cappuccino, Engels - 'chocae'
だ	ダ	d	からだ	[d]	Dank u, honderd
ふ	フ	f	ひふ	[f]	feestdag, informeren
が	ガ	g	がっこう	[g]	goal, tango
は	ハ	h	はは	[h]	het, herhalen
じ	ジ	j	じしょ	[ʤ]	jeans, jungle
か	カ	k	かぎ	[k]	kennen, kleur
む	ム	m	さむらい	[m]	morgen, etmaal
に	ニ	n	にもつ	[n]	nemen, zonder
ば	バ	p	バン	[p]	parallel, koper
ら	ラ	r	いくら	[r]	roepen, breken
さ	サ	s	あさ	[s]	spreken, kosten
し	シ	sh	わたし	[ɕ]	Chicago, jasje
た	タ	t	ふた	[t]	tomaat, taart
つ	ツ	ts	いくつ	[ʦ]	niets, plaats
わ	ワ	w	わた	[w]	twee, willen
ざ	ザ	z	ざっし	[ʣ]	zeldzaam

AFKORTINGEN
gebruikt in de woordenschat

Nederlandse afkortingen

mann.	-	mannelijk
vrouw.	-	vrouwelijk
mv.	-	meervoud
on.ww.	-	onovergankelijk werkwoord
ov.ww.	-	overgankelijk werkwoord
bn	-	bijvoeglijk naamwoord
bw	-	bijwoord
abn	-	als bijvoeglijk naamwoord
bijv.	-	bijvoorbeeld
enz.	-	enzovoort
wisk.	-	wiskunde
enk.	-	enkelvoud
ov.	-	over
mil.	-	militair
vn	-	voornaamwoord
telb.	-	telbaar
form.	-	formele taal
ontelb.	-	ontelbaar
inform.	-	informele taal
vw	-	voegwoord
vz	-	voorzetsel
ww	-	werkwoord

Nederlandse artikelen

de	-	gemeenschappelijk geslacht
het	-	onzijdig
de/het	-	onzijdig, gemeenschappelijk geslacht

BASISBEGRIPPEN

Basisbegrippen Deel 1

1. Voornaamwoorden

ik	私	watashi
jij, je	あなた	anata
hij	彼	kare
zij, ze	彼女	kanojo
wij, we	私たち	watashi tachi
jullie	あなたがた	anata ga ta
zij, ze	彼らは	karera wa

2. Begroetingen. Begroetingen. Afscheid

Hallo! Dag!	やあ！	yā!
Hallo!	こんにちは！	konnichiwa!
Goedemorgen!	おはよう！	ohayō!
Goedemiddag!	こんにちは！	konnichiwa!
Goedenavond!	こんばんは！	konbanwa!
gedag zeggen (grooten)	こんにちはと言う	konnichiwa to iu
Hoi!	やあ！	yā!
groeten (het)	挨拶	aisatsu
verwelkomen (ww)	挨拶する	aisatsu suru
Hoe gaat het?	元気？	genki ?
Hoe gaat het met u?	お元気ですか？	wo genki desu ka?
Hoe is het?	元気？	genki ?
Is er nog nieuws?	調子はどう？	chōshi ha dō ?
Dag! Tot ziens!	さようなら！	sayōnara!
Tot ziens! (form.)	さようなら！	sayōnara!
Doei!	バイバイ！	baibai!
Tot snel! Tot ziens!	じゃあね！	jā ne!
Vaarwel!	さらば！	saraba !
afscheid nemen (ww)	別れを告げる	wakare wo tsugeru
Tot kijk!	またね！	mata ne!
Dank u!	ありがとう！	arigatō!
Dank u wel!	どうもありがとう！	dōmo arigatō!
Graag gedaan	どういたしまして	dōitashimashite
Geen dank!	礼なんていいよ	rei nante ī yo
Geen moeite.	どういたしまして	dōitashimashite
Excuseer me, ... (inform.)	失礼！	shitsurei!

Excuseer me, ... (form.)	失礼致します！	shitsurei itashi masu!
excuseren (verontschuldigen)	許す	yurusu
zich verontschuldigen	謝る	ayamaru
Mijn excuses.	おわび致します！	owabi itashi masu!
Het spijt me!	ごめんなさい！	gomennasai!
vergeven (ww)	許す	yurusu
Maakt niet uit!	大丈夫です！	daijōbu desu!
alsjeblieft	お願い	onegai
Vergeet het niet!	忘れないで！	wasure nai de!
Natuurlijk!	もちろん！	mochiron!
Natuurlijk niet!	そんなことないよ！	sonna koto nai yo!
Akkoord!	オーケー！	ōkē!
Zo is het genoeg!	もう十分だ！	mō jūbun da!

3. Hoe aan te spreken

Excuseer me, ...	すみません、…	sumimasen , ...
meneer	…さん	...san
mevrouw	…さん	...san
juffrouw	…さん	...san
jongeman	…さん	...san
jongen	…ちゃん	...chan
meisje	…ちゃん	...chan

4. Kardinale getallen. Deel 1

nul	ゼロ	zero
een	一	ichi
twee	二	ni
drie	三	san
vier	四	yon
vijf	五	go
zes	六	roku
zeven	七	nana
acht	八	hachi
negen	九	kyū
tien	十	jū
elf	十一	jū ichi
twaalf	十二	jū ni
dertien	十三	jū san
veertien	十四	jū yon
vijftien	十五	jū go
zestien	十六	jū roku
zeventien	十七	jū shichi
achttien	十八	jū hachi
negentien	十九	jū kyū
twintig	二十	ni jū

eenentwintig	二十一	ni jū ichi
tweeëntwintig	二十二	ni jū ni
drieëntwintig	二十三	ni jū san
dertig	三十	san jū
eenendertig	三十一	san jū ichi
tweeëndertig	三十二	san jū ni
drieëndertig	三十三	san jū san
veertig	四十	yon jū
eenenveertig	四十一	yon jū ichi
tweeënveertig	四十二	yon jū ni
drieënveertig	四十三	yon jū san
vijftig	五十	go jū
eenenvijftig	五十一	go jū ichi
tweeënvijftig	五十二	go jū ni
drieënvijftig	五十三	go jū san
zestig	六十	roku jū
eenenzestig	六十一	roku jū ichi
tweeënzestig	六十二	roku jū ni
drieënzestig	六十三	roku jū san
zeventig	七十	nana jū
eenenzeventig	七十一	nana jū ichi
tweeënzeventig	七十二	nana jū ni
drieënzeventig	七十三	nana jū san
tachtig	八十	hachi jū
eenentachtig	八十一	hachi jū ichi
tweeëntachtig	八十二	hachi jū ni
drieëntachtig	八十三	hachi jū san
negentig	九十	kyū jū
eenennegentig	九十一	kyū jū ichi
tweeënnegentig	九十二	kyū jū ni
drieënnegentig	九十三	kyū jū san

5. Kardinale getallen. Deel 2

honderd	百	hyaku
tweehonderd	二百	ni hyaku
driehonderd	三百	san byaku
vierhonderd	四百	yon hyaku
vijfhonderd	五百	go hyaku
zeshonderd	六百	roppyaku
zevenhonderd	七百	nana hyaku
achthonderd	八百	happyaku
negenhonderd	九百	kyū hyaku
duizend	千	sen
tweeduizend	二千	nisen

drieduizend	三千	sanzen
tienduizend	一万	ichiman
honderdduizend	10万	jyūman
miljoen (het)	百万	hyakuman
miljard (het)	十億	jūoku

6. Ordinale getallen

eerste (bn)	第一の	dai ichi no
tweede (bn)	第二の	dai ni no
derde (bn)	第三の	dai san no
vierde (bn)	第四の	dai yon no
vijfde (bn)	第五の	dai go no
zesde (bn)	第六の	dai roku no
zevende (bn)	第七の	dai nana no
achtste (bn)	第八の	dai hachi no
negende (bn)	第九の	dai kyū no
tiende (bn)	第十の	dai jū no

7. Getallen. Breuken

breukgetal (het)	分数	bunsū
half	2分の1	ni bunno ichi
een derde	3分の1	san bunno ichi
kwart	4分の1	yon bunno ichi
een achtste	8分の1	hachi bunno ichi
een tiende	10分の1	jyū bunno ichi
twee derde	3分の2	san bunno ni
driekwart	4分の3	yon bunno san

8. Getallen. Eenvoudige berekeningen

aftrekking (de)	引き算	hikizan
aftrekken (ww)	引き算する	hikizan suru
deling (de)	割り算	warizan
delen (ww)	割る	wareru
optelling (de)	加算	kasan
erbij optellen (bij elkaar voegen)	加算する	kasan suru
optellen (ww)	足す	tasu
vermenigvuldiging (de)	掛け算	kakezan
vermenigvuldigen (ww)	掛ける	kakeru

9. Getallen. Diversen

cijfer (het)	桁数	keta sū
nummer (het)	数字	sūji
telwoord (het)	数詞	sūshi

minteken (het)	負号	fugō
plusteken (het)	正符号	sei fugō
formule (de)	公式	kōshiki

berekening (de)	計算	keisan
tellen (ww)	計算する	keisan suru
bijrekenen (ww)	数える	kazoeru
vergelijken (ww)	比較する	hikaku suru

Hoeveel?	いくら？	ikura ?
som (de), totaal (het)	合計	gōkei
uitkomst (de)	結果	kekka
rest (de)	剰余、余り	jōyo, amari

enkele (bijv. ~ minuten)	少数の	shōsū no
weinig (bw)	少し	sukoshi
restant (het)	残り	nokori
anderhalf	1,5	ittengo
dozijn (het)	ダース	dāsu

middendoor (bw)	半分に	hanbun ni
even (bw)	均等に	kintō ni
helft (de)	半分	hanbun
keer (de)	回	kai

10. De belangrijkste werkwoorden. Deel 1

aanbevelen (ww)	推薦する	suisen suru
aandringen (ww)	主張する	shuchō suru
aankomen (per auto, enz.)	到着する	tōchaku suru
aanraken (ww)	触れる	fureru
adviseren (ww)	助言する	jogen suru

afdalen (on.ww.)	下りる	oriru
afslaan (naar rechts ~)	曲がる	magaru
antwoorden (ww)	回答する	kaitō suru
bang zijn (ww)	怖がる	kowagaru
bedreigen (bijv. met een pistool)	脅す	odosu

bedriegen (ww)	だます	damasu
beëindigen (ww)	終える	oeru
beginnen (ww)	始める	hajimeru
begrijpen (ww)	理解する	rikai suru
beheren (managen)	管理する	kanri suru

beledigen (met scheldwoorden)	侮辱する	bujoku suru
beloven (ww)	約束する	yakusoku suru
bereiden (koken)	料理をする	ryōri wo suru
bespreken (spreken over)	討議する	tōgi suru
bestellen (eten ~)	注文する	chūmon suru
bestraffen (een stout kind ~)	罰する	bassuru
betalen (ww)	払う	harau

| betekenen (beduiden) | 意味する | imi suru |
| betreuren (ww) | 後悔する | kōkai suru |

bevallen (prettig vinden)	好む	konomu
bevelen (mil.)	命令する	meirei suru
bevrijden (stad, enz.)	解放する	kaihō suru
bewaren (ww)	保つ	tamotsu
bezitten (ww)	所有する	shoyū suru

bidden (praten met God)	祈る	inoru
binnengaan (een kamer ~)	入る	hairu
breken (ww)	折る、壊す	oru, kowasu
controleren (ww)	管制する	kansei suru
creëren (ww)	創造する	sōzō suru

deelnemen (ww)	参加する	sanka suru
denken (ww)	思う	omō
doden (ww)	殺す	korosu
doen (ww)	する	suru
dorst hebben (ww)	喉が渇く	nodo ga kawaku

11. De belangrijkste werkwoorden. Deel 2

een hint geven	暗示する	anji suru
eisen (met klem vragen)	要求する	yōkyū suru
excuseren (vergeven)	許す	yurusu
existeren (bestaan)	存在する	sonzai suru
gaan (te voet)	行く	iku

gaan zitten (ww)	座る	suwaru
gaan zwemmen	海水浴をする	kaisuiyoku wo suru
geven (ww)	手渡す	tewatasu
glimlachen (ww)	ほほえむ [微笑む]	hohoemu
goed raden (ww)	言い当てる	īateru

| grappen maken (ww) | 冗談を言う | jōdan wo iu |
| graven (ww) | 掘る | horu |

hebben (ww)	持つ	motsu
helpen (ww)	手伝う	tetsudau
herhalen (opnieuw zeggen)	復唱する	fukushō suru
honger hebben (ww)	腹をすかす	hara wo sukasu

hopen (ww)	希望する	kibō suru
horen (waarnemen met het oor)	聞く	kiku
huilen (wenen)	泣く	naku
huren (huis, kamer)	借りる	kariru
informeren (informatie geven)	知らせる	shiraseru

instemmen (akkoord gaan)	同意する	dōi suru
jagen (ww)	狩る	karu
kennen (kennis hebben van iemand)	知っている	shitte iru

kiezen (ww)	選択する	sentaku suru
klagen (ww)	不平を言う	fuhei wo iu
kosten (ww)	かかる	kakaru
kunnen (ww)	できる	dekiru
lachen (ww)	笑う	warau
laten vallen (ww)	落とす	otosu
lezen (ww)	読む	yomu
liefhebben (ww)	愛する	aisuru
lunchen (ww)	昼食をとる	chūshoku wo toru
nemen (ww)	取る	toru
nodig zijn (ww)	必要である	hitsuyō de aru

12. De belangrijkste werkwoorden. Deel 3

onderschatten (ww)	甘く見る	amaku miru
ondertekenen (ww)	署名する	shomei suru
ontbijten (ww)	朝食をとる	chōshoku wo toru
openen (ww)	開ける	akeru
ophouden (ww)	止める	tomeru
opmerken (zien)	見掛ける	mikakeru
opscheppen (ww)	自慢する	jiman suru
opschrijven (ww)	書き留める	kakitomeru
plannen (ww)	計画する	keikaku suru
prefereren (verkiezen)	好む	konomu
proberen (trachten)	試みる	kokoromiru
redden (ww)	救出する	kyūshutsu suru
rekenen op ...	…を頼りにする	... wo tayori ni suru
rennen (ww)	走る	hashiru
reserveren	予約する	yoyaku suru
(een hotelkamer ~)		
roepen (om hulp)	求める	motomeru
schieten (ww)	撃つ	utsu
schreeuwen (ww)	叫ぶ	sakebu
schrijven (ww)	書く	kaku
souperen (ww)	夕食をとる	yūshoku wo toru
spelen (kinderen)	遊ぶ	asobu
spreken (ww)	話す	hanasu
stelen (ww)	盗む	nusumu
stoppen (pauzeren)	止まる	tomaru
studeren (Nederlands ~)	勉強する	benkyō suru
sturen (zenden)	送る	okuru
tellen (optellen)	計算する	keisan suru
toebehoren ...	所有物である	shoyū butsu de aru
toestaan (ww)	許可する	kyoka suru
tonen (ww)	見せる	miseru
twijfelen (onzeker zijn)	疑う	utagau
uitgaan (ww)	出る	deru
uitnodigen (ww)	招待する	shōtai suru

uitspreken (ww)	発音する	hatsuon suru
uitvaren tegen (ww)	叱る［しかる］	shikaru

13. De belangrijkste werkwoorden. Deel 4

vallen (ww)	落ちる	ochiru
vangen (ww)	捕らえる	toraeru
veranderen (anders maken)	変える	kaeru
verbaasd zijn (ww)	驚く	odoroku
verbergen (ww)	隠す	kakusu
verdedigen (je land ~)	防衛する	bōei suru
verenigen (ww)	合体させる	gattai saseru
vergelijken (ww)	比較する	hikaku suru
vergeten (ww)	忘れる	wasureru
vergeven (ww)	許す	yurusu
verklaren (uitleggen)	説明する	setsumei suru
verkopen (per stuk ~)	売る	uru
vermelden (praten over)	言及する	genkyū suru
versieren (decoreren)	飾る	kazaru
vertalen (ww)	翻訳する	honyaku suru
vertrouwen (ww)	信用する	shinyō suru
vervolgen (ww)	続ける	tsuzukeru
verwarren (met elkaar ~)	混同する	kondō suru
verzoeken (ww)	頼む	tanomu
verzuimen (school, enz.)	欠席する	kesseki suru
vinden (ww)	見つける	mitsukeru
vliegen (ww)	飛ぶ	tobu
volgen (ww)	…について行く	… ni tsuiteiku
voorstellen (ww)	提案する	teian suru
voorzien (verwachten)	見越す	mikosu
vragen (ww)	問う	tō
waarnemen (ww)	監視する	kanshi suru
waarschuwen (ww)	警告する	keikoku suru
wachten (ww)	待つ	matsu
weerspreken (ww)	反対する	hantai suru
weigeren (ww)	拒絶する	kyozetsu suru
werken (ww)	働く	hataraku
weten (ww)	知る	shiru
willen (verlangen)	欲する	hossuru
zeggen (ww)	言う	iu
zich haasten (ww)	急ぐ	isogu
zich interesseren voor …	…に興味がある	… ni kyōmi ga aru
zich vergissen (ww)	誤りをする	ayamari wo suru
zich verontschuldigen	謝る	ayamaru
zien (ww)	見る	miru
zijn (ww)	ある	aru
zoeken (ww)	探す	sagasu

| zwemmen (ww) | 泳ぐ | oyogu |
| zwijgen (ww) | 沈黙を守る | chinmoku wo mamoru |

14. Kleuren

kleur (de)	色	iro
tint (de)	色合い	iroai
kleurnuance (de)	色相	shikisō
regenboog (de)	虹	niji

wit (bn)	白い	shiroi
zwart (bn)	黒い	kuroi
grijs (bn)	灰色の	haīro no

groen (bn)	緑の	midori no
geel (bn)	黄色い	kīroi
rood (bn)	赤い	akai

blauw (bn)	青い	aoi
lichtblauw (bn)	水色の	mizu iro no
roze (bn)	ピンクの	pinku no
oranje (bn)	オレンジの	orenji no
violet (bn)	紫色の	murasaki iro no
bruin (bn)	茶色の	chairo no

| goud (bn) | 金色の | kiniro no |
| zilverkleurig (bn) | 銀色の | giniro no |

beige (bn)	ベージュの	bēju no
roomkleurig (bn)	クリームの	kurīmu no
turkoois (bn)	ターコイズブルーの	tākoizuburū no
kersrood (bn)	チェリーレッドの	cherī reddo no
lila (bn)	ライラックの	rairakku no
karmijnrood (bn)	クリムゾンの	kurimuzon no

licht (bn)	薄い	usui
donker (bn)	濃い	koi
fel (bn)	鮮やかな	azayaka na

kleur-, kleurig (bn)	色の	iro no
kleuren- (abn)	カラー…	karā…
zwart-wit (bn)	白黒の	shirokuro no
eenkleurig (bn)	単色の	tanshoku no
veelkleurig (bn)	色とりどりの	irotoridori no

15. Vragen

Wie?	誰？	dare ?
Wat?	何？	nani ?
Waar?	どこに？	doko ni ?
Waarheen?	どちらへ？	dochira he ?
Waar ... vandaan?	どこから？	doko kara ?

Wanneer?	いつ？	itsu ?
Waarom?	なんで？	nande ?
Waarom?	どうして？	dōshite ?
Waarvoor dan ook?	何のために？	nan no tame ni ?
Hoe?	どうやって？	dō yatte?
Wat voor ...?	どんな　？	donna?
Welk?	どちらの…？	dochira no … ?
Aan wie?	誰に？	dare ni ?
Over wie?	誰のこと？	dare no koto ?
Waarover?	何のこと？	nannokoto ?
Met wie?	誰と？	dare to ?
Van wie? (mann.)	誰のもの？	Dare no mono ?

16. Voorzetsels

met (bijv. ~ beleg)	…と、…と共に	… to, totomoni
zonder (~ accent)	…なしで	… nashi de
naar (in de richting van)	…へ	.., he
over (praten ~)	…について	… ni tsuite
voor (in tijd)	…の前に	… no mae ni
voor (aan de voorkant)	…の正面に	… no shōmen ni
onder (lager dan)	下に	shita ni
boven (hoger dan)	上側に	uwagawa ni
op (bovenop)	上に	ue ni
van (uit, afkomstig van)	…から	… kara
van (gemaakt van)	…製の	… sei no
over (bijv. ~ een uur)	…で	… de
over (over de bovenkant)	…を越えて	… wo koe te

17. Functiewoorden. Bijwoorden. Deel 1

Waar?	どこに？	doko ni ?
hier (bw)	ここで	kokode
daar (bw)	そこで	sokode
ergens (bw)	どこかで	doko ka de
nergens (bw)	どこにも	doko ni mo
bij ... (in de buurt)	近くで	chikaku de
bij het raam	窓辺に	mado beni
Waarheen?	どちらへ？	dochira he ?
hierheen (bw)	こちらへ	kochira he
daarheen (bw)	そこへ	soko he
hiervandaan (bw)	ここから	koko kara
daarvandaan (bw)	そこから	soko kara
dichtbij (bw)	そばに	soba ni
ver (bw)	遠くに	tōku ni

in de buurt (van …)	近く	chikaku
vlakbij (bw)	近くに	chikaku ni
niet ver (bw)	遠くない	tōku nai
linker (bn)	左の	hidari no
links (bw)	左に	hidari ni
linksaf, naar links (bw)	左へ	hidari he
rechter (bn)	右の	migi no
rechts (bw)	右に	migi ni
rechtsaf, naar rechts (bw)	右へ	migi he
vooraan (bw)	前に	mae ni
voorste (bn)	前の	mae no
vooruit (bw)	前方へ	zenpō he
achter (bw)	後ろに	ushiro ni
van achteren (bw)	後ろから	ushiro kara
achteruit (naar achteren)	後ろへ	ushiro he
midden (het)	中央	chūō
in het midden (bw)	中央に	chūō ni
opzij (bw)	側面から	sokumen kara
overal (bw)	どこでも	doko demo
omheen (bw)	…の周りを	… no mawari wo
binnenuit (bw)	中から	naka kara
naar ergens (bw)	どこかへ	dokoka he
rechtdoor (bw)	真っ直ぐに	massugu ni
terug (bijv. ~ komen)	戻って	modotte
ergens vandaan (bw)	どこからでも	doko kara demo
ergens vandaan	どこからか	doko kara ka
(en dit geld moet ~ komen)		
ten eerste (bw)	第一に	dai ichi ni
ten tweede (bw)	第二に	dai ni ni
ten derde (bw)	第三に	dai san ni
plotseling (bw)	急に	kyū ni
in het begin (bw)	初めは	hajime wa
voor de eerste keer (bw)	初めて	hajimete
lang voor … (bw)	…かなり前に	…kanari mae ni
opnieuw (bw)	新たに	arata ni
voor eeuwig (bw)	永遠に	eien ni
nooit (bw)	一度も	ichi do mo
weer (bw)	再び	futatabi
nu (bw)	今	ima
vaak (bw)	よく	yoku
toen (bw)	あのとき	ano toki
urgent (bw)	至急に	shikyū ni
meestal (bw)	普通は	futsū wa
trouwens, …	ところで、…	tokorode, …
(tussen haakjes)		

mogelijk (bw)	可能な	kanō na
waarschijnlijk (bw)	恐らく［おそらく］	osoraku
misschien (bw)	ことによると	kotoni yoru to
trouwens (bw)	それに	soreni
daarom ...	従って	shitagatte
in weerwil van ...	…にもかかわらず	… ni mo kakawara zu
dankzij ...	…のおかげで	… no okage de

wat (vn)	何	nani
dat (vw)	…ということ	… toyuu koto
iets (vn)	何か	nani ka
iets	何か	nani ka
niets (vn)	何もない	nani mo nai

wie (~ is daar?)	誰	dare
iemand (een onbekende)	ある人	aru hito
iemand	誰か	dare ka
(een bepaald persoon)		

niemand (vn)	誰も…ない	dare mo ... nai
nergens (bw)	どこへも	doko he mo
niemands (bn)	誰の…でもない	dare no ... de mo nai
iemands (bn)	誰かの	dare ka no

zo (Ik ben ~ blij)	とても	totemo
ook (evenals)	また	mata
alsook (eveneens)	も	mo

18. Functiewoorden. Bijwoorden. Deel 2

Waarom?	どうして？	dōshite ?
om een bepaalde reden	なぜか［何故か］	naze ka
omdat ...	なぜなら	nazenara
voor een bepaald doel	何らかの理由で	nanrakano riyū de

en (vw)	と	to
of (vw)	または	matawa
maar (vw)	でも	demo
voor (vz)	…のために	… no tame ni

te (~ veel mensen)	…すぎる	… sugiru
alleen (bw)	もっぱら	moppara
precies (bw)	正確に	seikaku ni
ongeveer (~ 10 kg)	約	yaku

omstreeks (bw)	おおよそ	ōyoso
bij benadering (bn)	おおよその	ōyosono
bijna (bw)	ほとんど	hotondo
rest (de)	残り	nokori
de andere (tweede)	もう一方の	mōippōno
ander (bn)	他の	hokano
elk (bn)	各	kaku
om het even welk	どれでも	dore demo
veel (ontelb.)	多量の	taryō no

veel (telb.)	多くの	ōku no
veel mensen	多くの人々	ōku no hitobito
iedereen (alle personen)	あらゆる人	arayuru hito
in ruil voor ...	…の返礼として	... no henrei toshite
in ruil (bw)	引き換えに	hikikae ni
met de hand (bw)	手で	te de
onwaarschijnlijk (bw)	ほとんど…ない	hotondo ... nai
waarschijnlijk (bw)	恐らく［おそらく］	osoraku
met opzet (bw)	わざと	wazato
toevallig (bw)	偶然に	gūzen ni
zeer (bw)	非常に	hijō ni
bijvoorbeeld (bw)	例えば	tatoeba
tussen (~ twee steden)	間	kan
tussen (te midden van)	…の間で	... no made
zoveel (bw)	たくさん	takusan
vooral (bw)	特に	tokuni

Basisbegrippen Deel 2

19. Dagen van de week

maandag (de)	月曜日	getsuyōbi
dinsdag (de)	火曜日	kayōbi
woensdag (de)	水曜日	suiyōbi
donderdag (de)	木曜日	mokuyōbi
vrijdag (de)	金曜日	kinyōbi
zaterdag (de)	土曜日	doyōbi
zondag (de)	日曜日	nichiyōbi
vandaag (bw)	今日	kyō
morgen (bw)	明日	ashita
overmorgen (bw)	明後日 ［あさって］	asatte
gisteren (bw)	昨日	kinō
eergisteren (bw)	一昨日 ［おととい］	ototoi
dag (de)	日	nichi
werkdag (de)	営業日	eigyōbi
feestdag (de)	公休	kōkyū
verlofdag (de)	休み	yasumi
weekend (het)	週末	shūmatsu
de hele dag (bw)	一日中	ichi nichi chū
de volgende dag (bw)	翌日	yokujitsu
twee dagen geleden	2日前に	futsu ka mae ni
aan de vooravond (bw)	その前日に	sono zenjitsu ni
dag-, dagelijks (bn)	毎日の	mainichi no
elke dag (bw)	毎日	mainichi
week (de)	週	shū
vorige week (bw)	先週	senshū
volgende week (bw)	来週	raishū
wekelijks (bn)	毎週の	maishū no
elke week (bw)	毎週	maishū
twee keer per week	週に2回	shūni nikai
elke dinsdag	毎週火曜日	maishū kayōbi

20. Uren. Dag en nacht

morgen (de)	朝	asa
's morgens (bw)	朝に	asa ni
middag (de)	正午	shōgo
's middags (bw)	午後に	gogo ni
avond (de)	夕方	yūgata
's avonds (bw)	夕方に	yūgata ni

nacht (de)	夜	yoru
's nachts (bw)	夜に	yoru ni
middernacht (de)	真夜中	mayonaka
seconde (de)	秒	byō
minuut (de)	分	fun, pun
uur (het)	時間	jikan
halfuur (het)	30分	san jū fun
kwartier (het)	15分	jū go fun
vijftien minuten	15分	jū go fun
etmaal (het)	一昼夜	icchūya
zonsopgang (de)	日の出	hinode
dageraad (de)	夜明け	yoake
vroege morgen (de)	早朝	sōchō
zonsondergang (de)	夕日	yūhi
's morgens vroeg (bw)	早朝に	sōchō ni
vanmorgen (bw)	今朝	kesa
morgenochtend (bw)	明日の朝	ashita no asa
vanmiddag (bw)	今日の午後	kyō no gogo
's middags (bw)	午後	gogo
morgenmiddag (bw)	明日の午後	ashita no gogo
vanavond (bw)	今夜	konya
morgenavond (bw)	明日の夜	ashita no yoru
klokslag drie uur	3時ちょうどに	sanji chōdo ni
ongeveer vier uur	4時頃	yoji goro
tegen twaalf uur	12時までに	jūniji made ni
over twintig minuten	20分後	nijuppungo
over een uur	一時間後	ichi jikan go
op tijd (bw)	予定通りに	yotei dōri ni
kwart voor …	…時15分	… ji jyūgo fun
binnen een uur	1時間で	ichi jikan de
elk kwartier	15分ごとに	jyūgo fun goto ni
de klok rond	昼も夜も	hiru mo yoru mo

21. Maanden. Seizoenen

januari (de)	一月	ichigatsu
februari (de)	二月	nigatsu
maart (de)	三月	sangatsu
april (de)	四月	shigatsu
mei (de)	五月	gogatsu
juni (de)	六月	rokugatsu
juli (de)	七月	shichigatsu
augustus (de)	八月	hachigatsu
september (de)	九月	kugatsu
oktober (de)	十月	jūgatsu
november (de)	十一月	jūichigatsu
december (de)	十二月	jūnigatsu

lente (de)	春	haru
in de lente (bw)	春に	haru ni
lente- (abn)	春の	haru no

zomer (de)	夏	natsu
in de zomer (bw)	夏に	natsu ni
zomer-, zomers (bn)	夏の	natsu no

herfst (de)	秋	aki
in de herfst (bw)	秋に	aki ni
herfst- (abn)	秋の	aki no

winter (de)	冬	fuyu
in de winter (bw)	冬に	fuyu ni
winter- (abn)	冬の	fuyu no

maand (de)	月	tsuki
deze maand (bw)	今月	kongetsu
volgende maand (bw)	来月	raigetsu
vorige maand (bw)	先月	sengetsu

een maand geleden (bw)	一ヶ月前	ichi kagetsu mae
over een maand (bw)	一ヶ月後	ichi kagetsu go
over twee maanden (bw)	二ヶ月後	ni kagetsu go
de hele maand (bw)	丸一ヶ月	maru ichi kagetsu
een volle maand (bw)	一ヶ月間ずっと	ichi kagetsu kan zutto

maand-, maandelijks (bn)	月刊の	gekkan no
maandelijks (bw)	毎月	maitsuki
elke maand (bw)	月1回	tsuki ichi kai
twee keer per maand	月に2回	tsuki ni ni kai

jaar (het)	年	nen
dit jaar (bw)	今年	kotoshi
volgend jaar (bw)	来年	rainen
vorig jaar (bw)	去年	kyonen

een jaar geleden (bw)	一年前	ichi nen mae
over een jaar	一年後	ichi nen go
over twee jaar	二年後	ni nen go
het hele jaar	丸一年	maru ichi nen
een vol jaar	通年	tsūnen

elk jaar	毎年	maitoshi
jaar-, jaarlijks (bn)	毎年の	maitoshi no
jaarlijks (bw)	年1回	toshi ichi kai
4 keer per jaar	年に4回	toshi ni yon kai

datum (de)	日付	hizuke
datum (de)	年月日	nengappi
kalender (de)	カレンダー	karendā

een half jaar	半年	hantoshi
zes maanden	6ヶ月	roku kagetsu
seizoen (bijv. lente, zomer)	季節	kisetsu
eeuw (de)	世紀	seiki

22. Tijd. Diversen

tijd (de)	時間	jikan
ogenblik (het)	瞬時	shunji
moment (het)	瞬間	shunkan
ogenblikkelijk (bn)	瞬時の	shunji no
tijdsbestek (het)	時間の経過	jikan no keika
leven (het)	人生	jinsei
eeuwigheid (de)	永遠	eien

epoche (de), tijdperk (het)	世	yo
era (de), tijdperk (het)	時代	jidai
cyclus (de)	サイクル	saikuru
periode (de)	期間	kikan
termijn (vastgestelde periode)	期限	kigen

toekomst (de)	将来	shōrai
toekomstig (bn)	将来の	shōrai no
de volgende keer	次回に	jikai ni
verleden (het)	過去	kako
vorig (bn)	過去の	kako no
de vorige keer	前回	zenkai

later (bw)	後で	atode
na (~ het diner)	…の後に	… no nochi ni
tegenwoordig (bw)	今では	ima de wa
nu (bw)	今	ima
onmiddellijk (bw)	直ちに	tadachini
snel (bw)	もうすぐ	mōsugu
bij voorbaat (bw)	前もって	maemotte

lang geleden (hw)	ずっと昔に	zutto mukashi ni
kort geleden (bw)	最近	saikin
noodlot (het)	運命	unmei
herinneringen (mv.)	思い出	omoide
archief (het)	公文書	kōbunsho

tijdens … (ten tijde van)	間に	aida ni
lang (bw)	長く	nagaku
niet lang (bw)	長くない	nagaku nai
vroeg (bijv. ~ in de ochtend)	早く	hayaku
laat (bw)	遅くに	osoku ni

voor altijd (bw)	永遠に	eien ni
beginnen (ww)	始める	hajimeru
uitstellen (ww)	延期する	enki suru

tegelijkertijd (bw)	同時に	dōjini
voortdurend (bw)	不変に	fuhen ni
constant (bijv. ~ lawaai)	絶えず続く	taezu tsuzuku
tijdelijk (bn)	一時的な	ichiji teki na

soms (bw)	時々	tokidoki
zelden (bw)	まれに	mare ni
vaak (bw)	よく	yoku

23. Tegenovergestelden

| rijk (bn) | 裕福な | yūfuku na |
| arm (bn) | 貧乏な | binbō na |

| ziek (bn) | 病気の | byōki no |
| gezond (bn) | 健康な | kenkō na |

| groot (bn) | 大きい | ohkī |
| klein (bn) | 小さい | chīsai |

| snel (bw) | 早く | hayaku |
| langzaam (bw) | 遅く | osoku |

| snel (bn) | 速い | hayai |
| langzaam (bn) | 遅い | osoi |

| vrolijk (bn) | 嬉しい | ureshī |
| treurig (bn) | 悲しい | kanashī |

| samen (bw) | 一緒に | issho ni |
| apart (bw) | 別々に | betsubetsu ni |

| hardop (~ lezen) | 声に出して | koe ni dashi te |
| stil (~ lezen) | 黙って | damatte |

| hoog (bn) | 高い | takai |
| laag (bn) | 低い | hikui |

| diep (bn) | 深い | fukai |
| ondiep (bn) | 浅い | asai |

| ja | はい | hai |
| nee | いいえ | īe |

| ver (bn) | 遠くの | tōku no |
| dicht (bn) | 近くの | chikaku no |

| ver (bw) | 遠くに | tōku ni |
| dichtbij (bw) | 近くに | chikaku ni |

| lang (bn) | 長い | nagai |
| kort (bn) | 短い | mijikai |

| vriendelijk (goedhartig) | 良い | yoi |
| kwaad (bn) | 悪い | warui |

| gehuwd (mann.) | 既婚の | kikon no |
| ongehuwd (mann.) | 独身の | dokushin no |

| verbieden (ww) | 禁じる | kinjiru |
| toestaan (ww) | 許可する | kyoka suru |

| einde (het) | 最後 | saigo |
| begin (het) | 最初 | saisho |

| linker (bn) | 左の | hidari no |
| rechter (bn) | 右の | migi no |

| eerste (bn) | 第一の | dai ichi no |
| laatste (bn) | 最後の | saigo no |

| misdaad (de) | 罪 | tsumi |
| bestraffing (de) | 罰 | batsu |

| bevelen (ww) | 命令する | meirei suru |
| gehoorzamen (ww) | 従う | shitagau |

| recht (bn) | 直…、真っすぐな | choku …, massuguna |
| krom (bn) | 曲がった | magatta |

| paradijs (het) | 極楽 | gokuraku |
| hel (de) | 地獄 | jigoku |

| geboren worden (ww) | 生まれる | umareru |
| sterven (ww) | 死ぬ | shinu |

| sterk (bn) | 強い | tsuyoi |
| zwak (bn) | 弱い | yowai |

| oud (bn) | 年上の | toshiue no |
| jong (bn) | 若い | wakai |

| oud (bn) | 古い | furui |
| nieuw (bn) | 新しい | atarashī |

| hard (bn) | 硬い | katai |
| zacht (bn) | 柔らかい | yawarakai |

| warm (bn) | 暖かい | atatakai |
| koud (bn) | 寒い | samui |

| dik (bn) | でぶの | debu no |
| dun (bn) | 痩せた | yase ta |

| smal (bn) | 狭い | semai |
| breed (bn) | 広い | hiroi |

| goed (bn) | 良い | yoi |
| slecht (bn) | 悪い | warui |

| moedig (bn) | 勇敢な | yūkan na |
| laf (bn) | 臆病な | okubyō na |

24. Lijnen en vormen

vierkant (het)	正方形	seihōkei
vierkant (bn)	正方形の	seihōkei no
cirkel (de)	円形	enkei
rond (bn)	円形の	enkei no

| driehoek (de) | 三角形 | sankakkei |
| driehoekig (bn) | 三角形の | sankakkei no |

ovaal (het)	卵形	rankei
ovaal (bn)	卵形の	rankei no
rechthoek (de)	長方形	chōhōkei
rechthoekig (bn)	長方形の	chōhōkei no

piramide (de)	角錐	kakusui
ruit (de)	ひし形	hishigata
trapezium (het)	台形	daikei
kubus (de)	立方体	rippōtai
prisma (het)	角柱	kakuchū

omtrek (de)	円周	enshū
bol, sfeer (de)	球	kyū
bal (de)	球体	kyūtai
diameter (de)	直径	chokkei
straal (de)	半径	hankei
omtrek (~ van een cirkel)	周長	shū chō
middelpunt (het)	中心	chūshin

horizontaal (bn)	水平の	suihei no
verticaal (bn)	垂直の	suichoku no
parallel (de)	平行	heikō
parallel (bn)	平行の	heikō no

lijn (de)	線	sen
streep (de)	一画	ikkaku
rechte lijn (de)	直線	chokusen
kromme (de)	曲線	kyokusen
dun (bn)	細い	hosoi
omlijning (de)	輪郭	rinkaku

snijpunt (het)	交点	kōten
rechte hoek (de)	直角	chokkaku
segment (het)	弓形	kyūkei
sector (de)	扇形	senkei
zijde (de)	辺	hen
hoek (de)	角	kaku

25. Meeteenheden

gewicht (het)	重さ	omo sa
lengte (de)	長さ	naga sa
breedte (de)	幅	haba
hoogte (de)	高さ	taka sa

diepte (de)	深さ	fuka sa
volume (het)	体積	taiseki
oppervlakte (de)	面積	menseki

| gram (het) | グラム | guramu |
| milligram (het) | ミリグラム | miriguramu |

kilogram (het)	キログラム	kiroguramu
ton (duizend kilo)	トン	ton
pond (het)	ポンド	pondo
ons (het)	オンス	onsu

meter (de)	メートル	mētoru
millimeter (de)	ミリメートル	mirimētoru
centimeter (de)	センチメートル	senchimētoru
kilometer (de)	キロメートル	kiromētoru
mijl (de)	マイル	mairu

duim (de)	インチ	inchi
voet (de)	フィート	fīto
yard (de)	ヤード	yādo

vierkante meter (de)	平方メートル	heihō mētoru
hectare (de)	ヘクタール	hekutāru

liter (de)	リットル	rittoru
graad (de)	度	do
volt (de)	ボルト	boruto
ampère (de)	アンペア	anpea
paardenkracht (de)	馬力	bariki

hoeveelheid (de)	数量	sūryō
een beetje ...	少し	sukoshi
helft (de)	半分	hanbun
dozijn (het)	ダース	dāsu
stuk (het)	一個	ikko

afmeting (de)	大きさ	ōki sa
schaal (bijv. ~ van 1 op 50)	縮尺	shukushaku

minimaal (bn)	極小の	kyokushō no
minste (bn)	最小の	saishō no
medium (bn)	中位の	chūi no
maximaal (bn)	極大の	kyokudai no
grootste (bn)	最大の	saidai no

26. Containers

glazen pot (de)	ジャー、瓶	jā, bin
blik (conserven~)	缶	kan
emmer (de)	バケツ	baketsu
ton (bijv. regenton)	樽	taru

ronde waterbak (de)	たらい [盥]	tarai
tank (bijv. watertank-70-ltr)	タンク	tanku
heupfles (de)	スキットル	sukittoru
jerrycan (de)	ジェリカン	jerikan
tank (bijv. ketelwagen)	積荷タンク	tsumini tanku

beker (de)	マグカップ	magukappu
kopje (het)	カップ	kappu

schoteltje (het)	ソーサー	sōsā
glas (het)	ガラスのコップ	garasu no koppu
wijnglas (het)	ワイングラス	wain gurasu
steelpan (de)	両手鍋	ryō tenabe
fles (de)	ボトル	botoru
flessenhals (de)	ネック	nekku
karaf (de)	デキャンター	dekyanta
kruik (de)	水差し	mizusashi
vat (het)	器	utsuwa
pot (de)	鉢	hachi
vaas (de)	花瓶	kabin
flacon (de)	瓶	bin
flesje (het)	バイアル	bai aru
tube (bijv. ~ tandpasta)	チューブ	chūbu
zak (bijv. ~ aardappelen)	南京袋	nankinbukuro
tasje (het)	袋	fukuro
pakje (~ sigaretten, enz.)	箱	hako
doos (de)	箱	hako
kist (de)	木箱	ki bako
mand (de)	かご [籠]	kago

27. Materialen

materiaal (het)	材料	zairyō
hout (het)	木	ki
houten (bn)	木の	moku no
glas (het)	ガラス	garasu
glazen (bn)	ガラスの	garasu no
steen (de)	石	ishi
stenen (bn)	石の	ishi no
plastic (het)	プラスチック	purasuchikku
plastic (bn)	プラスチックの	purasuchikku no
rubber (het)	ゴム	gomu
rubber-, rubberen (bn)	ゴムの	gomu no
stof (de)	布	nuno
van stof (bn)	布製の	nunosei no
papier (het)	紙	kami
papieren (bn)	紙の	kami no
karton (het)	段ボール	danbōru
kartonnen (bn)	段ボールの	danbōru no
polyethyleen (het)	ポリエチレン	poriechiren
cellofaan (het)	セロファン	serofan

multiplex (het)	ベニヤ板	beniyaita
porselein (het)	磁器	jiki
porseleinen (bn)	磁器の	jiki no
klei (de)	粘土	nendo
klei-, van klei (bn)	粘土の	nendo no
keramiek (de)	セラミック	seramikku
keramieken (bn)	セラミックの	seramikku no

28. Metalen

metaal (het)	金属	kinzoku
metalen (bn)	金属の	kinzoku no
legering (de)	合金	gōkin
goud (het)	金	kin
gouden (bn)	金の	kin no
zilver (het)	銀	gin
zilveren (bn)	銀の	gin no
IJzer (het)	鉄	tetsu
IJzeren (bn)	鉄の	tetsu no
staal (het)	鋼鉄	kōtetsu
stalen (bn)	鋼鉄の	kōtetsu no
koper (het)	銅	dō
koperen (bn)	銅の	dō no
aluminium (het)	アルミニウム	aruminyūmu
aluminium (bn)	アルミニウムの	aruminyūmu no
brons (het)	青銅	seidō
bronzen (bn)	青銅の	seidō no
messing (het)	真ちゅう（真鍮）	shinchū
nikkel (het)	ニッケル	nikkeru
platina (het)	白金	hakkin
kwik (het)	水銀	suigin
tin (het)	スズ（錫）	suzu
lood (het)	鉛	namari
zink (het)	亜鉛	aen

MENS

Mens. Het lichaam

29. Mensen. Basisbegrippen

mens (de)	人間	ningen
man (de)	男性	dansei
vrouw (de)	女性	josei
kind (het)	子供	kodomo
meisje (het)	女の子	onnanoko
jongen (de)	男の子	otokonoko
tiener, adolescent (de)	ティーンエージャー	tīnējā
oude man (de)	老人	rōjin
oude vrouw (de)	老婦人	rō fujin

30. Menselijke anatomie

organisme (het)	人体	jintai
hart (het)	心臓	shinzō
bloed (het)	血液	ketsueki
slagader (de)	動脈	dōmyaku
ader (de)	静脈	jōmyaku
hersenen (mv.)	脳	nō
zenuw (de)	神経	shinkei
zenuwen (mv.)	神経	shinkei
wervel (de)	椎骨	tsuikotsu
ruggengraat (de)	背骨	sebone
maag (de)	胃	i
darmen (mv.)	腸	chō
darm (de)	腸	chō
lever (de)	肝臓	kanzō
nier (de)	腎臓	jinzō
been (deel van het skelet)	骨	hone
skelet (het)	骸骨	gaikotsu
rib (de)	肋骨	rokkotsu
schedel (de)	頭蓋骨	zugaikotsu
spier (de)	筋肉	kinniku
biceps (de)	二頭筋	ni tō suji
triceps (de)	三頭筋	san tō suji
pees (de)	腱	ken
gewricht (het)	関節	kansetsu

longen (mv.)	肺	hai
geslachtsorganen (mv.)	生殖器	seishoku ki
huid (de)	肌	hada

31. Hoofd

hoofd (het)	頭	atama
gezicht (het)	顔	kao
neus (de)	鼻	hana
mond (de)	口	kuchi

oog (het)	眼	me
ogen (mv.)	両眼	ryōgan
pupil (de)	瞳	hitomi
wenkbrauw (de)	眉	mayu
wimper (de)	まつげ	matsuge
ooglid (het)	まぶた	mabuta

tong (de)	舌	shita
tand (de)	歯	ha
lippen (mv.)	唇	kuchibiru
jukbeenderen (mv.)	頬骨	hōbone
tandvlees (het)	歯茎	haguki
gehemelte (het)	口蓋	kōgai

neusgaten (mv.)	鼻孔	bikō
kin (de)	あご（頤）	ago
kaak (de)	顎	ago
wang (de)	頬	hō

voorhoofd (het)	額	hitai
slaap (de)	こめかみ	komekami
oor (het)	耳	mimi
achterhoofd (het)	後頭部	kōtōbu
hals (de)	首	kubi
keel (de)	喉	nodo

haren (mv.)	髪の毛	kaminoke
kapsel (het)	髪形	kamigata
haarsnit (de)	髪型	kamigata
pruik (de)	かつら	katsura

snor (de)	口ひげ	kuchihige
baard (de)	あごひげ	agohige
dragen (een baard, enz.)	生やしている	hayashi te iru
vlecht (de)	三つ編み	mitsu ami
bakkebaarden (mv.)	もみあげ	momiage

ros (roodachtig, rossig)	赤毛の	akage no
grijs (~ haar)	白髪の	hakuhatsu no
kaal (bn)	はげ頭の	hageatama no
kale plek (de)	はげた部分	hage ta bubun
paardenstaart (de)	ポニーテール	ponītēru
pony (de)	前髪	maegami

32. Menselijk lichaam

hand (de)	手	te
arm (de)	腕	ude
vinger (de)	指	yubi
teen (de)	つま先	tsumasaki
duim (de)	親指	oyayubi
pink (de)	小指	koyubi
nagel (de)	爪	tsume
vuist (de)	拳	kobushi
handpalm (de)	手のひら	tenohira
pols (de)	手首	tekubi
voorarm (de)	前腕	zen wan
elleboog (de)	肘	hiji
schouder (de)	肩	kata
been (rechter ~)	足 [脚]	ashi
voet (de)	足	ashi
knie (de)	膝	hiza
kuit (de)	ふくらはぎ	fuku ra hagi
heup (de)	腰	koshi
hiel (de)	かかと [踵]	kakato
lichaam (het)	身体	shintai
buik (de)	腹	hara
borst (de)	胸	mune
borst (de)	乳房	chibusa
zijde (de)	脇腹	wakibara
rug (de)	背中	senaka
lage rug (de)	腰背部	yōwa ibu
taille (de)	腰	koshi
navel (de)	へそ [臍]	heso
billen (mv.)	臀部	denbu
achterwerk (het)	尻	shiri
huidvlek (de)	美人ぼくろ	bijinbokuro
moedervlek (de)	母斑	bohan
tatoeage (de)	タトゥー	tatū
litteken (het)	傷跡	kizuato

Kleding en accessoires

33. Bovenkleding. Jassen

kleren (mv.), kleding (de)	洋服	yōfuku
bovenkleding (de)	上着	uwagi
winterkleding (de)	冬服	fuyu fuku
jas (de)	オーバーコート	ōbā kōto
bontjas (de)	毛皮のコート	kegawa no kōto
bontjasje (het)	毛皮のジャケット	kegawa no jaketto
donzen jas (de)	ダウンコート	daun kōto
jasje (bijv. een leren ~)	ジャケット	jaketto
regenjas (de)	レインコート	reinkōto
waterdicht (bn)	防水の	bōsui no

34. Heren & dames kleding

overhemd (het)	ワイシャツ	waishatsu
broek (de)	ズボン	zubon
jeans (de)	ジーンズ	jīnzu
colbert (de)	ジャケット	jaketto
kostuum (het)	背広	sebiro
jurk (de)	ドレス	doresu
rok (de)	スカート	sukāto
blouse (de)	ブラウス	burausu
wollen vest (de)	ニットジャケット	nitto jaketto
blazer (kort jasje)	ジャケット	jaketto
T-shirt (het)	Tシャツ	tīshatsu
shorts (mv.)	半ズボン	han zubon
trainingspak (het)	トラックスーツ	torakku sūtsu
badjas (de)	バスローブ	basurōbu
pyjama (de)	パジャマ	pajama
sweater (de)	セーター	sētā
pullover (de)	プルオーバー	puruōbā
gilet (het)	ベスト	besuto
rokkostuum (het)	燕尾服	enbifuku
smoking (de)	タキシード	takishīdo
uniform (het)	制服	seifuku
werkkleding (de)	作業服	sagyō fuku
overall (de)	オーバーオール	ōbā ōru
doktersjas (de)	コート	kōto

35. Kleding. Ondergoed

ondergoed (het)	下着	shitagi
herenslip (de)	ボクサーパンツ	bokusā pantsu
slipjes (mv.)	パンティー	pantī
onderhemd (het)	タンクトップ	tanku toppu
sokken (mv.)	靴下	kutsushita
nachthemd (het)	ネグリジェ	negurije
beha (de)	ブラジャー	burajā
kniekousen (mv.)	ニーソックス	nīsokkusu
panty (de)	パンティストッキング	pantī sutokkingu
nylonkousen (mv.)	ストッキング	sutokkingu
badpak (het)	水着	mizugi

36. Hoofddeksels

hoed (de)	帽子	bōshi
deukhoed (de)	フェドーラ帽	fedōra bō
honkbalpet (de)	野球帽	yakyū bō
kleppet (de)	ハンチング帽	hanchingu bō
baret (de)	ベレー帽	berē bō
kap (de)	フード	fūdo
panamahoed (de)	パナマ帽	panama bō
gebreide muts (de)	ニット帽	nitto bō
hoofddoek (de)	ヘッドスカーフ	heddo sukāfu
dameshoed (de)	婦人帽子	fujin bōshi
veiligheidshelm (de)	安全ヘルメット	anzen herumetto
veldmuts (de)	略帽	rya ku bō
helm, valhelm (de)	ヘルメット	herumetto
bolhoed (de)	山高帽	yamataka bō
hoge hoed (de)	シルクハット	shiruku hatto

37. Schoeisel

schoeisel (het)	靴	kutsu
schoenen (mv.)	アンクルブーツ	ankuru būtsu
vrouwenschoenen (mv.)	パンプス	panpusu
laarzen (mv.)	ブーツ	būtsu
pantoffels (mv.)	スリッパ	surippa
sportschoenen (mv.)	テニスシューズ	tenisu shūzu
sneakers (mv.)	スニーカー	sunīkā
sandalen (mv.)	サンダル	sandaru
schoenlapper (de)	靴修理屋	kutsu shūri ya
hiel (de)	かかと [踵]	kakato

paar (een ~ schoenen)	靴一足	kutsu issoku
veter (de)	靴ひも	kutsu himo
rijgen (schoenen ~)	靴ひもを結ぶ	kutsu himo wo musubu
schoenlepel (de)	靴べら	kutsubera
schoensmeer (de/het)	靴クリーム	kutsu kurīmu

38. Textiel. Weefsel

katoen (de/het)	綿	men
katoenen (bn)	綿の	men no
vlas (het)	亜麻	ama
vlas-, van vlas (bn)	亜麻の	ama no

zijde (de)	絹	kinu
zijden (bn)	絹の	kinu no
wol (de)	羊毛	yōmō
wollen (bn)	羊毛の	yōmō no

fluweel (het)	ビロード	birōdo
suède (de)	スエード	suēdo
ribfluweel (het)	コーデュロイ	kōdyuroi

nylon (de/het)	ナイロン	nairon
nylon-, van nylon (bn)	ナイロンの	nairon no
polyester (het)	ポリエステル	poriesuteru
polyester- (abn)	ポリエステルの	poriesuteru no

leer (het)	革	kawa
leren (van leer gemaak)	革の	kawa no
bont (het)	毛皮	kegawa
bont- (abn)	毛皮の	kegawa no

39. Persoonlijke accessoires

handschoenen (mv.)	手袋	tebukuro
wanten (mv.)	ミトン	miton
sjaal (fleece ~)	マフラー	mafurā

bril (de)	めがね [眼鏡]	megane
brilmontuur (het)	めがねのふち	megane no fuchi
paraplu (de)	傘	kasa
wandelstok (de)	杖	tsue
haarborstel (de)	ヘアブラシ	hea burashi
waaier (de)	扇子	sensu

das (de)	ネクタイ	nekutai
strikje (het)	蝶ネクタイ	chō nekutai
bretels (mv.)	サスペンダー	sasupendā
zakdoek (de)	ハンカチ	hankachi

| kam (de) | くし [櫛] | kushi |
| haarspeldje (het) | 髪留め | kami tome |

| schuifspeldje (het) | ヘアピン | hea pin |
| gesp (de) | バックル | bakkuru |

| broekriem (de) | ベルト | beruto |
| draagriem (de) | ショルダーベルト | shorudā beruto |

handtas (de)	バッグ	baggu
damestas (de)	ハンドバッグ	hando baggu
rugzak (de)	バックパック	bakku pakku

40. Kleding. Diversen

mode (de)	ファッション	fasshon
de mode (bn)	流行の	ryūkō no
kledingstilist (de)	ファッションデザイナー	fasshon dezainā

kraag (de)	襟	eri
zak (de)	ポケット	poketto
zak- (abn)	ポケットの	poketto no
mouw (de)	袖	sode
lusje (het)	ハンガールーブ	hangā rūpu
gulp (de)	ズボンのファスナー	zubon no fasunā

rits (de)	チャック	chakku
sluiting (de)	ファスナー	fasunā
knoop (de)	ボタン	botan
knoopsgat (het)	ボタンの穴	botan no ana
losraken (bijv. knopen)	取れる	toreru

naaien (kleren, enz.)	縫う	nū
borduren (ww)	刺繍する	shishū suru
borduursel (het)	刺繍	shishū
naald (de)	縫い針	nui bari
draad (de)	糸	ito
naad (de)	縫い目	nuime

vies worden (ww)	汚れる	yogoreru
vlek (de)	染み	shimi
gekreukt raken (ov. kleren)	しわになる	shiwa ni naru
scheuren (ov.ww.)	引き裂く	hikisaku
mot (de)	コイガ	koi ga

41. Persoonlijke verzorging. Schoonheidsmiddelen

tandpasta (de)	歯磨き粉	hamigakiko
tandenborstel (de)	歯ブラシ	haburashi
tanden poetsen (ww)	歯を磨く	ha wo migaku

scheermes (het)	カミソリ [剃刀]	kamisori
scheerschuim (het)	シェービングクリーム	shēbingu kurīmu
zich scheren (ww)	ひげを剃る	hige wo soru
zeep (de)	せっけん [石鹸]	sekken

shampoo (de)	シャンプー	shanpū
schaar (de)	はさみ	hasami
nagelvijl (de)	爪やすり	tsume yasuri
nagelknipper (de)	爪切り	tsume giri
pincet (het)	ピンセット	pinsetto
cosmetica (de)	化粧品	keshō hin
masker (het)	フェイスパック	feisu pakku
manicure (de)	マニキュア	manikyua
manicure doen	マニキュアをしてもらう	manikyua wo shi te morau
pedicure (de)	ペディキュア	pedikyua
cosmetica tasje (het)	化粧ポーチ	keshō pōchi
poeder (de/het)	フェイスパウダー	feisu pauda
poederdoos (de)	ファンデーション	fandēshon
rouge (de)	チーク	chīku
parfum (de/het)	香水	kōsui
eau de toilet (de)	オードトワレ	ōdotoware
lotion (de)	ローション	rō shon
eau de cologne (de)	オーデコロン	ōdekoron
oogschaduw (de)	アイシャドウ	aishadō
oogpotlood (het)	アイライナー	airainā
mascara (de)	マスカラ	masukara
lippenstift (de)	口紅	kuchibeni
nagellak (de)	ネイルポリッシュ	neiru porisshu
haarlak (de)	ヘアスプレー	hea supurē
deodorant (de)	デオドラント	deodoranto
crème (de)	クリーム	kurīmu
gezichtscrème (de)	フェイスクリーム	feisu kurīmu
handcrème (de)	ハンドクリーム	hando kurīmu
antirimpelcrème (de)	しわ取りクリーム	shiwa tori kurīmu
dagcrème (de)	昼用クリーム	hiruyō kurīmu
nachtcrème (de)	夜用クリーム	yoruyō kurīmu
dag- (abn)	昼用…	hiruyō …
nacht- (abn)	夜用…	yoruyō …
tampon (de)	タンポン	tanpon
toiletpapier (het)	トイレットペーパー	toiretto pēpā
föhn (de)	ヘアドライヤー	hea doraiyā

42. Juwelen

sieraden (mv.)	宝石類	hōseki rui
edel (bijv. ~ stenen)	宝…	hō …
keurmerk (het)	ホールマーク	hōrumaku
ring (de)	指輪	yubiwa
trouwring (de)	結婚指輪	kekkon yubiwa
armband (de)	腕輪	udewa
oorringen (mv.)	イヤリング	iyaringu

halssnoer (het)	ネックレス	nekkuresu
kroon (de)	王冠	ōkan
kralen snoer (het)	ビーズネックレス	bīzu nekkuresu

diamant (de)	ダイヤモンド	daiyamondo
smaragd (de)	エメラルド	emerarudo
robijn (de)	ルビー	rubī
saffier (de)	サファイア	safaia
parel (de)	真珠	shinju
barnsteen (de)	琥珀	kohaku

43. Horloges. Klokken

polshorloge (het)	時計	tokei
wijzerplaat (de)	ダイヤル	daiyaru
wijzer (de)	針	hari
metalen horlogeband (de)	金属ベルト	kinzoku beruto
horlogebandje (het)	腕時計バンド	udedokei bando

batterij (de)	電池	denchi
leeg zijn (ww)	切れる	kireru
batterij vervangen	電池を交換する	denchi wo kōkan suru
voorlopen (ww)	進んでいる	susundeiru
achterlopen (ww)	遅れている	okureteiru

wandklok (de)	掛け時計	kakedokei
zandloper (de)	砂時計	sunadokei
zonnewijzer (de)	日時計	hidokei
wekker (de)	目覚まし時計	mezamashi dokei
horlogemaker (de)	時計職人	tokei shokunin
repareren (ww)	修理する	shūri suru

Voedsel. Voeding

44. Voedsel

vlees (het)	肉	niku
kip (de)	鶏	niwatori
kuiken (het)	若鶏	wakadori
eend (de)	ダック	dakku
gans (de)	ガチョウ	gachō
wild (het)	獲物	emono
kalkoen (de)	七面鳥	shichimenchuō
varkensvlees (het)	豚肉	buta niku
kalfsvlees (het)	子牛肉	kōshi niku
schapenvlees (het)	子羊肉	kohitsuji niku
rundvlees (het)	牛肉	gyū niku
konijnenvlees (het)	兎肉	usagi niku
worst (de)	ソーセージ	sōsēji
saucijs (de)	ソーセージ	sōsēji
spek (het)	ベーコン	bēkon
ham (de)	ハム	hamu
gerookte achterham (de)	ガモン	gamon
paté, pastei (de)	パテ	pate
lever (de)	レバー	rebā
varkensvet (het)	ラード	rādo
gehakt (het)	挽肉	hikiniku
tong (de)	タン	tan
ei (het)	卵	tamago
eieren (mv.)	卵	tamago
eiwit (het)	卵の白身	tamago no shiromi
eigeel (het)	卵の黄身	tamago no kimi
vis (de)	魚	sakana
zeevruchten (mv.)	魚介	gyokai
kaviaar (de)	キャビア	kyabia
krab (de)	カニ [蟹]	kani
garnaal (de)	エビ	ebi
oester (de)	カキ [牡蠣]	kaki
langoest (de)	伊勢エビ	ise ebi
octopus (de)	タコ	tako
inktvis (de)	イカ	ika
steur (de)	チョウザメ	chōzame
zalm (de)	サケ [鮭]	sake
heilbot (de)	ハリバット	haribatto
kabeljauw (de)	タラ [鱈]	tara

makreel (de)	サバ [鯖]	saba
tonijn (de)	マグロ [鮪]	maguro
paling (de)	ウナギ [鰻]	unagi
forel (de)	マス [鱒]	masu
sardine (de)	イワシ	iwashi
snoek (de)	カワカマス	kawakamasu
haring (de)	ニシン	nishin
brood (het)	パン	pan
kaas (de)	チーズ	chīzu
suiker (de)	砂糖	satō
zout (het)	塩	shio
rijst (de)	米	kome
pasta (de)	パスタ	pasuta
noedels (mv.)	麺	men
boter (de)	バター	batā
plantaardige olie (de)	植物油	shokubutsu yu
zonnebloemolie (de)	ひまわり油	himawari yu
margarine (de)	マーガリン	māgarin
olijven (mv.)	オリーブ	orību
olijfolie (de)	オリーブ油	orību yu
melk (de)	乳、ミルク	nyū, miruku
gecondenseerde melk (de)	練乳	rennyū
yoghurt (de)	ヨーグルト	yōguruto
zure room (de)	サワークリーム	sawā kurīmu
room (de)	クリーム	kurīmu
mayonaise (de)	マヨネーズ	mayonēzu
crème (de)	バタークリーム	batā kurīmu
graan (het)	穀物	kokumotsu
meel (het), bloem (de)	小麦粉	komugiko
conserven (mv.)	缶詰	kanzume
maïsvlokken (mv.)	コーンフレーク	kōn furēku
honing (de)	蜂蜜	hachimitsu
jam (de)	ジャム	jamu
kauwgom (de)	チューインガム	chūin gamu

45. Drankjes

water (het)	水	mizu
drinkwater (het)	飲用水	inyō sui
mineraalwater (het)	ミネラルウォーター	mineraru wōtā
zonder gas	無炭酸の	mu tansan no
koolzuurhoudend (bn)	炭酸の	tansan no
bruisend (bn)	発泡性の	happō sei no
IJs (het)	水	kōri

met ijs	氷入りの	kōri iri no
alcohol vrij (bn)	ノンアルコールの	non arukŌru no
alcohol vrije drank (de)	炭酸飲料	tansan inryō
frisdrank (de)	清涼飲料水	seiryōinryōsui
limonade (de)	レモネード	remonēdo
alcoholische dranken (mv.)	アルコール	arukŌru
wijn (de)	ワイン	wain
witte wijn (de)	白ワイン	shiro wain
rode wijn (de)	赤ワイン	aka wain
likeur (de)	リキュール	rikyūru
champagne (de)	シャンパン	shanpan
vermout (de)	ベルモット	berumotto
whisky (de)	ウイスキー	uisukī
wodka (de)	ウォッカ	wokka
gin (de)	ジン	jin
cognac (de)	コニャック	konyakku
rum (de)	ラム酒	ramu shu
koffie (de)	コーヒー	kōhī
zwarte koffie (de)	ブラックコーヒー	burakku kōhī
koffie (de) met melk	ミルク入りコーヒー	miruku iri kōhī
cappuccino (de)	カプチーノ	kapuchīno
oploskoffie (de)	インスタントコーヒー	insutanto kōhī
melk (de)	乳、ミルク	nyū, miruku
cocktail (de)	カクテル	kakuteru
milkshake (de)	ミルクセーキ	miruku sēki
sap (het)	ジュース	jūsu
tomatensap (het)	トマトジュース	tomato jūsu
sinaasappelsap (het)	オレンジジュース	orenji jūsu
vers geperst sap (het)	搾りたてのジュース	shibori tate no jūsu
bier (het)	ビール	bīru
licht bier (het)	ライトビール	raito bīru
donker bier (het)	黒ビール	kuro bīru
thee (de)	茶	cha
zwarte thee (de)	紅茶	kō cha
groene thee (de)	緑茶	ryoku cha

46. Groenten

groenten (mv.)	野菜	yasai
verse kruiden (mv.)	青物	aomono
tomaat (de)	トマト	tomato
augurk (de)	きゅうり [胡瓜]	kyūri
wortel (de)	ニンジン [人参]	ninjin
aardappel (de)	ジャガイモ	jagaimo
ui (de)	たまねぎ [玉葱]	tamanegi

knoflook (de)	ニンニク	ninniku
kool (de)	キャベツ	kyabetsu
bloemkool (de)	カリフラワー	karifurawā
spruitkool (de)	メキャベツ	mekyabetsu
broccoli (de)	ブロッコリー	burokkorī

rode biet (de)	テーブルビート	tēburu bīto
aubergine (de)	ナス	nasu
courgette (de)	ズッキーニ	zukkīni
pompoen (de)	カボチャ	kabocha
raap (de)	カブ	kabu

peterselie (de)	パセリ	paseri
dille (de)	ディル	diru
sla (de)	レタス	retasu
selderij (de)	セロリ	serori
asperge (de)	アスパラガス	asuparagasu
spinazie (de)	ホウレンソウ	hōrensō

erwt (de)	エンドウ	endō
bonen (mv.)	豆類	mamerui
maïs (de)	トウモロコシ	tōmorokoshi
boon (de)	金時豆	kintoki mame

peper (de)	コショウ	koshō
radijs (de)	ハツカダイコン	hatsukadaikon
artisjok (de)	アーティチョーク	ātichōku

47. Vruchten. Noten

vrucht (de)	果物	kudamono
appel (de)	リンゴ	ringo
peer (de)	洋梨	yōnashi
citroen (de)	レモン	remon
sinaasappel (de)	オレンジ	orenji
aardbei (de)	イチゴ（苺）	ichigo

mandarijn (de)	マンダリン	mandarin
pruim (de)	プラム	puramu
perzik (de)	モモ［桃］	momo
abrikoos (de)	アンズ［杏子］	anzu
framboos (de)	ラズベリー（木苺）	razuberī
ananas (de)	パイナップル	painappuru

banaan (de)	バナナ	banana
watermeloen (de)	スイカ	suika
druif (de)	ブドウ［葡萄］	budō
kers (de)	チェリー	cherī
zure kers (de)	サワー チェリー	sawā cherī
zoete kers (de)	スイート チェリー	suīto cherī
meloen (de)	メロン	meron

| grapefruit (de) | グレープフルーツ | gurēbu furūtsu |
| avocado (de) | アボカド | abokado |

papaja (de)	パパイヤ	papaiya
mango (de)	マンゴー	mangō
granaatappel (de)	ザクロ	zakuro

rode bes (de)	フサスグリ	fusa suguri
zwarte bes (de)	クロスグリ	kuro suguri
kruisbes (de)	セイヨウスグリ	seiyō suguri
bosbes (de)	ビルベリー	biruberī
braambes (de)	ブラックベリー	burakku berī

rozijn (de)	レーズン	rēzun
vijg (de)	イチジク	ichijiku
dadel (de)	デーツ	dētsu

pinda (de)	ピーナッツ	pīnattsu
amandel (de)	アーモンド	āmondo
walnoot (de)	クルミ (胡桃)	kurumi
hazelnoot (de)	ヘーゼルナッツ	hēzeru nattsu
kokosnoot (de)	ココナッツ	koko nattsu
pistaches (mv.)	ピスタチオ	pisutachio

48. Brood. Snoep

suikerbakkerij (de)	菓子類	kashi rui
brood (het)	パン	pan
koekje (het)	クッキー	kukkī

chocolade (de)	チョコレート	chokorēto
chocolade- (abn)	チョコレートの	chokorēto no
snoepje (het)	キャンディー	kyandī
cakeje (het)	ケーキ	kēki
taart (bijv. verjaardags~)	ケーキ	kēki

| pastei (de) | パイ | pai |
| vulling (de) | フィリング | firingu |

confituur (de)	ジャム	jamu
marmelade (de)	マーマレード	māmarēdo
wafel (de)	ワッフル	waffuru
IJsje (het)	アイスクリーム	aisukurīmu
pudding (de)	プディング	pudingu

49. Bereide gerechten

gerecht (het)	料理	ryōri
keuken (bijv. Franse ~)	料理	ryōri
recept (het)	レシピ	reshipi
portie (de)	一人前	ichi ninmae

salade (de)	サラダ	sarada
soep (de)	スープ	sūpu
bouillon (de)	ブイヨン	buiyon

| boterham (de) | サンドイッチ | sandoicchi |
| spiegelei (het) | 目玉焼き | medamayaki |

hamburger (de)	クロケット	kuroketto
hamburger (de)	ハンバーガー	hanbāgā
biefstuk (de)	ビーフステーキ	bīfusutēki
hutspot (de)	シチュー	shichū

garnering (de)	付け合わせ	tsukeawase
spaghetti (de)	スパゲッティ	supagetti
aardappelpuree (de)	マッシュポテト	masshupoteto
pizza (de)	ピザ	piza
pap (de)	ポリッジ	porijji
omelet (de)	オムレツ	omuretsu

gekookt (in water)	煮た	ni ta
gerookt (bn)	薫製の	kunsei no
gebakken (bn)	揚げた	age ta
gedroogd (bn)	干した	hoshi ta
diepvries (bn)	冷凍の	reitō no
gemarineerd (bn)	酢漬けの	suzuke no

zoet (bn)	甘い	amai
gezouten (bn)	塩味の	shioaji no
koud (bn)	冷たい	tsumetai
heet (bn)	熱い	atsui
bitter (bn)	苦い	nigai
lekker (bn)	美味しい	oishī

koken (in kokend water)	水で煮る	mizu de niru
bereiden (avondmaaltijd ~)	料理をする	ryōri wo suru
bakken (ww)	揚げる	ageru
opwarmen (ww)	温める	atatameru

zouten (ww)	塩をかける	shio wo kakeru
peperen (ww)	コショウをかける	koshō wo kakeru
raspen (ww)	すりおろす	suri orosu
schil (de)	皮	kawa
schillen (ww)	皮をむく	kawa wo muku

50. Kruiden

zout (het)	塩	shio
gezouten (bn)	塩味の	shioaji no
zouten (ww)	塩をかける	shio wo kakeru

zwarte peper (de)	黒コショウ	kuro koshō
rode peper (de)	赤唐辛子	aka tōgarashi
mosterd (de)	マスタード	masutādo
mierikswortel (de)	セイヨウワサビ	seiyō wasabi

condiment (het)	調味料	chōmiryō
specerij , kruiderij (de)	香辛料	kōshinryō
saus (de)	ソース	sōsu

azijn (de)	酢、ビネガー	su, binegā
anijs (de)	アニス	anisu
basilicum (de)	バジル	bajiru
kruidnagel (de)	クローブ	kurōbu
gember (de)	生姜、ジンジャー	shōga, jinjā
koriander (de)	コリアンダー	koriandā
kaneel (de/het)	シナモン	shinamon

sesamzaad (het)	ゴマ［胡麻］	goma
laurierblad (het)	ローリエ	rōrie
paprika (de)	パプリカ	papurika
komijn (de)	キャラウェイ	kyarawei
saffraan (de)	サフラン	safuran

51. Maaltijden

eten (het)	食べ物	tabemono
eten (ww)	食べる	taberu

ontbijt (het)	朝食	chōshoku
ontbijten (ww)	朝食をとる	chōshoku wo toru
lunch (de)	昼食	chūshoku
lunchen (ww)	昼食をとる	chūshoku wo toru
avondeten (het)	夕食	yūshoku
souperen (ww)	夕食をとる	yūshoku wo toru

eetlust (de)	食欲	shokuyoku
Eet smakelijk!	どうぞお召し上がり下さい！	dōzo o meshiagarikudasai!

openen (een fles ~)	開ける	akeru
morsen (koffie, enz.)	こぼす	kobosu
zijn gemorst	こぼれる	koboreru
koken (water kookt bij 100°C)	沸く	waku
koken (Hoe om water te ~)	沸かす	wakasu
gekookt (~ water)	沸騰させた	futtō sase ta
afkoelen (koeler maken)	冷やす	hiyasu
afkoelen (koeler worden)	冷える	hieru

smaak (de)	味	aji
nasmaak (de)	後味	atoaji

volgen een dieet	ダイエットをする	daietto wo suru
dieet (het)	ダイエット	daietto
vitamine (de)	ビタミン	bitamin
calorie (de)	カロリー	karorī
vegetariër (de)	ベジタリアン	bejitarian
vegetarisch (bn)	ベジタリアン用の	bejitarian yōno

vetten (mv.)	脂肪	shibō
eiwitten (mv.)	タンパク質［蛋白質］	tanpaku shitsu
koolhydraten (mv.)	炭水化物	tansuikabutsu
snede (de)	スライス	suraisu
stuk (bijv. een ~ taart)	一切れ	ichi kire
kruimel (de)	くず	kuzu

52. Tafelschikking

lepel (de)	スプーン	supūn
mes (het)	ナイフ	naifu
vork (de)	フォーク	fōku
kopje (het)	カップ	kappu
bord (het)	皿	sara
schoteltje (het)	ソーサー	sōsā
servet (het)	ナフキン	nafukin
tandenstoker (de)	つまようじ [爪楊枝]	tsumayōji

53. Restaurant

restaurant (het)	レストラン	resutoran
koffiehuis (het)	喫茶店	kissaten
bar (de)	パブ、バー	pabu, bā
tearoom (de)	喫茶店	kissaten
kelner, ober (de)	ウェイター	weitā
serveerster (de)	ウェートレス	wētoresu
barman (de)	バーテンダー	bātendā
menu (het)	メニュー	menyū
wijnkaart (de)	ワインリスト	wain risuto
een tafel reserveren	テーブルを予約する	tēburu wo yoyaku suru
gerecht (het)	料理	ryōri
bestellen (eten ~)	注文する	chūmon suru
een bestelling maken	注文する	chūmon suru
aperitief (de/het)	アペリティフ	aperitifu
voorgerecht (het)	前菜	zensai
dessert (het)	デザート	dezāto
rekening (de)	お勘定	okanjō
de rekening betalen	勘定を払う	kanjō wo harau
wisselgeld teruggeven	釣り銭を渡す	tsurisen wo watasu
fooi (de)	チップ	chippu

Familie, verwanten en vrienden

54. Persoonlijke informatie. Formulieren

naam (de)	名前	namae
achternaam (de)	姓	sei
geboortedatum (de)	誕生日	tanjō bi
geboorteplaats (de)	出生地	shusseichi
nationaliteit (de)	国籍	kokuseki
woonplaats (de)	住所	jūsho
land (het)	国	kuni
beroep (het)	職業	shokugyō
geslacht (ov. het vrouwelijk ~)	性	sei
lengte (de)	身長	shinchō
gewicht (het)	体重	taijū

55. Familieleden. Verwanten

moeder (de)	母親	hahaoya
vader (de)	父親	chichioya
zoon (de)	息子	musuko
dochter (de)	娘	musume
jongste dochter (de)	下の娘	shitano musume
jongste zoon (de)	下の息子	shitano musuko
oudste dochter (de)	長女	chōjo
oudste zoon (de)	長男	chōnan
broer (de)	兄、弟、兄弟	ani, otōto, kyoōdai
oudere broer (de)	兄	ani
jongere broer (de)	弟	otōto
zuster (de)	姉、妹、姉妹	ane, imōto, shimai
oudere zuster (de)	姉	ane
jongere zuster (de)	妹	imōto
neef (zoon van oom/tante)	従兄弟	itoko
nicht (dochter van oom/tante)	従姉妹	itoko
mama (de)	お母さん	okāsan
papa (de)	お父さん	otōsan
ouders (mv.)	親	oya
kind (het)	子供	kodomo
kinderen (mv.)	子供	kodomo
oma (de)	祖母	sobo
opa (de)	祖父	sofu

kleinzoon (de)	孫息子	mago musuko
kleindochter (de)	孫娘	mago musume
kleinkinderen (mv.)	孫	mago

oom (de)	伯父	oji
tante (de)	伯母	oba
neef (zoon van broer/zus)	甥	oi
nicht (dochter van broer/zus)	姪	mei

schoonmoeder (de)	妻の母親	tsuma no hahaoya
schoonvader (de)	義父	gifu
schoonzoon (de)	娘の夫	musume no otto
stiefmoeder (de)	継母	keibo
stiefvader (de)	継父	keifu

zuigeling (de)	乳児	nyūji
wiegenkind (het)	赤ん坊	akanbō
kleuter (de)	子供	kodomo

vrouw (de)	妻	tsuma
man (de)	夫	otto
echtgenoot (de)	配偶者	haigū sha
echtgenote (de)	配偶者	haigū sha

gehuwd (mann.)	既婚の	kikon no
gehuwd (vrouw.)	既婚の	kikon no
ongehuwd (mann.)	独身の	dokushin no
vrijgezel (de)	独身男性	dokushin dansei
gescheiden (bn)	離婚した	rikon shi ta
weduwe (de)	未亡人	mibōjin
weduwnaar (de)	男やもめ	otokoyamome

familielid (het)	親戚	shinseki
dichte familielid (het)	近い親戚	chikai shinseki
verre familielid (het)	遠い親戚	tōi shinseki
familieleden (mv.)	親族	shinzoku

wees (de), weeskind (het)	孤児	koji
voogd (de)	後見人	kōkennin
adopteren (een jongen te ~)	養子にする	yōshi ni suru
adopteren (een meisje te ~)	養女にする	yōjo ni suru

56. Vrienden. Collega's

vriend (de)	友達	tomodachi
vriendin (de)	友達	tomodachi
vriendschap (de)	友情	yūjō
bevriend zijn (ww)	友達だ	tomodachi da

makker (de)	友達	tomodachi
vriendin (de)	女友達	onna tomodachi
partner (de)	パートナー	pātonā
chef (de)	長	chō
baas (de)	上司、上役	jōshi, uwayaku

eigenaar (de)	経営者	keieisha
ondergeschikte (de)	部下	buka
collega (de)	同僚	dōryō
kennis (de)	知り合い	shiriai
medereiziger (de)	同調者	dōchō sha
klasgenoot (de)	クラスメート	kurasumēto
buurman (de)	隣人、近所	rinjin, kinjo
buurvrouw (de)	隣人、近所	rinjin, kinjo
buren (mv.)	隣人	rinjin

57. Man. Vrouw

vrouw (de)	女性	josei
meisje (het)	少女	shōjo
bruid (de)	花嫁	hanayome
mooi(e) (vrouw, meisje)	美しい	utsukushī
groot, grote (vrouw, meisje)	背が高い	se ga takai
slank(e) (vrouw, meisje)	ほっそりした	hossori shi ta
korte, kleine (vrouw, meisje)	背が低い	se ga hikui
blondine (de)	金髪の女性	kinpatsu no josei
brunette (de)	黒髪の女性	kurokami no josei
dames- (abn)	婦人…	fujin …
maagd (de)	処女	shojo
zwanger (bn)	妊娠している	ninshin shi te iru
man (de)	男性	dansei
blonde man (de)	金髪の男性	kinpatsu no dansei
bruinharige man (de)	黒髪の男性	kurokami no dansei
groot (bn)	背が高い	se ga takai
klein (bn)	背が低い	se ga hikui
onbeleefd (bn)	失礼な	shitsurei na
gedrongen (bn)	がっしりした	gasshiri shi ta
robuust (bn)	たくましい	takumashī
sterk (bn)	強い	tsuyoi
sterkte (de)	体力	tairyoku
mollig (bn)	太った	futotta
getaand (bn)	小麦肌の	komugi hada no
slank (bn)	マッチョの	maccho no
elegant (bn)	上品な	jōhin na

58. Leeftijd

leeftijd (de)	年齢	nenrei
jeugd (de)	若さ	waka sa
jong (bn)	若い	wakai

| jonger (bn) | …より年下の | … yori toshishita no |
| ouder (bn) | …より年上の | … yori toshiue no |

jongen (de)	若者	wakamono
tiener, adolescent (de)	ティーンエージャー	tīnējā
kerel (de)	仲間	nakama

| oude man (de) | 老人 | rōjin |
| oude vrouw (de) | 老婦人 | rō fujin |

volwassen (bn)	大人	otona
van middelbare leeftijd (bn)	中年の	chūnen no
bejaard (bn)	年配の	nenpai no
oud (bn)	老いた	oi ta

pensioen (het)	退職	taishoku
met pensioen gaan	退職する	taishoku suru
gepensioneerde (de)	退職者	taishoku sha

59. Kinderen

kind (het)	子供	kodomo
kinderen (mv.)	子供	kodomo
tweeling (de)	双子	futago

wieg (de)	揺り籠	yurikago
rammelaar (de)	ガラガラ	garagara
luier (de)	おしめ	oshime

speen (de)	おしゃぶり	oshaburi
kinderwagen (de)	乳母車	ubaguruma
kleuterschool (de)	幼稚園	yōchien
babysitter (de)	ベビーシッター	bebīshittā

kindertijd (de)	幼少期	yōshō ki
pop (de)	人形	ningyō
speelgoed (het)	玩具	omocha
bouwspeelgoed (het)	組み立ておもちゃ	kumitate omocha

welopgevoed (bn)	育ちの良い	sodachi no yoi
onopgevoed (bn)	育ちの悪い	sodachi no warui
verwend (bn)	甘やかされた	amayakasare ta

stout zijn (ww)	悪戯をする	itazura wo suru
stout (bn)	悪戯好きな	itazura zuki na
stoutheid (de)	悪戯	itazura
stouterd (de)	悪戯っ子	itazurakko

| gehoorzaam (bn) | 従順な | jūjun na |
| ongehoorzaam (bn) | 反抗的な | hankō teki na |

braaf (bn)	大人しい	otonashī
slim (verstandig)	利口な	rikō na
wonderkind (het)	神童	shindō

60. Gehuwde paren. Gezinsleven

kussen (een kus geven)	キスする	kisu suru
elkaar kussen (ww)	キスする	kisu suru
gezin (het)	家族	kazoku
gezins- (abn)	家族の	kazoku no
paar (het)	夫婦	fūfu
huwelijk (het)	結婚	kekkon
thuis (het)	家庭	katei
dynastie (de)	王朝	ōchō
date (de)	デート	dēto
zoen (de)	キス	kisu
liefde (de)	愛	ai
liefhebben (ww)	愛する	aisuru
geliefde (bn)	愛しい	itoshī
tederheid (de)	優しさ	yasashi sa
teder (bn)	優しい	yasashī
trouw (de)	貞節	teisetsu
trouw (bn)	貞節な	teisetsu na
zorg (bijv. bejaarden~)	世話	sewa
zorgzaam (bn)	世話好きな	sewa zuki na
jonggehuwden (mv.)	新婚夫婦	shinkon fūfu
wittebroodsweken (mv.)	ハネムーン	hanemūn
trouwen (vrouw)	結婚する	kekkon suru
trouwen (man)	結婚する	kekkon suru
bruiloft (de)	結婚式	kekkonshiki
gouden bruiloft (de)	金婚式	kinkonshiki
verjaardag (de)	記念日	kinen bi
minnaar (de)	恋人	koibito
minnares (de)	愛人	aijin
overspel (het)	不倫	furin
overspel plegen (ww)	不倫する	furin suru
jaloers (bn)	焼きもち焼きの	yakimochi yaki no
jaloers zijn (echtgenoot, enz.)	焼きもちを焼く	yakimochi wo yaku
echtscheiding (de)	離婚	rikon
scheiden (ww)	離婚する	rikon suru
ruzie hebben (ww)	口論する	kōron suru
vrede sluiten (ww)	仲直りする	nakanaori suru
samen (bw)	一緒に	issho ni
seks (de)	セックス	sekkusu
geluk (het)	幸福	kōfuku
gelukkig (bn)	幸福な	kōfuku na
ongeluk (het)	不幸	fukō
ongelukkig (bn)	不幸な	fukō na

Karakter. Gevoelens. Emoties

61. Gevoelens. Emoties

gevoel (het)	感情	kanjō
gevoelens (mv.)	感情	kanjō
voelen (ww)	感じる	kanjiru
honger (de)	空腹	kūfuku
honger hebben (ww)	腹をすかす	hara wo sukasu
dorst (de)	渇き	kawaki
dorst hebben	喉が渇く	nodo ga kawaku
slaperigheid (de)	眠気	nemuke
willen slapen	眠気を催す	nemuke wo moyōsu
moeheid (de)	疲れ	tsukare
moe (bn)	疲れた	tsukare ta
vermoeid raken (ww)	疲れる	tsukareru
stemming (de)	気分	kibun
verveling (de)	退屈	taikutsu
zich vervelen (ww)	退屈する	taikutsu suru
afzondering (de)	隠遁	inton
zich afzonderen (ww)	隠遁する	inton suru
bezorgd maken (ww)	心配させる	shinpai saseru
zich bezorgd maken	心配する	shinpai suru
zorg (bijv. geld~en)	心配	shinpai
ongerustheid (de)	不安	fuan
ongerust (bn)	気をとられている	ki wo torarete iru
zenuwachtig zijn (ww)	緊張する	kinchō suru
in paniek raken	パニックに陥る	panikku ni ochīru
hoop (de)	希望	kibō
hopen (ww)	希望する	kibō suru
zekerheid (de)	確かさ	tashika sa
zeker (bn)	確かに	tashika ni
onzekerheid (de)	不確かさ	futashika sa
onzeker (bn)	不確かな	futashika na
dronken (bn)	酔った	yotta
nuchter (bn)	酔っていない	yotte inai
zwak (bn)	弱い	yowai
gelukkig (bn)	幸福な	kōfuku na
doen schrikken (ww)	怖がらせる	kowagara seru
toorn (de)	憤激	fungeki
woede (de)	激怒	gekido
depressie (de)	落ち込み	ochikomi
ongemak (het)	不快感	fukai kan

gemak, comfort (het)	心地よさ	kokochiyo sa
spijt hebben (ww)	後悔する	kōkai suru
spijt (de)	後悔	kōkai
pech (de)	不運	fuun
bedroefdheid (de)	悲しさ	kanashi sa

schaamte (de)	恥	haji
pret (de), plezier (het)	喜び	yorokobi
enthousiasme (het)	熱意	netsui
enthousiasteling (de)	熱意を持っている人	netsui wo motte iru hito
enthousiasme vertonen	熱意を示す	netsui wo shimesu

62. Karakter. Persoonlijkheid

karakter (het)	性格	seikaku
karakterfout (de)	性格の欠点	seikaku no ketten
verstand (het)	精神	seishin
rede (de)	理性	risei

geweten (het)	良心	ryōshin
gewoonte (de)	習慣	shūkan
bekwaamheid (de)	能力	nōryoku
kunnen (bijv., ~ zwemmen)	できる	dekiru

geduldig (bn)	我慢強い	gamanzuyoi
ongeduldig (bn)	気が短い	ki ga mijikai
nieuwsgierig (bn)	好奇心の強い	kōki shin no tsuyoi
nieuwsgierigheid (de)	好奇心	kōki shin

bescheidenheid (de)	謙遜	kenson
bescheiden (bn)	謙遜な	kenson na
onbescheiden (bn)	慎みのない	tsutsushimi no nai

luiheid (de)	怠惰	taida
lui (bn)	怠惰な	taida na
luiwammes (de)	怠惰な人	taida na hito

sluwheid (de)	狡猾さ	kōkatsu sa
sluw (bn)	狡猾な	kōkatsu na
wantrouwen (het)	疑惑	giwaku
wantrouwig (bn)	疑いの	utagai no

gulheid (de)	気前のよさ	kimae no yo sa
gul (bn)	気前のよい	kimae no yoi
talentrijk (bn)	才能のある	sainō no aru
talent (het)	才能	sainō

moedig (bn)	勇敢な	yūkan na
moed (de)	勇敢さ	yūkan sa
eerlijk (bn)	正直な	shōjiki na
eerlijkheid (de)	正直	shōjiki

| voorzichtig (bn) | 用心して | yōjin shi te |
| manhaftig (bn) | 勇ましい | isamashī |

ernstig (bn)	真剣な	shinken na
streng (bn)	厳しい	kibishī
resoluut (bn)	決断力のある	ketsudan ryoku no aru
onzeker, irresoluut (bn)	優柔不断な	yūjūfudan na
schuchter (bn)	内気な	uchiki na
schuchterheid (de)	内気	uchiki
vertrouwen (het)	信用	shinyō
vertrouwen (ww)	信用する	shinyō suru
goedgelovig (bn)	信じやすい	shinji yasui
oprecht (bw)	心から	kokorokara
oprecht (bn)	心からの	kokorokara no
oprechtheid (de)	誠実	seijitsu
open (bn)	率直な	socchoku na
rustig (bn)	平静な	heisei na
openhartig (bn)	正直な	shōjiki na
naïef (bn)	うぶな	ubu na
verstrooid (bn)	上の空な	uwanosora na
leuk, grappig (bn)	おかしな	okashina
gierigheid (de)	欲張り	yokubari
gierig (bn)	欲張りの	yokubari no
inhalig (bn)	けちな	kechi na
kwaad (bn)	悪い	warui
koppig (bn)	頑固な	ganko na
onaangenaam (bn)	感じの悪い	kanji no warui
egoïst (de)	わがまま	wagamama
egoïstisch (bn)	わがままな	wagamama na
lafaard (de)	臆病者	okubyō mono
laf (bn)	臆病な	okubyō na

63. Slaap. Dromen

slapen (ww)	眠る	nemuru
slaap (in ~ vallen)	眠り	nemuri
droom (de)	夢	yume
dromen (in de slaap)	夢を見る	yume wo miru
slaperig (bn)	眠い	nemui
bed (het)	ベッド、寝台	beddo, shindai
matras (de)	マットレス	mattoresu
deken (de)	毛布	mōfu
kussen (het)	枕	makura
laken (het)	シーツ、敷布	shītsu, shikifu
slapeloosheid (de)	不眠症	fuminshō
slapeloos (bn)	眠れない	nemure nai
slaapmiddel (het)	睡眠薬	suiminyaku
slaapmiddel innemen	睡眠薬を服用する	suiminyaku wo fukuyō suru
willen slapen	眠気を催す	nemuke wo moyōsu

geeuwen (ww)	あくびをする	akubi wo suru
gaan slapen	就寝する	shūshin suru
het bed opmaken	ベッドを整える	beddo wo totonoeru
inslapen (ww)	寝入る	neiru

nachtmerrie (de)	悪夢	akumu
gesnurk (het)	いびき [鼾]	ibiki
snurken (ww)	いびきをかく	ibiki wo kaku

wekker (de)	目覚まし時計	mezamashi dokei
wekken (ww)	起こす	okosu
wakker worden (ww)	起きる	okiru
opstaan (ww)	起床する	kishō suru
zich wassen (ww)	洗面する	senmen suru

64. Humor. Gelach. Blijdschap

humor (de)	ユーモア	yūmoa
gevoel (het) voor humor	ユーモアのセンス	yūmoa no sensu
plezier hebben (ww)	楽しむ	tanoshimu
vrolijk (bn)	うれしい [嬉しい]	ureshī
pret (de), plezier (het)	楽しみ	tanoshimi

glimlach (de)	ほほえみ [微笑み]	hohoemi
glimlachen (ww)	ほほえむ [微笑む]	hohoemu
beginnen te lachen (ww)	笑いだす	waraidasu
lachen (ww)	笑う	warau
lach (de)	笑い声	waraigoe

mop (de)	逸話	itsuwa
grappig (een ~ verhaal)	おかしな	okashina
grappig (~e clown)	おかしな	okashina

grappen maken (ww)	冗談を言う	jōdan wo iu
grap (de)	冗談	jōdan
blijheid (de)	喜び	yorokobi
blij zijn (ww)	喜ぶ	yorokobu
blij (bn)	喜ばしい	yorokobashī

65. Discussie, conversatie. Deel 1

| communicatie (de) | 連絡 | renraku |
| communiceren (ww) | 連絡する | renraku suru |

conversatie (de)	会話	kaiwa
dialoog (de)	対話	taiwa
discussie (de)	討論	tōron
debat (het)	議論	giron
debatteren, twisten (ww)	議論する	giron suru

| gesprekspartner (de) | 対話者 | taiwa sha |
| thema (het) | 話題 | wadai |

standpunt (het)	視点	shiten
mening (de)	意見	iken
toespraak (de)	演説、スピーチ	enzetsu, supīchi
bespreking (de)	討議	tōgi
bespreken (spreken over)	討議する	tōgi suru
gesprek (het)	対話	taiwa
spreken (converseren)	話す	hanasu
ontmoeting (de)	打ち合わせ	uchiawase
ontmoeten (ww)	会う	au
spreekwoord (het)	ことわざ［諺］	kotowaza
gezegde (het)	格言	kakugen
raadsel (het)	謎	nazo
een raadsel opgeven	謎かけをする	nazo kake wo suru
wachtwoord (het)	パスワード	pasuwādo
geheim (het)	秘密	himitsu
eed (de)	誓い	chikai
zweren (een eed doen)	誓う	chikau
belofte (de)	約束	yakusoku
beloven (ww)	約束する	yakusoku suru
advies (het)	助言	jogen
adviseren (ww)	助言する	jogen suru
advies volgen (iemands ~)	助言に従う	jogen ni shitagau
luisteren (gehoorzamen)	従う	shitagau
nieuws (het)	ニュース	nyūsu
sensatie (de)	センセーション	sensēshon
informatie (de)	データ	dēta
conclusie (de)	結論	ketsuron
stem (de)	声	koe
compliment (het)	褒め言葉	home kotoba
vriendelijk (bn)	親切な	shinsetsu na
woord (het)	単語	tango
zin (de), zinsdeel (het)	句	ku
antwoord (het)	回答	kaitō
waarheid (de)	真実	shinjitsu
leugen (de)	うそ［嘘］	uso
gedachte (de)	思索	shisaku
idee (de/het)	考え	kangae
fantasie (de)	空想	kūsō

66. Discussie, conversatie. Deel 2

gerespecteerd (bn)	尊敬すべき	sonkei su beki
respecteren (ww)	尊敬する	sonkei suru
respect (het)	尊敬	sonkei
Geachte ... (brief)	…様	... sama
voorstellen (Mag ik jullie ~)	紹介する	shōkai suru

kennismaken (met …)	知り合う	shiriau
intentie (de)	意図	ito
intentie hebben (ww)	意図する	ito suru
wens (de)	よろしくとの言葉	yoroshiku to no kotoba
wensen (ww)	祈る	inoru
verbazing (de)	驚き	odoroki
verbazen (verwonderen)	驚かす	odorokasu
verbaasd zijn (ww)	驚く	odoroku
geven (ww)	手渡す	tewatasu
nemen (ww)	取る	toru
teruggeven (ww)	返す	kaesu
retourneren (ww)	戻す	modosu
zich verontschuldigen	謝る	ayamaru
verontschuldiging (de)	謝罪	shazai
vergeven (ww)	許す	yurusu
spreken (ww)	話す	hanasu
luisteren (ww)	聴く	kiku
aanhoren (ww)	最後まで聞く	saigo made kiku
begrijpen (ww)	理解する	rikai suru
tonen (ww)	見せる	miseru
kijken naar …	…を見る	… wo miru
roepen (vragen te komen)	呼ぶ	yobu
afleiden (storen)	気を散らす	ki wo chirasu
storen (lastigvallen)	邪魔をする	jama wo suru
doorgeven (ww)	渡す	watasu
verzoek (het)	要請	yōsei
verzoeken (ww)	要請する	yōcoi suru
eis (de)	要求	yōkyū
eisen (met klem vragen)	要求する	yōkyū suru
beledigen (beledigende namen geven)	からかう	karakau
uitlachen (ww)	あざ笑う	azawarau
spot (de)	あざ笑い	azawarai
bijnaam (de)	あだ名	adana
zinspeling (de)	ほのめかし	honomekashi
zinspelen (ww)	ほのめかす	honomekasu
impliceren (duiden op)	意味する	imi suru
beschrijving (de)	記述すること	kijutsu suru koto
beschrijven (ww)	記述する	kijutsu suru
lof (de)	称賛	shōsan
loven (ww)	称賛する	shōsan suru
teleurstelling (de)	失望	shitsubō
teleurstellen (ww)	失望させる	shitsubō saseru
teleurgesteld zijn (ww)	失望する	shitsubō suru
veronderstelling (de)	仮定	katei
veronderstellen (ww)	仮定する	katei suru

| waarschuwing (de) | 警告 | keikoku |
| waarschuwen (ww) | 警告する | keikoku suru |

67. Discussie, conversatie. Deel 3

| aanpraten (ww) | 説得する | settoku suru |
| kalmeren (kalm maken) | 落ち着かせる | ochitsukaseru |

stilte (de)	沈黙	chinmoku
zwijgen (ww)	沈黙を守る	chinmoku wo mamoru
fluisteren (ww)	ささやく	sasayaku
gefluister (het)	ささやき	sasayaki

| open, eerlijk (bw) | 率直に | socchoku ni |
| volgens mij ... | 私の見解では | watashi no kenkai de wa |

detail (het)	詳細	shōsai
gedetailleerd (bn)	詳細な	shōsai na
gedetailleerd (bw)	詳細に	shōsai ni

| hint (de) | 暗示 | anji |
| een hint geven | 暗示する | anji suru |

blik (de)	目つき	me tsuki
een kijkje nemen	見る	miru
strak (een ~ke blik)	長い	nagai
knipperen (ww)	まばたきする	mabataki suru
knipogen (ww)	ウィンクする	winku suru
knikken (ww)	うなずく	unazuku

zucht (de)	ため息［ためいき］	tameiki
zuchten (ww)	ため息をつく	tameiki wo tsuku
huiveren (ww)	身震いする	miburui suru
gebaar (het)	身ぶり	miburi
aanraken (ww)	触れる	fureru
grijpen (ww)	握る	nigiru
een schouderklopje geven	軽くたたく	karuku tataku

Kijk uit!	危ない！	abunai!
Echt?	本当ですか？	hontō desu ka ?
Bent je er zeker van?	本当に？	hontōni ?
Succes!	幸運を！	kōun o!
Juist, ja!	分かった！	wakatta!
Wat jammer!	残念！	zannen!

68. Overeenstemming. Weigering

instemming (het)	同意	dōi
instemmen (akkoord gaan)	同意する	dōi suru
goedkeuring (de)	承認	shōnin
goedkeuren (ww)	承認する	shōnin suru
weigering (de)	拒絶	kyozetsu

weigeren (ww)	拒絶する	kyozetsu suru
Geweldig!	すごい！	sugoi!
Goed!	了解！	ryōkai!
Akkoord!	オーケー！	ōkē!
verboden (bn)	禁止の	kinshi no
het is verboden	禁止されています	kinshi sare te i masu
het is onmogelijk	それは無理だ	sore wa murida
onjuist (bn)	正しくない	tadashiku nai
afwijzen (ww)	拒絶する	kyozetsu suru
steunen	支援する	shien suru
(een goed doel, enz.)		
aanvaarden (excuses ~)	受け入れる	ukeireru
bevestigen (ww)	確認する	kakunin suru
bevestiging (de)	確認	kakunin
toestemming (de)	許可	kyoka
toestaan (ww)	許可する	kyoka suru
beslissing (de)	決断	ketsudan
z'n mond houden (ww)	沈黙する	chinmoku suru
voorwaarde (de)	条件	jōken
smoes (de)	言い訳	īwake
lof (de)	称賛	shōsan
loven (ww)	称賛する	shōsan suru

69. Succes. Veel geluk. Mislukking

succes (het)	成功	seikō
succesvol (bw)	成功して	seikō chite
succesvol (bn)	成功した	seikō shita
geluk (het)	幸運	koūn
Succes!	幸運を！	kōun o!
geluks- (bn)	運のいい	unnoï
gelukkig (fortuinlijk)	幸運な	kōun na
mislukking (de)	失敗	shippai
tegenslag (de)	不幸	fukō
pech (de)	不運	fuun
zonder succes (bn)	不成功の	fu seikō no
catastrofe (de)	大失敗	dai shippai
fierheid (de)	誇り	hokori
fier (bn)	誇りに思う	hokori ni omō
fier zijn (ww)	…を誇りに思う	… wo hokori ni omō
winnaar (de)	勝利者	shōri sha
winnen (ww)	勝つ	katsu
verliezen (ww)	負ける	makeru
poging (de)	試み	kokoromi
pogen, proberen (ww)	試みる	kokoromiru
kans (de)	機会	kikai

70. Ruzies. Negatieve emoties

schreeuw (de)	叫び	sakebi
schreeuwen (ww)	叫ぶ	sakebu
beginnen te schreeuwen	叫びだす	sakebidasu
ruzie (de)	口論	kōron
ruzie hebben (ww)	口論する	kōron suru
schandaal (het)	喧嘩 [けんか]	kenka
schandaal maken (ww)	喧嘩する	kenka suru
conflict (het)	抗争	kōsō
misverstand (het)	誤解	gokai
belediging (de)	侮辱	bujoku
beledigen (met scheldwoorden)	侮辱する	bujoku suru
beledigd (bn)	侮辱された	bujoku sare ta
krenking (de)	恨み	urami
krenken (beledigen)	感情を害する	kanjō wo gaisuru
gekwetst worden (ww)	…に感情を害する	… ni kanjō wo gaisuru
verontwaardiging (de)	憤慨	fungai
verontwaardigd zijn (ww)	憤慨する	fungai suru
klacht (de)	不平	fuhei
klagen (ww)	不平を言う	fuhei wo iu
verontschuldiging (de)	謝罪	shazai
zich verontschuldigen	謝罪する	shazai suru
excuus vragen	謝る	ayamaru
kritiek (de)	批判	hihan
bekritiseren (ww)	批判する	hihan suru
beschuldiging (de)	責め	seme
beschuldigen (ww)	責める	semeru
wraak (de)	復讐	fukushū
wreken (ww)	復讐する	fukushū suru
wraak nemen (ww)	仕返しをする	shikaeshi wo suru
minachting (de)	軽蔑	keibetsu
minachten (ww)	軽蔑する	keibetsu suru
haat (de)	憎しみ	nikushimi
haten (ww)	憎む	nikumu
zenuwachtig (bn)	緊張した	kinchō shita
zenuwachtig zijn (ww)	緊張する	kinchō suru
boos (bn)	怒って	okotte
boos maken (ww)	怒らせる	okoraseru
vernedering (de)	屈辱	kutsujoku
vernederen (ww)	屈辱を与える	kutsujoku wo ataeru
zich vernederen (ww)	面目を失う	menboku wo ushinau
schok (de)	衝撃	shōgeki
schokken (ww)	衝撃を与える	shōgeki wo ataeru

onaangenaamheid (de)	不愉快なこと	fuyukai na koto
onaangenaam (bn)	不愉快な	fuyukai na
vrees (de)	恐れ	osore
vreselijk (bijv. ~ onweer)	ひどい	hidoi
eng (bn)	怖い	kowai
gruwel (de)	恐怖	kyōfu
vreselijk (~ nieuws)	恐ろしい	osoroshī
beginnen te beven	震え始める	furue hajimeru
huilen (wenen)	泣く	naku
beginnen te huilen (wenen)	泣きだす	nakidasu
traan (de)	涙	namida
schuld (~ geven aan)	責任	sekinin
schuldgevoel (het)	罪悪感	zaiaku kan
schande (de)	不名誉	fumeiyo
protest (het)	抗議	kōgi
stress (de)	ストレス	sutoresu
storen (lastigvallen)	邪魔をする	jama wo suru
kwaad zijn (ww)	腹を立てる	hara wo tateru
kwaad (bn)	腹を立てた	hara wo tate ta
beëindigen (een relatie ~)	終わらせる	owaraseru
vloeken (ww)	しかる	shikaru
schrikken (schrik krijgen)	恐れる	osoreru
slaan (iemand ~)	ぶつ	butsu
vechten (ww)	喧嘩をする	kenka wo suru
regelen (conflict)	解決する	kaiketsu suru
ontevreden (bn)	不満な	fuman na
woedend (bn)	激怒した	gekido shi ta
Dat is niet goed!	良くないよ！	yoku nai yo!
Dat is slecht!	いけないことだぞ！	ike nai koto da zo!

Geneeskunde

71. Ziekten

ziekte (de)	病気	byōki
ziek zijn (ww)	病気になる	byōki ni naru
gezondheid (de)	健康	kenkō
snotneus (de)	鼻水	hanamizu
angina (de)	狭心症	kyōshinshō
verkoudheid (de)	風邪	kaze
verkouden raken (ww)	風邪をひく	kaze wo hiku
bronchitis (de)	気管支炎	kikanshien
longontsteking (de)	肺炎	haien
griep (de)	インフルエンザ	infuruenza
bijziend (bn)	近視の	kinshi no
verziend (bn)	遠視の	enshi no
scheelheid (de)	斜視	shashi
scheel (bn)	斜視の	shashi no
grauwe staar (de)	白内障	hakunaishō
glaucoom (het)	緑内障	ryokunaishō
beroerte (de)	脳卒中	nōsocchū
hartinfarct (het)	心臓発作	shinzō hossa
myocardiaal infarct (het)	心筋梗塞	shinkinkōsoku
verlamming (de)	まひ［麻痺］	mahi
verlammen (ww)	まひさせる	mahi saseru
allergie (de)	アレルギー	arerugī
astma (de/het)	ぜんそく［喘息］	zensoku
diabetes (de)	糖尿病	tōnyō byō
tandpijn (de)	歯痛	shitsū
tandbederf (het)	カリエス	kariesu
diarree (de)	下痢	geri
constipatie (de)	便秘	benpi
maagstoornis (de)	胃のむかつき	i no mukatsuki
voedselvergiftiging (de)	食中毒	shokuchūdoku
voedselvergiftiging oplopen	食中毒にかかる	shokuchūdoku ni kakaru
artritis (de)	関節炎	kansetsu en
rachitis (de)	くる病	kuru yamai
reuma (het)	リューマチ	ryūmachi
arteriosclerose (de)	アテローム性動脈硬化	ate rōmu sei dōmyaku kōka
gastritis (de)	胃炎	ien
blindedarmontsteking (de)	虫垂炎	chūsuien

| galblaasontsteking (de) | 胆嚢炎 | tannō en |
| zweer (de) | 潰瘍 | kaiyō |

mazelen (mv.)	麻疹	hashika
rodehond (de)	風疹	fūshin
geelzucht (de)	黄疸	ōdan
leverontsteking (de)	肝炎	kanen

schizofrenie (de)	統合失調症	tōgō shicchō shō
dolheid (de)	恐水病	kyōsuibyō
neurose (de)	神経症	shinkeishō
hersenschudding (de)	脳震とう（脳震盪）	nōshintō

kanker (de)	がん［癌］	gan
sclerose (de)	硬化症	kōka shō
multiple sclerose (de)	多発性硬化症	tahatsu sei kōka shō

alcoholisme (het)	アルコール依存症	arukōru izon shō
alcoholicus (de)	アルコール依存症患者	arukōru izon shō kanja
syfilis (de)	梅毒	baidoku
AIDS (de)	エイズ	eizu

tumor (de)	腫瘍	shuyō
kwaadaardig (bn)	悪性の	akusei no
goedaardig (bn)	良性の	ryōsei no

koorts (de)	発熱	hatsunetsu
malaria (de)	マラリア	mararia
gangreen (het)	壊疽	eso
zeeziekte (de)	船酔い	fune yoi
epilepsie (de)	てんかん［癲癇］	tenkan

epidemie (de)	伝染病	densen byō
tyfus (de)	チフス	chifusu
tuberculose (de)	結核	kekkaku
cholera (de)	コレラ	korera
pest (de)	ペスト	pesuto

72. Symptomen. Behandelingen. Deel 1

symptoom (het)	兆候	chōkō
temperatuur (de)	体温	taion
verhoogde temperatuur (de)	熱	netsu
polsslag (de)	脈拍	myakuhaku

duizeling (de)	目まい［眩暈］	memai
heet (erg warm)	熱い	atsui
koude rillingen (mv.)	震え	furue
bleek (bn)	青白い	aojiroi

hoest (de)	咳	seki
hoesten (ww)	咳をする	seki wo suru
niezen (ww)	くしゃみをする	kushami wo suru
flauwte (de)	気絶	kizetsu

flauwvallen (ww)	気絶する	kizetsu suru
blauwe plek (de)	打ち身	uchimi
buil (de)	たんこぶ	tankobu
zich stoten (ww)	あざができる	aza ga dekiru
kneuzing (de)	打撲傷	dabokushō
kneuzen (gekneusd zijn)	打撲する	daboku suru
hinken (ww)	足を引きずる	ashi wo hikizuru
verstuiking (de)	脱臼	dakkyū
verstuiken (enkel, enz.)	脱臼する	dakkyū suru
breuk (de)	骨折	kossetsu
een breuk oplopen	骨折する	kossetsu suru
snijwond (de)	切り傷	kirikizu
zich snijden (ww)	切り傷を負う	kirikizu wo ō
bloeding (de)	出血	shukketsu
brandwond (de)	火傷	yakedo
zich branden (ww)	火傷する	yakedo suru
prikken (ww)	刺す	sasu
zich prikken (ww)	自分を刺す	jibun wo sasu
blesseren (ww)	けがする	kega suru
blessure (letsel)	けが［怪我］	kega
wond (de)	負傷	fushō
trauma (het)	外傷	gaishō
IJlen (ww)	熱に浮かされる	netsu ni ukasareru
stotteren (ww)	どもる	domoru
zonnesteek (de)	日射病	nisshabyō

73. Symptomen. Behandelingen. Deel 2

pijn (de)	痛み	itami
splinter (de)	とげ［棘］	toge
zweet (het)	汗	ase
zweten (ww)	汗をかく	ase wo kaku
braking (de)	嘔吐	ōto
stuiptrekkingen (mv.)	けいれん［痙攣］	keiren
zwanger (bn)	妊娠している	ninshin shi te iru
geboren worden (ww)	生まれる	umareru
geboorte (de)	分娩	bumben
baren (ww)	分娩する	bumben suru
abortus (de)	妊娠中絶	ninshin chūzetsu
ademhaling (de)	呼吸	kokyū
inademing (de)	息を吸うこと	iki wo sū koto
uitademing (de)	息を吐くこと	iki wo haku koto
uitademen (ww)	息を吐く	iki wo haku
inademen (ww)	息を吸う	iki wo sū
invalide (de)	障害者	shōgai sha
gehandicapte (de)	身障者	shinshōsha

drugsverslaafde (de)	麻薬中毒者	mayaku chūdoku sha
doof (bn)	ろうの [聾の]	rō no
stom (bn)	口のきけない	kuchi no kike nai
doofstom (bn)	ろうあの [聾唖の]	rōa no
krankzinnig (bn)	狂気の	kyōki no
krankzinnige (man)	狂人	kyōjin
krankzinnige (vrouw)	狂女	kyōjo
krankzinnig worden	気が狂う	ki ga kurū
gen (het)	遺伝子	idenshi
immuniteit (de)	免疫	meneki
erfelijk (bn)	遺伝性の	iden sei no
aangeboren (bn)	先天性の	senten sei no
virus (het)	ウィルス	wirusu
microbe (de)	細菌	saikin
bacterie (de)	バクテリア	bakuteria
infectie (de)	伝染	densen

74. Symptomen. Behandelingen. Deel 3

ziekenhuis (het)	病院	byōin
patiënt (de)	患者	kanja
diagnose (de)	診断	shindan
genezing (de)	療養	ryōyō
medische behandeling (de)	治療	chiryō
onder behandeling zijn	治療を受ける	chiryō wo ukeru
behandelen (ww)	治療する	chiryō suru
zorgen (zieken ~)	看護する	kango suru
ziekenzorg (de)	看護	kango
operatie (de)	手術	shujutsu
verbinden (een arm ~)	包帯をする	hōtai wo suru
verband (het)	包帯を巻くこと	hōtai wo maku koto
vaccin (het)	予防接種	yobō sesshu
inenten (vaccineren)	予防接種をする	yobō sesshu wo suru
injectie (de)	注射	chūsha
een injectie geven	注射する	chūsha suru
aanval (de)	発作	hossa
amputatie (de)	切断手術	setsudan shujutsu
amputeren (ww)	切断する	setsudan suru
coma (het)	昏睡	konsui
in coma liggen	昏睡状態になる	konsui jōtai ni naru
intensieve zorg, ICU (de)	集中治療	shūchū chiryō
zich herstellen (ww)	回復する	kaifuku suru
toestand (de)	体調	taichō
bewustzijn (het)	意識	ishiki
geheugen (het)	記憶	kioku
trekken (een kies ~)	抜く	nuku

| vulling (de) | 詰め物 | tsume mono |
| vullen (ww) | 詰め物をする | tsume mono wo suru |

| hypnose (de) | 催眠術 | saimin jutsu |
| hypnotiseren (ww) | 催眠術をかける | saimin jutsu wo kakeru |

75. Artsen

dokter, arts (de)	医者	isha
ziekenzuster (de)	看護師	kangoshi
lijfarts (de)	町医者	machīsha

tandarts (de)	歯科医	shikai
oogarts (de)	眼科医	gankai
therapeut (de)	内科医	naikai
chirurg (de)	外科医	gekai

psychiater (de)	精神科医	seishin kai
pediater (de)	小児科医	shōnikai
psycholoog (de)	心理学者	shinri gakusha
gynaecoloog (de)	婦人科医	fujin kai
cardioloog (de)	心臓内科医	shinzō naikai

76. Geneeskunde. Medicijnen. Accessoires

geneesmiddel (het)	薬	kusuri
middel (het)	治療薬	chiryō yaku
voorschrijven (ww)	処方する	shohō suru
recept (het)	処方	shohō

tablet (de/het)	錠剤	jōzai
zalf (de)	軟膏	nankō
ampul (de)	アンプル	anpuru
drank (de)	調合薬	chōgō yaku
siroop (de)	シロップ	shiroppu
pil (de)	丸剤	gan zai
poeder (de/het)	粉薬	konagusuri

verband (het)	包帯	hōtai
watten (mv.)	脱脂綿	dasshimen
jodium (het)	ヨード	yōdo

pleister (de)	ばんそうこう [絆創膏]	bansōkō
pipet (de)	アイドロッパー	aidoroppā
thermometer (de)	体温計	taionkei
spuit (de)	注射器	chūsha ki

| rolstoel (de) | 車椅子 | kurumaisu |
| krukken (mv.) | 松葉杖 | matsubazue |

| pijnstiller (de) | 痛み止め | itami tome |
| laxeermiddel (het) | 下剤 | gezai |

spiritus (de)	エタノール	etanoru
medicinale kruiden (mv.)	薬草	yakusō
kruiden- (abn)	薬草の	yakusō no

77. Roken. Tabaksproducten

tabak (de)	タバコ［煙草］	tabako
sigaret (de)	タバコ	tabako
sigaar (de)	葉巻	hamaki
pijp (de)	パイプ	paipu
pakje (~ sigaretten)	箱	hako

lucifers (mv.)	マッチ	macchi
luciferdoosje (het)	マッチ箱	macchi bako
aansteker (de)	ライター	raitā
asbak (de)	灰皿	haizara
sigarettendoosje (het)	シガレットケース	shigaretto kēsu

| sigarettenpijpje (het) | シガレットフォルダー | shigaretto forudā |
| filter (de/het) | フィルター | firutā |

roken (ww)	喫煙する	kitsuen suru
een sigaret opsteken	タバコに火を付ける	tabako ni hi wo tsukeru
roken (het)	喫煙	kitsuen
roker (de)	喫煙者	kitsuen sha

peuk (de)	煙草の吸い残り	tabako no sui nokori
rook (de)	煙	kemuri
as (de)	灰	hai

HET MENSELIJKE LEEFGEBIED

Stad

78. Stad. Het leven in de stad

stad (de)	市、町	shi, machi
hoofdstad (de)	首都	shuto
dorp (het)	村	mura
plattegrond (de)	市街地図	shigai chizu
centrum (ov. een stad)	中心街	chūshin gai
voorstad (de)	郊外	kōgai
voorstads- (abn)	郊外の	kōgai no
randgemeente (de)	町外れ	machihazure
omgeving (de)	近郊	kinkō
blok (huizenblok)	街区	gaiku
woonwijk (de)	住宅街	jūtaku gai
verkeer (het)	交通	kōtsū
verkeerslicht (het)	信号	shingō
openbaar vervoer (het)	公共交通機関	kōkyō kōtsū kikan
kruispunt (het)	交差点	kōsaten
zebrapad (oversteekplaats)	横断歩道	ōdan hodō
onderdoorgang (de)	地下道	chikadō
oversteken (de straat ~)	横断する	ōdan suru
voetganger (de)	歩行者	hokō sha
trottoir (het)	歩道	hodō
brug (de)	橋	hashi
dijk (de)	堤防	teibō
fontein (de)	噴水	funsui
allee (de)	散歩道	sanpomichi
park (het)	公園	kōen
boulevard (de)	大通り	ōdōri
plein (het)	広場	hiroba
laan (de)	アヴェニュー	avenyū
straat (de)	通り	tōri
zijstraat (de)	わき道 [脇道]	wakimichi
doodlopende straat (de)	行き止まり	ikidomari
huis (het)	家屋	kaoku
gebouw (het)	建物	tatemono
wolkenkrabber (de)	摩天楼	matenrō
gevel (de)	ファサード	fasādo
dak (het)	屋根	yane

venster (het)	窓	mado
boog (de)	アーチ	āchi
pilaar (de)	柱	hashira
hoek (ov. een gebouw)	角	kado

vitrine (de)	ショーウインドー	shōuindō
gevelreclame (de)	店看板	mise kanban
affiche (de/het)	ポスター	posutā
reclameposter (de)	広告ポスター	kōkoku posutā
aanplakbord (het)	広告掲示板	kōkoku keijiban

vuilnis (de/het)	ゴミ［ごみ］	gomi
vuilnisbak (de)	ゴミ入れ	gomi ire
afval weggooien (ww)	ゴミを投げ捨てる	gomi wo nagesuteru
stortplaats (de)	ゴミ捨て場	gomi suteba

telefooncel (de)	電話ボックス	denwa bokkusu
straatlicht (het)	街灯柱	gaitō bashira
bank (de)	ベンチ	benchi

politieagent (de)	警官	keikan
politie (de)	警察	keisatsu
zwerver (de)	こじき	kojiki
dakloze (de)	ホームレス	hōmuresu

79. Stedelijke instellingen

winkel (de)	店、…屋	mise, …ya
apotheek (de)	薬局	yakkyoku
optiek (de)	眼鏡店	megane ten
winkelcentrum (het)	ショッピングモール	shoppingu mōru
supermarkt (de)	スーパーマーケット	sūpāmāketto

bakkerij (de)	パン屋	panya
bakker (de)	パン職人	pan shokunin
banketbakkerij (de)	菓子店	kashi ten
kruidenier (de)	食料品店	shokuryō hin ten
slagerij (de)	肉屋	nikuya

| groentewinkel (de) | 八百屋 | yaoya |
| markt (de) | 市場 | ichiba |

koffiehuis (het)	喫茶店	kissaten
restaurant (het)	レストラン	resutoran
bar (de)	パブ	pabu
pizzeria (de)	ピザ屋	piza ya

kapperssalon (de/het)	美容院	biyō in
postkantoor (het)	郵便局	yūbin kyoku
stomerij (de)	クリーニング屋	kurīningu ya
fotostudio (de)	写真館	shashin kan

| schoenwinkel (de) | 靴屋 | kutsuya |
| boekhandel (de) | 本屋 | honya |

sportwinkel (de)	スポーツ店	supōtsu ten
kledingreparatie (de)	洋服直し専門店	yōfuku naoshi senmon ten
kledingverhuur (de)	貸衣裳店	kashi ishō ten
videotheek (de)	レンタルビデオ店	rentarubideo ten
circus (de/het)	サーカス	sākasu
dierentuin (de)	動物園	dōbutsu en
bioscoop (de)	映画館	eiga kan
museum (het)	博物館	hakubutsukan
bibliotheek (de)	図書館	toshokan
theater (het)	劇場	gekijō
opera (de)	オペラハウス	opera hausu
nachtclub (de)	ナイトクラブ	naito kurabu
casino (het)	カジノ	kajino
moskee (de)	モスク	mosuku
synagoge (de)	シナゴーグ	shinagōgu
kathedraal (de)	大聖堂	dai seidō
tempel (de)	寺院	jīn
kerk (de)	教会	kyōkai
instituut (het)	大学	daigaku
universiteit (de)	大学	daigaku
school (de)	学校	gakkō
gemeentehuis (het)	県庁舎	ken chōsha
stadhuis (het)	市役所	shiyaku sho
hotel (het)	ホテル	hoteru
bank (de)	銀行	ginkō
ambassade (de)	大使館	taishikan
reisbureau (het)	旅行代理店	ryokō dairi ten
informatieloket (het)	案内所	annai sho
wisselkantoor (het)	両替所	ryōgae sho
metro (de)	地下鉄	chikatetsu
ziekenhuis (het)	病院	byōin
benzinestation (het)	ガソリンスタンド	gasorin sutando
parking (de)	駐車場	chūsha jō

80. Borden

gevelreclame (de)	店看板	mise kanban
opschrift (het)	看板	kanban
poster (de)	ポスター	posutā
wegwijzer (de)	方向看板	hōkō kanban
pijl (de)	矢印	yajirushi
waarschuwing (verwittiging)	注意	chūi
waarschuwingsbord (het)	警告表示	keikoku hyōji
waarschuwen (ww)	警告する	keikoku suru
vrije dag (de)	定休日	teikyū bi

| dienstregeling (de) | 営業時間の看板 | eigyō jikan no kanban |
| openingsuren (mv.) | 営業時間 | eigyō jikan |

WELKOM!	ようこそ	yōkoso
INGANG	入口	iriguchi
UITGANG	出口	deguchi

DUWEN	押す	osu
TREKKEN	引く	hiku
OPEN	営業中	eigyō chū
GESLOTEN	休業日	kyūgyōbi

| DAMES | 女性 | josei |
| HEREN | 男性 | dansei |

KORTING	割引	waribiki
UITVERKOOP	バーゲンセール	bāgen sēru
NIEUW!	新発売！	shin hatsubai!
GRATIS	無料	muryō

PAS OP!	ご注意！	go chūi!
VOLGEBOEKT	満室	manshitsu
GERESERVEERD	御予約席	go yoyaku seki

| ADMINISTRATIE | 支配人 | shihainin |
| ALLEEN VOOR PERSONEEL | 関係者以外立入禁止 | kankei sha igai tachīrikinshi |

GEVAARLIJKE HOND	猛犬注意	mōken chūi
VERBODEN TE ROKEN!	禁煙	kinen
NIET AANRAKEN!	手を触れるな	te wo fureru na

GEVAARLIJK	危険	kiken
GEVAAR	危険	kiken
HOOGSPANNING	高電圧	kō denatsu
VERBODEN TE ZWEMMEN	水泳禁止	suiei kinshi
BUITEN GEBRUIK	故障中	koshō chū

ONTVLAMBAAR	可燃性物質	kanen sei busshitsu
VERBODEN	禁止	kinshi
DOORGANG VERBODEN	通り抜け禁止	tōrinuke kinshi
OPGELET PAS GEVERFD	ペンキ塗りたて	penki nuritate

81. Stedelijk vervoer

bus, autobus (de)	バス	basu
tram (de)	路面電車	romen densha
trolleybus (de)	トロリーバス	tororībasu
route (de)	路線	rosen
nummer (busnummer, enz.)	番号	bangō

rijden met ...	…で行く	... de iku
stappen (in de bus ~)	乗る	noru
afstappen (ww)	降りる	oriru

halte (de)	停	toma
volgende halte (de)	次の停車駅	tsugi no teishaeki
eindpunt (het)	終着駅	shūchakueki
dienstregeling (de)	時刻表	jikoku hyō
wachten (ww)	待つ	matsu
kaartje (het)	乗車券	jōsha ken
reiskosten (de)	運賃	unchin
kassier (de)	販売員	hanbai in
kaartcontrole (de)	集札	shū satsu
controleur (de)	車掌	shashō
te laat zijn (ww)	遅れる	okureru
missen (de bus ~)	逃す	nogasu
zich haasten (ww)	急ぐ	isogu
taxi (de)	タクシー	takushī
taxichauffeur (de)	タクシーの運転手	takushī no unten shu
met de taxi (bw)	タクシーで	takushī de
taxistandplaats (de)	タクシー乗り場	takushī noriba
een taxi bestellen	タクシーを呼ぶ	takushī wo yobu
een taxi nemen	タクシーに乗る	takushī ni noru
verkeer (het)	交通	kōtsū
file (de)	渋滞	jūtai
spitsuur (het)	ラッシュアワー	rasshuawā
parkeren (on.ww.)	駐車する	chūsha suru
parkeren (ov.ww.)	駐車する	chūsha suru
parking (de)	駐車場	chūsha jō
metro (de)	地下鉄	chikatetsu
halte (bijv. kleine treinhalte)	駅	eki
de metro nemen	地下鉄で行く	chikatetsu de iku
trein (de)	列車	ressha
station (treinstation)	鉄道駅	tetsudō eki

82. Bezienswaardigheden

monument (het)	記念碑	kinen hi
vesting (de)	要塞	yōsai
paleis (het)	宮殿	kyūden
kasteel (het)	城	shiro
toren (de)	塔	tō
mausoleum (het)	マウソレウム	mausoreumu
architectuur (de)	建築	kenchiku
middeleeuws (bn)	中世の	chūsei no
oud (bn)	古代の	kodai no
nationaal (bn)	国の	kuni no
bekend (bn)	有名な	yūmei na
toerist (de)	観光客	kankō kyaku
gids (de)	ガイド	gaido

rondleiding (de)	小旅行	shō ryokō
tonen (ww)	案内する	annai suru
vertellen (ww)	話をする	hanashi wo suru

vinden (ww)	見つける	mitsukeru
verdwalen (de weg kwijt zijn)	道に迷う	michi ni mayō
plattegrond (~ van de metro)	地図	chizu
plattegrond (~ van de stad)	地図	chizu

souvenir (het)	土産	miyage
souvenirwinkel (de)	土産品店	miyage hin ten
een foto maken (ww)	写真に撮る	shashin ni toru
zich laten fotograferen	写真を撮られる	shashin wo torareru

83. Winkelen

kopen (ww)	買う	kau
aankoop (de)	買い物	kaimono
winkelen (ww)	買い物に行く	kaimono ni iku
winkelen (het)	ショッピング	shoppingu

| open zijn (ov. een winkel, enz.) | 開いている | hiraite iru |
| gesloten zijn (ww) | 閉まっている | shimatte iru |

schoeisel (het)	履物	hakimono
kleren (mv.)	洋服	yōfuku
cosmetica (de)	化粧品	keshō hin
voedingswaren (mv.)	食料品	shokuryō hin
geschenk (het)	土産	miyage

| verkoper (de) | 店員、売り子 | tenin, uriko |
| verkoopster (de) | 店員、売り子 | tenin, uriko |

kassa (de)	レジ	reji
spiegel (de)	鏡	kagami
toonbank (de)	カウンター	kauntā
paskamer (de)	試着室	shichaku shitsu

aanpassen (ww)	試着する	shichaku suru
passen (ov. kleren)	合う	au
bevallen (prettig vinden)	好む	konomu

prijs (de)	価格	kakaku
prijskaartje (het)	値札	nefuda
kosten (ww)	かかる	kakaru
Hoeveel?	いくら？	ikura ?
korting (de)	割引	waribiki

niet duur (bn)	安価な	anka na
goedkoop (bn)	安い	yasui
duur (bn)	高い	takai
Dat is duur.	それは高い	sore wa takai
verhuur (de)	レンタル	rentaru

huren (smoking, enz.)	レンタルする	rentaru suru
krediet (het)	信用取引	shinyō torihiki
op krediet (bw)	付けで	tsuke de

84. Geld

geld (het)	お金	okane
ruil (de)	両替	ryōgae
koers (de)	為替レート	kawase rēto
geldautomaat (de)	ATM	ētīemu
muntstuk (de)	コイン	koin
dollar (de)	ドル	doru
euro (de)	ユーロ	yūro
lire (de)	リラ	rira
Duitse mark (de)	ドイツマルク	doitsu maruku
frank (de)	フラン	furan
pond sterling (het)	スターリング・ポンド	sutāringu pondo
yen (de)	円	en
schuld (geldbedrag)	債務	saimu
schuldenaar (de)	債務者	saimu sha
uitlenen (ww)	貸す	kasu
lenen (geld ~)	借りる	kariru
bank (de)	銀行	ginkō
bankrekening (de)	口座	kōza
storten (ww)	預金する	yokin suru
op rekening storten	口座に預金する	kōza ni yokin suru
opnemen (ww)	引き出す	hikidasu
kredietkaart (de)	クレジットカード	kurejitto kādo
baar geld (het)	現金	genkin
cheque (de)	小切手	kogitte
een cheque uitschrijven	小切手を書く	kogitte wo kaku
chequeboekje (het)	小切手帳	kogitte chō
portefeuille (de)	財布	saifu
geldbeugel (de)	小銭入れ	kozeni ire
portemonnee (de)	札入れ	satsu ire
safe (de)	金庫	kinko
erfgenaam (de)	相続人	sōzokunin
erfenis (de)	相続	sōzoku
fortuin (het)	財産	zaisan
huur (de)	賃貸	chintai
huurprijs (de)	家賃	yachin
huren (huis, kamer)	借りる	kariru
prijs (de)	価格	kakaku
kostprijs (de)	費用	hiyō
som (de)	合計金額	gōkei kingaku

uitgeven (geld besteden)	お金を使う	okane wo tsukau
kosten (mv.)	出費	shuppi
bezuinigen (ww)	倹約する	kenyaku suru
zuinig (bn)	節約の	setsuyaku no
betalen (ww)	払う	harau
betaling (de)	支払い	shiharai
wisselgeld (het)	おつり	o tsuri
belasting (de)	税	zei
boete (de)	罰金	bakkin
beboeten (bekeuren)	罰金を科す	bakkin wo kasu

85. Post. Postkantoor

postkantoor (het)	郵便局	yūbin kyoku
post (de)	郵便物	yūbin butsu
postbode (de)	郵便配達人	yūbin haitatsu jin
openingsuren (mv.)	営業時間	eigyō jikan
brief (de)	手紙	tegami
aangetekende brief (de)	書留郵便	kakitome yūbin
briefkaart (de)	はがき [葉書]	hagaki
telegram (het)	電報	denpō
postpakket (het)	小包	kozutsumi
overschrijving (de)	送金	sōkin
ontvangen (ww)	受け取る	uketoru
sturen (zenden)	送る	okuru
verzending (de)	送信	sōshin
adres (het)	住所	jūsho
postcode (de)	郵便番号	yūbin bangō
verzender (de)	送り主	okurinushi
ontvanger (de)	受取人	uketorinin
naam (de)	名前	namae
achternaam (de)	姓	sei
tarief (het)	郵便料金	yūbin ryōkin
standaard (bn)	通常の	tsūjō no
zuinig (bn)	エコノミー航空	ekonomīkōkū
gewicht (het)	重さ	omo sa
afwegen (op de weegschaal)	量る	hakaru
envelop (de)	封筒	fūtō
postzegel (de)	郵便切手	yūbin kitte
een postzegel plakken op	封筒に切手を貼る	fūtō ni kitte wo haru

Woning. Huis. Thuis

86. Huis. Woning

huis (het)	家屋	kaoku
thuis (bw)	家で、自宅で	iede, jitaku de
cour (de)	中庭	nakaniwa
omheining (de)	柵	saku
baksteen (de)	煉瓦	renga
van bakstenen	煉瓦の	renga no
steen (de)	石	ishi
stenen (bn)	石造の	sekizō no
beton (het)	コンクリート	konkurīto
van beton	コンクリートの	konkurīto no
nieuw (bn)	新築の	shinchiku no
oud (bn)	古い	furui
vervallen (bn)	老朽化した	rōkyū ka shi ta
modern (bn)	現代的な	gendai teki na
met veel verdiepingen	多層の	tasō no
hoog (bn)	高い	takai
verdieping (de)	階	kai
met een verdieping	一階建ての	ikkai date no
laagste verdieping (de)	1階	ikkai
bovenverdieping (de)	最上階	saijōkai
dak (het)	屋根	yane
schoorsteen (de)	煙突	entotsu
dakpan (de)	屋根瓦	yanegawara
pannen- (abn)	瓦…	kawara …
zolder (de)	屋根裏	yaneura
venster (het)	窓	mado
glas (het)	ガラス	garasu
vensterbank (de)	窓台	mado dai
luiken (mv.)	鎧戸	yoroido
muur (de)	壁	kabe
balkon (het)	バルコニー	barukonī
regenpijp (de)	縦樋	tatedoi
boven (bw)	上の階で	ue no kai de
naar boven gaan (ww)	上の階へ行く	ue no kai e iku
afdalen (on.ww.)	下りる	oriru
verhuizen (ww)	移転する	iten suru

87. Huis. Ingang. Lift

ingang (de)	入口	iriguchi
trap (de)	階段	kaidan
treden (mv.)	階段	kaidan
trapleuning (de)	手すり	tesuri
hal (de)	ロビー	robī
postbus (de)	郵便受け	yūbin uke
vuilnisbak (de)	ゴミ収納庫	gomishūnōko
vuilniskoker (de)	ダストシュート	dasuto shūto
lift (de)	エレベーター	erebētā
goederenlift (de)	貨物用エレベーター	kamotsu yō erebētā
liftcabine (de)	エレベーターケージ	erebētā keiji
de lift nemen	エレベーターに乗る	erebētā ni noru
appartement (het)	アパート	apāto
bewoners (mv.)	居住者	kyojū sha
buurman (de)	隣人	rinjin
buurvrouw (de)	隣人	rinjin
buren (mv.)	隣人	rinjin

88. Huis. Elektriciteit

elektriciteit (de)	電気	denki
lamp (de)	電球	denkyū
schakelaar (de)	スイッチ	suicchi
zekering (de)	ヒューズ	hyūzu
draad (de)	電線、ケーブル	densen, kēburu
bedrading (de)	電気配線	denki haisen
elektriciteitsmeter (de)	電気メーター	denki mētā
gegevens (mv.)	検針値	kenshin chi

89. Huis. Deuren. Sloten

deur (de)	ドア	doa
toegangspoort (de)	ゲート	gēto
deurkruk (de)	ドアノブ	doa nobu
ontsluiten (ontgrendelen)	鍵を開ける	kagi wo akeru
openen (ww)	開ける	akeru
sluiten (ww)	閉める	shimeru
sleutel (de)	鍵	kagi
sleutelbos (de)	束	taba
knarsen (bijv. scharnier)	きしむ	kishimu
knarsgeluid (het)	きしむ音	kishimu oto
scharnier (het)	蝶番	chōtsugai
deurmat (de)	玄関マット	genkan matto
slot (het)	錠	jō

sleutelgat (het)	鍵穴	kagiana
grendel (de)	かんぬき	kannuki
schuif (de)	掛け金ラッチ	kakekin racchi
hangslot (het)	南京錠	nankinjō
aanbellen (ww)	ベルを鳴らす	beru wo narasu
bel (geluid)	音	oto
deurbel (de)	ドアベル	doa beru
belknop (de)	玄関ブザー	genkan buzā
geklop (het)	ノック	nokku
kloppen (ww)	ノックする	nokku suru
code (de)	コード	kōdo
cijferslot (het)	ダイヤル錠	daiyaru jō
parlofoon (de)	インターホン	intāhon
nummer (het)	番号	bangō
naambordje (het)	表札	hyōsatsu
deurspion (de)	ドアアイ	doaai

90. Huis op het platteland

dorp (het)	村	mura
moestuin (de)	菜園	saien
hek (het)	垣根	kakine
houten hekwerk (het)	ピケットフェンス	piketto fensu
tuinpoortje (het)	くぐり戸	kugurito
graanschuur (de)	穀倉	kokusō
wortelkelder (de)	地下室	chika shitsu
schuur (de)	納屋	naya
waterput (de)	井戸	ido
kachel (de)	窯	kama
de kachel stoken	火を炊く	hi wo taku
brandhout (het)	薪	takigi
houtblok (het)	丸太	maruta
veranda (de)	ベランダ	beranda
terras (het)	テラス	terasu
bordes (het)	入り口の階段	irikuchi no kaidan
schommel (de)	ブランコ	buranko

91. Villa. Herenhuis

landhuisje (het)	田舎の邸宅	inaka no teitaku
villa (de)	別荘	bessō
vleugel (de)	翼棟	yokutō
tuin (de)	庭	niwa
park (het)	庭園	teien
oranjerie (de)	温室	onshitsu
onderhouden (tuin, enz.)	手入れをする	teire wo suru

zwembad (het)	プール	pūru
gym (het)	ジム	jimu
tennisveld (het)	テニスコート	tenisu kōto
bioscoopkamer (de)	ホームシアター	hōmu shiatā
garage (de)	車庫	shako
privé-eigendom (het)	私有地	shiyūchi
eigen terrein (het)	民有地	minyū chi
waarschuwing (de)	警告	keikoku
waarschuwingsbord (het)	警告表示	keikoku hyōji
bewaking (de)	警備	keibi
bewaker (de)	警備員	keibi in
inbraakalarm (het)	強盗警報機	gōtō keihō ki

92. Kasteel. Paleis

kasteel (het)	城	shiro
paleis (het)	宮殿	kyūden
vesting (de)	要塞	yōsai
ringmuur (de)	城壁	jōheki
toren (de)	塔	tō
donjon (de)	天守閣	tenshukaku
valhek (het)	落とし格子	otoshi gōshi
onderaardse gang (de)	地下道	chikadō
slotgracht (de)	堀	hori
ketting (de)	鎖	kusari
schietgat (het)	矢狭間	ya hazama
prachtig (bn)	華麗な	karei na
majestueus (bn)	壮大な	sōdai na
onneembaar (bn)	難攻不落の	nankōfuraku no
middeleeuws (bn)	中世の	chūsei no

93. Appartement

appartement (het)	アパート	apāto
kamer (de)	部屋	heya
slaapkamer (de)	寝室	shinshitsu
eetkamer (de)	食堂	shokudō
salon (de)	居間	ima
studeerkamer (de)	書斎	shosai
gang (de)	玄関	genkan
badkamer (de)	浴室	yokushitsu
toilet (het)	トイレ	toire
plafond (het)	天井	tenjō
vloer (de)	床	yuka
hoek (de)	隅	sumi

94. Appartement. Schoonmaken

schoonmaken (ww)	掃除する	sōji suru
opbergen (in de kast, enz.)	しまう	shimau
stof (het)	ほこり	hokori
stoffig (bn)	ほこりっぽい	hokori ppoi
stoffen (ww)	ほこりを払う	hokori wo harau
stofzuiger (de)	掃除機	sōji ki
stofzuigen (ww)	掃除機をかける	sōji ki wo kakeru
vegen (de vloer ~)	掃く	haku
veegsel (het)	ごみ	gomi
orde (de)	整頓	seiton
wanorde (de)	散らかっていること	chirakatte iru koto
zwabber (de)	モップ	moppu
poetsdoek (de)	ダストクロス	dasuto kurosu
veger (de)	ほうき	hōki
stofblik (het)	ちりとり	chiritori

95. Meubels. Interieur

meubels (mv.)	家具	kagu
tafel (de)	テーブル	tēburu
stoel (de)	椅子	isu
bed (het)	ベッド	beddo
bankstel (het)	ソファ	sofa
fauteuil (de)	肘掛け椅子	hijikake isu
boekenkast (de)	書棚	shodana
boekenrek (het)	棚	tana
stellingkast (de)	違い棚	chigaidana
kledingkast (de)	ワードローブ	wādo rōbu
kapstok (de)	ウォールハンガー	wōru hangā
staande kapstok (de)	コートスタンド	kōto sutando
commode (de)	チェスト	chesuto
salontafeltje (het)	コーヒーテーブル	kōhī tēburu
spiegel (de)	鏡	kagami
tapijt (het)	カーペット	kāpetto
tapijtje (het)	マット	matto
haard (de)	暖炉	danro
kaars (de)	ろうそく	rōsoku
kandelaar (de)	ろうそく立て	rōsoku date
gordijnen (mv.)	カーテン	kāten
behang (het)	壁紙	kabegami
jaloezie (de)	ブラインド	buraindo
bureaulamp (de)	テーブルランプ	tēburu ranpu
wandlamp (de)	ウォールランプ	wōru ranpu

staande lamp (de)	フロアスタンド	furoa sutando
luchter (de)	シャンデリア	shanderia
poot (ov. een tafel, enz.)	脚	ashi
armleuning (de)	肘掛け	hijikake
rugleuning (de)	背もたれ	semotare
la (de)	引き出し	hikidashi

96. Beddengoed

beddengoed (het)	寝具	shingu
kussen (het)	枕	makura
kussenovertrek (de)	枕カバー	makura kabā
deken (de)	毛布	mōfu
laken (het)	シーツ	shītsu
sprei (de)	ベッドカバー	beddo kabā

97. Keuken

keuken (de)	台所	daidokoro
gas (het)	ガス	gasu
gasfornuis (het)	ガスコンロ	gasu konro
elektrisch fornuis (het)	電気コンロ	denki konro
oven (de)	オーブン	ōbun
magnetronoven (de)	電子レンジ	denshi renji
koelkast (de)	冷蔵庫	reizōko
diepvriezer (de)	冷凍庫	reitōko
vaatwasmachine (de)	食器洗い機	shokkiarai ki
vleesmolen (de)	肉挽き器	niku hiki ki
vruchtenpers (de)	ジューサー	jūsā
toaster (de)	トースター	tōsutā
mixer (de)	ハンドミキサー	hando mikisā
koffiemachine (de)	コーヒーメーカー	kōhī mēkā
koffiepot (de)	コーヒーポット	kōhī potto
koffiemolen (de)	コーヒーグラインダー	kōhī guraindā
fluitketel (de)	やかん	yakan
theepot (de)	急須	kyūsu
deksel (de/het)	蓋［ふた］	futa
theezeefje (het)	茶漉し	chakoshi
lepel (de)	さじ［匙］	saji
theelepeltje (het)	茶さじ	cha saji
eetlepel (de)	大さじ［大匙］	ōsaji
vork (de)	フォーク	fōku
mes (het)	ナイフ	naifu
vaatwerk (het)	食器	shokki
bord (het)	皿	sara

schoteltje (het)	ソーサー	sōsā
likeurglas (het)	ショットグラス	shotto gurasu
glas (het)	コップ	koppu
kopje (het)	カップ	kappu
suikerpot (de)	砂糖入れ	satō ire
zoutvat (het)	塩入れ	shio ire
pepervat (het)	胡椒入れ	koshō ire
boterschaaltje (het)	バター皿	batā zara
steelpan (de)	両手鍋	ryō tenabe
bakpan (de)	フライパン	furaipan
pollepel (de)	おたま	o tama
vergiet (de/het)	水切りボール	mizukiri bōru
dienblad (het)	配膳盆	haizen bon
fles (de)	ボトル	botoru
glazen pot (de)	ジャー、瓶	jā, bin
blik (conserven~)	缶	kan
flesopener (de)	栓抜き	sen nuki
blikopener (de)	缶切り	kankiri
kurkentrekker (de)	コルク抜き	koruku nuki
filter (de/het)	フィルター	firutā
filteren (ww)	フィルターにかける	firutā ni kakeru
huisvuil (het)	ゴミ［ごみ］	gomi
vuilnisemmer (de)	ゴミ箱	gomibako

98. Badkamer

badkamer (de)	浴室	yokushitsu
water (het)	水	mizu
kraan (de)	蛇口	jaguchi
warm water (het)	温水	onsui
koud water (het)	冷水	reisui
tandpasta (de)	歯磨き粉	hamigakiko
tanden poetsen (ww)	歯を磨く	ha wo migaku
tandenborstel (de)	歯ブラシ	haburashi
zich scheren (ww)	ひげを剃る	hige wo soru
scheercrème (de)	シェービングフォーム	shēbingu fōmu
scheermes (het)	剃刀	kamisori
wassen (ww)	洗う	arau
een bad nemen	風呂に入る	furo ni hairu
douche (de)	シャワー	shawā
een douche nemen	シャワーを浴びる	shawā wo abiru
bad (het)	浴槽	yokusō
toiletpot (de)	トイレ、便器	toire, benki
wastafel (de)	洗面台	senmen dai
zeep (de)	石鹸	sekken

zeepbakje (het)	石鹸皿	sekken zara
spons (de)	スポンジ	suponji
shampoo (de)	シャンプー	shanpū
handdoek (de)	タオル	taoru
badjas (de)	バスローブ	basurōbu

was (bijv. handwas)	洗濯	sentaku
wasmachine (de)	洗濯機	sentaku ki
de was doen	洗濯する	sentaku suru
waspoeder (de)	洗剤	senzai

99. Huishoudelijke apparaten

televisie (de)	テレビ	terebi
cassettespeler (de)	テープレコーダー	tēpurekōdā
videorecorder (de)	ビデオ	bideo
radio (de)	ラジオ	rajio
speler (de)	プレーヤー	purēyā

videoprojector (de)	ビデオプロジェクター	bideo purojekutā
home theater systeem (het)	ホームシアター	hōmu shiatā
DVD-speler (de)	DVDプレーヤー	dībuidī purēyā
versterker (de)	アンプ	anpu
spelconsole (de)	ゲーム機	gēmu ki

videocamera (de)	ビデオカメラ	bideo kamera
fotocamera (de)	カメラ	kamera
digitale camera (de)	デジタルカメラ	dejitaru kamera

stofzuiger (do)	掃除機	sōji ki
strijkijzer (het)	アイロン	airon
strijkplank (de)	アイロン台	airondai

telefoon (de)	電話	denwa
mobieltje (het)	携帯電話	keitai denwa
schrijfmachine (de)	タイプライター	taipuraitā
naaimachine (de)	ミシン	mishin

microfoon (de)	マイクロフォン	maikurofon
koptelefoon (de)	ヘッドホン	heddohon
afstandsbediening (de)	リモコン	rimokon

CD (de)	CD（シーディー）	shīdī
cassette (de)	カセットテープ	kasettotēpu
vinylplaat (de)	レコード	rekōdo

100. Reparaties. Renovatie

renovatie (de)	リフォーム	rifōmu
renoveren (ww)	リフォームする	rifōmu suru
repareren (ww)	修理する	shūri suru
op orde brengen	整頓する	seiton suru

overdoen (ww)	やり直す	yarinaosu
verf (de)	塗料	toryō
verven (muur ~)	塗る	nuru
schilder (de)	ペンキ屋	penki ya
kwast (de)	はけ [刷毛]	hake

| kalk (de) | しっくい | shikkui |
| kalken (ww) | しっくいを塗る | shikkui wo nuru |

behang (het)	壁紙	kabegami
behangen (ww)	壁紙を貼る	kabegami wo haru
lak (de/het)	ニス	nisu
lakken (ww)	ニスを塗る	nisu wo nuru

101. Loodgieterswerk

water (het)	水	mizu
warm water (het)	温水	onsui
koud water (het)	冷水	reisui
kraan (de)	蛇口	jaguchi

druppel (de)	一滴	itteki
druppelen (ww)	ポタポタと落ちる	potapota to ochiru
lekken (een lek hebben)	漏れる	moreru
lekkage (de)	漏れ	more
plasje (het)	水溜り	mizutamari

buis, leiding (de)	管	kan
stopkraan (de)	バルブ	barubu
verstopt raken (ww)	詰まっている	tsumatte iru

gereedschap (het)	工具	kōgu
Engelse sleutel (de)	モンキーレンチ	monkī renchi
losschroeven (ww)	緩める	yurumeru
aanschroeven (ww)	締める	shimeru

ontstoppen (riool, enz.)	詰まりを取る	tsumari wo toru
loodgieter (de)	配管工	haikan kō
kelder (de)	地下室	chika shitsu
riolering (de)	下水道	gesuidō

102. Brand. Vuurzee

vuur (het)	火	hi
vlam (de)	炎	honoo
vonk (de)	火花	hibana
rook (de)	煙	kemuri
fakkel (de)	たいまつ [松明]	taimatsu
kampvuur (het)	焚火	takibi

| benzine (de) | ガソリン | gasorin |
| kerosine (de) | 灯油 | tōyu |

brandbaar (bn)	可燃性の	kanen sei no
ontplofbaar (bn)	爆発性の	bakuhatsu sei no
VERBODEN TE ROKEN!	禁煙	kinen
veiligheid (de)	安全性	anzen sei
gevaar (het)	危険	kiken
gevaarlijk (bn)	危険な	kiken na
in brand vliegen (ww)	火がつく	higatsuku
explosie (de)	爆発	bakuhatsu
in brand steken (ww)	放火する	hōka suru
brandstichter (de)	放火犯人	hōka hannin
brandstichting (de)	放火	hōka
vlammen (ww)	燃え盛る	moesakaru
branden (ww)	燃える	moeru
afbranden (ww)	焼き尽くす	yakitsukusu
de brandweer bellen	消防署に電話する	shōbōsho ni denwasuru
brandweerman (de)	消防士	shōbō shi
brandweerwagen (de)	消防車	shōbōsha
brandweer (de)	消防署	shōbō sho
uitschuifbare ladder (de)	屈折はしご	kussetsu hashigo
brandslang (de)	消防用ホース	shōbō yō hōsu
brandblusser (de)	消火器	shōka ki
helm (de)	ヘルメット	herumetto
sirene (de)	サイレン	sairen
roepen (ww)	叫ぶ	sakebu
hulp roepen	助けを求める	tasuke wo motomeru
redder (de)	救助員	kyūjo in
redden (ww)	救助する	kyūjo suru
aankomen (per auto, enz.)	到着する	tōchaku suru
blussen (ww)	火を消す	hi wo kesu
water (het)	水	mizu
zand (het)	砂	suna
ruïnes (mv.)	焼け跡	yakeato
instorten (gebouw, enz.)	崩壊する	hōkai suru
ineenstorten (ww)	崩れ落ちる	kuzureochiru
inzakken (ww)	崩れる	kuzureru
brokstuk (het)	残骸の破片	zangai no hahen
as (de)	灰	hai
verstikken (ww)	窒息死する	chissokushi suru
omkomen (ww)	枯れる	kareru

MENSELIJKE ACTIVITEITEN

Baan. Business. Deel 1

103. Kantoor. Op kantoor werken

kantoor (het)	オフィス	ofisu
kamer (de)	室	shitsu
receptie (de)	受付	uketsuke
secretaris (de)	秘書	hisho
secretaresse (de)	秘書	hisho
directeur (de)	責任者	sekinin sha
manager (de)	マネージャー	manējā
boekhouder (de)	会計士	kaikeishi
werknemer (de)	社員	shain
meubilair (het)	家具	kagu
tafel (de)	デスク	desuku
bureaustoel (de)	ワーキングチェア	wākingu chea
ladeblok (het)	キャビネット	kyabinetto
kapstok (de)	コートスタンド	kōto sutando
computer (de)	コンピューター	konpyūtā
printer (de)	プリンター	purintā
fax (de)	ファックス	fakkusu
kopieerapparaat (het)	コピー機	kopī ki
papier (het)	用紙	yōshi
kantoorartikelen (mv.)	事務用品	jimu yōhin
muismat (de)	マウスパッド	mausu paddo
blad (het)	一枚の紙	ichimai no kami
ordner (de)	バインダー	baindā
catalogus (de)	カタログ	katarogu
telefoongids (de)	電話帳	denwa chō
documentatie (de)	付随資料	fuzui shiryō
brochure (de)	パンフレット	panfuretto
flyer (de)	チラシ	chirashi
monster (het), staal (de)	見本	mihon
training (de)	研修	kenshū
vergadering (de)	会議	kaigi
lunchpauze (de)	昼食時間	chūshoku jikan
een kopie maken	コピーする	kopī suru
de kopieën maken	複数部コピーする	fukusū bu kopī suru
een fax ontvangen	ファックスを受け取る	fakkusu wo uketoru
een fax versturen	ファックスを送る	fakusu wo okuru

opbellen (ww)	電話する	denwa suru
antwoorden (ww)	出る	deru
doorverbinden (ww)	電話をつなぐ	denwa wo tsunagu
afspreken (ww)	段取りをつける	dandori wo tsukeru
demonstreren (ww)	デモをする	demo wo suru
absent zijn (ww)	欠席する	kesseki suru
afwezigheid (de)	欠席	kesseki

104. Bedrijfsprocessen. Deel 1

bedrijf (business)	商売	shōbai
zaak (de), beroep (het)	職業	shokugyō
firma (de)	会社	kaisha
bedrijf (maatschap)	会社	kaisha
corporatie (de)	法人	hōjin
onderneming (de)	企業	kigyō
agentschap (het)	代理店	dairi ten
overeenkomst (de)	合意書	gōi sho
contract (het)	契約	keiyaku
transactie (de)	取引	torihiki
bestelling (de)	注文	chūmon
voorwaarde (de)	条件	jōken
in het groot (bw)	卸売で	oroshiuri de
groothandels- (abn)	卸売の	oroshiuri no
groothandel (de)	卸売り	oroshiuri
kleinhandels- (abn)	小売の	kōri no
kleinhandel (de)	小売り	kōri
concurrent (de)	競争相手	kyōsō aite
concurrentie (de)	競争	kyōsō
concurreren (ww)	競争する	kyōsō suru
partner (de)	パートナー	pātonā
partnerschap (het)	協力関係	kyōryoku kankei
crisis (de)	危機	kiki
bankroet (het)	破産	hasan
bankroet gaan (ww)	破産する	hasan suru
moeilijkheid (de)	困難	konnan
probleem (het)	問題	mondai
catastrofe (de)	大失敗	dai shippai
economie (de)	景気	keiki
economisch (bn)	景気の	keiki no
economische recessie (de)	景気後退	keiki kōtai
doel (het)	目標	mokuhyō
taak (de)	任務	ninmu
handelen (handel drijven)	商売をする	shōbai wo suru
netwerk (het)	網	mō

| voorraad (de) | 在庫 | zaiko |
| assortiment (het) | 仕分け | shiwake |

leider (de)	トップ企業	toppu kigyō
groot (bn)	大手の	ōte no
monopolie (het)	独占	dokusen

theorie (de)	理論	riron
praktijk (de)	実務	jitsumu
ervaring (de)	経験	keiken
tendentie (de)	傾向	keikō
ontwikkeling (de)	発展	hatten

105. Bedrijfsprocessen. Deel 2

| voordeel (het) | 利益 | rieki |
| voordelig (bn) | 利益のある | rieki no aru |

delegatie (de)	代表団	daihyō dan
salaris (het)	給料	kyūryō
corrigeren (fouten ~)	直す	naosu
zakenreis (de)	出張	shucchō
commissie (de)	歩合	buai

controleren (ww)	支配する	shihai suru
conferentie (de)	会議	kaigi
licentie (de)	免許	menkyo
betrouwbaar (partner, enz.)	信頼できる	shinrai dekiru

aanzet (de)	開始	kaishi
norm (bijv. ~ stellen)	標準	hyōjun
omstandigheid (de)	状況	jōkyō
taak, plicht (de)	職務	shokumu

organisatie (bedrijf, zaak)	組織	soshiki
organisatie (proces)	主催	shusai
georganiseerd (bn)	主催された	shusai sare ta
afzegging (de)	取り消し	torikeshi
afzeggen (ww)	取り消す	torikesu
verslag (het)	報告	hōkoku

patent (het)	特許	tokkyo
patenteren (ww)	特許を取る	tokkyo wo toru
plannen (ww)	計画する	keikaku suru

premie (de)	ボーナス	bōnasu
professioneel (bn)	専門的な	senmon teki na
procedure (de)	手順	tejun

onderzoeken (contract, enz.)	調べ上げる	shirabe ageru
berekening (de)	計算	keisan
reputatie (de)	評判	hyōban
risico (het)	リスク	risuku
beheren (managen)	管理する	kanri suru

informatie (de)	情報	jōhō
eigendom (bezit)	財産	zaisan
unie (de)	連合	rengō

levensverzekering (de)	生命保険	seimei hoken
verzekeren (ww)	保険をかける	hoken wo kakeru
verzekering (de)	保険	hoken

veiling (de)	競売	kyōbai
verwittigen (ww)	通知する	tsūchi suru
beheer (het)	マネージメント	manējimento
dienst (de)	サービス	sābisu

forum (het)	公開討論会	kōkai tōron kai
functioneren (ww)	機能する	kinō suru
stap, etappe (de)	段階	dankai
juridisch (bn)	法律の	hōritsu no
jurist (de)	弁護士	bengoshi

106. Productie. Werken

industriële installatie (fabriek)	工場	kōba
fabriek (de)	製造所	seizō sho
werkplaatsruimte (de)	作業場	sagyōba
productielocatie (de)	生産現場	seisan genba

industrie (de)	産業	sangyō
industrieel (bn)	産業の	sangyō no
zware industrie (de)	重工業	jūkōgyō
lichte industrie (de)	軽工業	keikōgyō

productie (de)	生産物	seisan butsu
produceren (ww)	製造する	seisan suru
grondstof (de)	原料	genryō

voorman, ploegbaas (de)	職長	shokuchō
ploeg (de)	作業チーム	sagyō chīmu
arbeider (de)	作業員	sagyō in

werkdag (de)	営業日	eigyōbi
pauze (de)	休憩	kyūkei
samenkomst (de)	会議	kaigi
bespreken (spreken over)	討議する	tōgi suru

plan (het)	計画	keikaku
het plan uitvoeren	計画を実行する	keikaku wo jikkō suru
productienorm (de)	生産率	seisan ritsu
kwaliteit (de)	質	shitsu
controle (de)	検査	kensa
kwaliteitscontrole (de)	品質管理	hinshitsu kanri

arbeidsveiligheid (de)	労働安全	rōdō anzen
discipline (de)	規律	kiritsu
overtreding (de)	違反	ihan

overtreden (ww)	違反する	ihan suru
staking (de)	ストライキ	sutoraiki
staker (de)	ストライキをする人	sutoraiki wo suru hito
staken (ww)	ストライキをする	sutoraiki wo suru
vakbond (de)	労働組合	rōdō kumiai
uitvinden (machine, enz.)	発明する	hatsumei suru
uitvinding (de)	発明	hatsumei
onderzoek (het)	研究	kenkyū
verbeteren (beter maken)	改善する	kaizen suru
technologie (de)	技術	gijutsu
technische tekening (de)	製図	seizu
vracht (de)	積み荷	tsumini
lader (de)	荷役作業員	niyakusa gyōin
laden (vrachtwagen)	積む	tsumu
laden (het)	荷役	niyaku
lossen (ww)	下ろす	orosu
lossen (het)	荷下ろし［荷卸し］	ni oroshi
transport (het)	輸送	yusō
transportbedrijf (de)	輸送会社	yusō gaisha
transporteren (ww)	輸送する	yusō suru
goederenwagon (de)	貨車	kasha
tank (bijv. ketelwagen)	タンク	tanku
vrachtwagen (de)	トラック	torakku
machine (de)	工作機械	kōsaku kikai
mechanisme (het)	機械	kikai
industrieel afval (het)	産業廃棄物	sangyō haiki butsu
verpakking (de)	包装	hōsō
verpakken (ww)	梱包する	konpō suru

107. Contract. Overeenstemming.

contract (het)	契約	keiyaku
overeenkomst (de)	合意書	gōi sho
bijlage (de)	補遺	hoi
een contract sluiten	契約書に署名する	keiyaku sho ni shomei suru
handtekening (de)	署名	shomei
ondertekenen (ww)	署名する	shomei suru
stempel (de)	捺印	natsuin
voorwerp (het) van de overeenkomst	契約の目的物	keiyaku no mokuteki butsu
clausule (de)	条項	jōkō
partijen (mv.)	当事者	tōjisha
vestigingsadres (het)	法的住所	hōteki jūsho
het contract verbreken (overtreden)	契約を破棄する	keiyaku wo haki suru

verplichting (de)	義務	gimu
verantwoordelijkheid (de)	責任	sekinin
overmacht (de)	不可抗力	fukakōryoku
geschil (het)	係争	keisō
sancties (mv.)	違約金	iyaku kin

108. Import & Export

import (de)	輸入	yunyū
importeur (de)	輸入業者	yunyū gyōsha
importeren (ww)	輸入する	yunyū suru
import- (abn)	輸入の	yunyū no
uitvoer (export)	輸出	yushutsu
exporteur (de)	輸出業者	yushutsu gyōsha
exporteren (ww)	輸出する	yushutsu suru
uitvoer- (bijv., ~goederen)	輸出の	yushutsu no
goederen (mv.)	品物	shinamono
partij (de)	委託	itaku
gewicht (het)	重量	jūryō
volume (het)	体積	taiseki
kubieke meter (de)	立法メートル	rippō mētoru
producent (de)	メーカー	mēkā
transportbedrijf (de)	輸送会社	yusō gaisha
container (de)	コンテナ	kontena
grens (de)	国境	kokkyō
douane (de)	税関	zeikan
douanerecht (het)	関税	kanzei
douanier (de)	税関吏	zeikanri
smokkelen (het)	密輸	mitsuyu
smokkelwaar (de)	密輸された商品	mitsuyu sare ta shōhin

109. Financiën

aandeel (het)	株	kabu
obligatie (de)	債券	saiken
wissel (de)	為替手形	kawase tegata
beurs (de)	証券取引所	shōken torihiki sho
aandelenkoers (de)	株価	kabuka
dalen (ww)	安くなる	yasuku naru
stijgen (ww)	高くなる	takaku naru
deel (het)	株式保有	kabushiki hoyū
meerderheidsbelang (het)	企業支配権	kigyō shihai ken
investeringen (mv.)	投資	tōshi
investeren (ww)	投資する	tōshi suru

| procent (het) | 百分率 | hyakubunritsu |
| rente (de) | 利子 | rishi |

winst (de)	利益	rieki
winstgevend (bn)	利益のある	rieki no aru
belasting (de)	税	zei

valuta (vreemde ~)	通貨	tsūka
nationaal (bn)	国の	kuni no
ruil (de)	両替	ryōgae

| boekhouder (de) | 会計士 | kaikeishi |
| boekhouding (de) | 会計 | kaikei |

bankroet (het)	破産	hasan
ondergang (de)	破綻	hatan
faillissement (het)	破産	hasan
geruïneerd zijn (ww)	破産する	hasan suru
inflatie (de)	インフレ	infure
devaluatie (de)	平価切り下げ	heika kirisage

kapitaal (het)	資本	shihon
inkomen (het)	収益	shūeki
omzet (de)	売上高	uriage daka
middelen (mv.)	財源	zaigen
financiële middelen (mv.)	貨幣資産	kahei shisan
operationele kosten (mv.)	諸経費	shokeihi
reduceren (kosten ~)	削減する	sakugen suru

110. Marketing

marketing (de)	マーケティング	māketingu
markt (de)	市場	shijō
marktsegment (het)	市場区分	shijō kubun
product (het)	製品	seihin
goederen (mv.)	品物	shinamono

merk (het)	ブランド	burando
handelsmerk (het)	商標	shōhyō
beeldmerk (het)	ロゴタイプ	rogo taipu
logo (het)	ロゴ	rogo
vraag (de)	需要	juyō
aanbod (het)	供給	kyōkyū
behoefte (de)	必要	hitsuyō
consument (de)	消費者	shōhi sha

analyse (de)	分析	bunseki
analyseren (ww)	分析する	bunseki suru
positionering (de)	ポジショニング	pojishoningu
positioneren (ww)	ポジショニングする	pojishoningu suru

prijs (de)	価格	kakaku
prijspolitiek (de)	価格政策	kakaku seisaku
prijsvorming (de)	価格形成	kakaku keisei

111. Reclame

reclame (de)	広告	kōkoku
adverteren (ww)	広告する	kōkoku suru
budget (het)	予算	yosan
advertentie, reclame (de)	広告	kōkoku
TV-reclame (de)	テレビ広告	terebi kōkoku
radioreclame (de)	ラジオ広告	rajio kōkoku
buitenreclame (de)	屋外広告	okugai kōkoku
massamedia (de)	マスメディア	masumedia
periodiek (de)	定期刊行物	teiki kankō butsu
imago (het)	イメージ	imēji
slagzin (de)	スローガン	surōgan
motto (het)	モットー	mottō
campagne (de)	キャンペーン	kyanpēn
reclamecampagne (de)	広告キャンペーン	kōkoku kyanpēn
doelpubliek (het)	ターゲット・オーディエンス	tāgetto ōdiensu
visitekaartje (het)	名刺	meishi
flyer (de)	チラシ	chirashi
brochure (de)	パンフレット	panfuretto
folder (de)	小冊子	shō sasshi
nieuwsbrief (de)	ニュースレター	nyūsuretā
gevelreclame (de)	店看板	mise kanban
poster (de)	ポスター	posutā
aanplakbord (hot)	広告掲示板	kōkoku keijiban

112. Bankieren

bank (de)	銀行	ginkō
bankfiliaal (het)	支店	shiten
bankbediende (de)	銀行員	ginkōin
manager (de)	長	chō
bankrekening (de)	口座	kōza
rekeningnummer (het)	口座番号	kōza bangō
lopende rekening (de)	当座預金口座	tōza yokin kōza
spaarrekening (de)	貯蓄預金口座	chochiku yokin kōza
een rekening openen	口座を開く	kōza wo hiraku
de rekening sluiten	口座を解約する	kōza wo kaiyaku suru
op rekening storten	口座に預金する	kōza ni yokin suru
opnemen (ww)	引き出す	hikidasu
storting (de)	預金	yokin
een storting maken	預金する	yokin suru
overschrijving (de)	送金	sōkin

een overschrijving maken	送金する	sōkin suru
som (de)	合計金額	gōkei kingaku
Hoeveel?	いくら？	ikura ?

| handtekening (de) | 署名 | shomei |
| ondertekenen (ww) | 署名する | shomei suru |

kredietkaart (de)	クレジットカード	kurejitto kādo
code (de)	コード	kōdo
kredietkaartnummer (het)	クレジットカード番号	kurejitto kādo bangō
geldautomaat (de)	ATM	ētīemu

cheque (de)	小切手	kogitte
een cheque uitschrijven	小切手を書く	kogitte wo kaku
chequeboekje (het)	小切手帳	kogitte chō

lening, krediet (de)	融資	yūshi
een lening aanvragen	融資を申し込む	yūshi wo mōshikomu
een lening nemen	融資を受ける	yūshi wo ukeru
een lening verlenen	融資を行う	yūshi wo okonau
garantie (de)	保障	hoshō

113. Telefoon. Telefoongesprek

telefoon (de)	電話	denwa
mobieltje (het)	携帯電話	keitai denwa
antwoordapparaat (het)	留守番電話	rusuban denwa

| bellen (ww) | 電話する | denwa suru |
| belletje (telefoontje) | 電話 | denwa |

een nummer draaien	電話番号をダイアルする	denwa bangō wo daiaru suru
Hallo!	もしもし	moshimoshi
vragen (ww)	問う	tō
antwoorden (ww)	出る	deru
horen (ww)	聞く	kiku
goed (bw)	良く	yoku
slecht (bw)	良くない	yoku nai
storingen (mv.)	電波障害	denpa shōgai

hoorn (de)	受話器	juwaki
opnemen (ww)	電話に出る	denwa ni deru
ophangen (ww)	電話を切る	denwa wo kiru

bezet (bn)	話し中	hanashi chū
overgaan (ww)	鳴る	naru
telefoonboek (het)	電話帳	denwa chō

lokaal (bn)	市内の	shinai no
lokaal gesprek (het)	市内電話	shinai denwa
interlokaal (bn)	市外の	shigai no
interlokaal gesprek (het)	市外電話	shigai denwa
buitenlands (bn)	国際の	kokusai no
buitenlands gesprek (het)	国際電話	kokusai denwa

114. Mobiele telefoon

mobieltje (het)	携帯電話	keitai denwa
scherm (het)	ディスプレイ	disupurei
toets, knop (de)	ボタン	botan
simkaart (de)	SIMカード	shimu kādo
batterij (de)	電池	denchi
leeg zijn (ww)	切れる	kireru
acculader (de)	充電器	jūden ki
menu (het)	メニュー	menyū
instellingen (mv.)	設定	settei
melodie (beltoon)	メロディー	merodī
selecteren (ww)	選択する	sentaku suru
rekenmachine (de)	電卓	dentaku
voicemail (de)	ボイスメール	boisu mēru
wekker (de)	目覚まし	mezamashi
contacten (mv.)	連絡先	renraku saki
SMS-bericht (het)	テキストメッセージ	tekisuto messēji
abonnee (de)	加入者	kanyū sha

115. Schrijfbehoeften

balpen (de)	ボールペン	bōrupen
vulpen (de)	万年筆	mannenhitsu
potlood (het)	鉛筆	enpitsu
marker (de)	蛍光ペン	keikō pen
viltstift (de)	フェルトペン	feruto pen
notitieboekje (het)	メモ帳	memo chō
agenda (boekje)	手帳	techō
liniaal (de/het)	定規	jōgi
rekenmachine (de)	電卓	dentaku
gom (de)	消しゴム	keshigomu
punaise (de)	画鋲	gabyō
paperclip (de)	ゼムクリップ	zemu kurippu
lijm (de)	糊	nori
nietmachine (de)	ホッチキス	hocchikisu
perforator (de)	パンチ	panchi
potloodslijper (de)	鉛筆削り	enpitsu kezuri

116. Verschillende soorten documenten

verslag (het)	報告	hōkoku
overeenkomst (de)	合意書	gōi sho

aanvraagformulier (het)	申込書	mōshikomi sho
origineel, authentiek (bn)	本物の	honmono no
badge, kaart (de)	名札	nafuda
visitekaartje (het)	名刺	meishi
certificaat (het)	証明書	shōmei sho
cheque (de)	小切手	kogitte
rekening (in restaurant)	お勘定	okanjō
grondwet (de)	憲法	kenpō
contract (het)	契約	keiyaku
kopie (de)	コピー	kopī
exemplaar (het)	写し	utsushi
douaneaangifte (de)	税関申告	zeikan shinkoku
document (het)	書類	shorui
rijbewijs (het)	運転免許証	unten menkyo shō
bijlage (de)	補遺	hoi
formulier (het)	記入用紙	kinyū yōshi
identiteitskaart (de)	身分証明	mibun shōmei
aanvraag (de)	依頼	irai
uitnodigingskaart (de)	招待状	shōtai jō
factuur (de)	送り状	okurijō
wet (de)	法律	hōritsu
brief (de)	手紙	tegami
briefhoofd (het)	レターヘッド	retā heddo
lijst (de)	リスト	risuto
manuscript (het)	原稿	genkō
nieuwsbrief (de)	ニュースレター	nyūsuretā
briefje (het)	メモ	memo
pasje (voor personeel, enz.)	入場許可証	nyūjō kyoka shō
paspoort (het)	パスポート	pasupōto
vergunning (de)	許可証	kyoka shō
CV, curriculum vitae (het)	履歴書	rireki sho
schuldbekentenis (de)	借用証書	shakuyō shōsho
kwitantie (de)	領収書	ryōshūsho
bon (kassabon)	レシート	reshīto
rapport (het)	報告	hōkoku
tonen (paspoort, enz.)	見せる	miseru
ondertekenen (ww)	署名する	shomei suru
handtekening (de)	署名	shomei
stempel (de)	捺印	natsuin
tekst (de)	文章	bunshō
biljet (het)	チケット	chiketto
doorhalen (doorstrepen)	消す	kesu
invullen (een formulier ~)	記入する	kinyū suru
vrachtbrief (de)	運送状	unsō jō
testament (het)	遺言状	yuigon jō

117. Soorten bedrijven

uitzendbureau (het)	職業紹介所	shokugyō shōkai sho
bewakingsfirma (de)	警備会社	keibi gaisha
persbureau (het)	通信社	tsūshin sha
reclamebureau (het)	広告代理店	kōkoku dairi ten
antiek (het)	骨董品	kottō hin
verzekering (de)	保険	hoken
naaiatelier (het)	仕立て屋	shitateya
banken (mv.)	銀行業	ginkō gyō
bar (de)	バー	bā
bouwbedrijven (mv.)	建設業	kensetsu gyō
juwelen (mv.)	宝石	hōseki
juwelier (de)	宝石商	hōsekishō
wasserette (de)	洗濯屋	sentaku ya
alcoholische dranken (mv.)	アルコール飲料	arukōru inryō
nachtclub (de)	ナイトクラブ	naito kurabu
handelsbeurs (de)	証券取引所	shōken torihiki sho
bierbrouwerij (de)	ビール醸造所	bīru jōzō jo
uitvaartcentrum (het)	葬儀社	sōgi sha
casino (het)	カジノ	kajino
zakencentrum (het)	ビジネスセンター	bijinesu sentā
bioscoop (de)	映画館	eiga kan
airconditioning (de)	エアコン	eakon
handel (de)	取引	torihiki
luchtvaartmaatschappij (de)	航空会社	kōkū gaisha
adviesbureau (het)	コンサルタント業	konsarutanto gyō
koerierdienst (de)	宅配便	takuhai bin
tandheelkunde (de)	歯科医院	shika īn
design (het)	デザイン	dezain
business school (de)	ビジネススクール	bijinesu sukūru
magazijn (het)	倉庫	sōko
kunstgalerie (de)	画廊	garō
IJsje (het)	アイスクリーム	aisukurīmu
hotel (het)	ホテル	hoteru
vastgoed (het)	不動産	fudōsan
drukkerij (de)	印刷業	insatsu gyō
industrie (de)	産業	sangyō
Internet (het)	インターネット	intānetto
investeringen (mv.)	投資	tōshi
krant (de)	新聞	shinbun
boekhandel (de)	本屋	honya
lichte industrie (de)	軽工業	keikōgyō
winkel (de)	店、…屋	mise, …ya
uitgeverij (de)	出版社	shuppan sha
medicijnen (mv.)	医療	iryō

meubilair (het)	家具	kagu
museum (het)	博物館	hakubutsukan
olie (aardolie)	油	abura
apotheek (de)	薬局	yakkyoku
geneesmiddelen (mv.)	製薬会社	seiyaku kaisha
zwembad (het)	プール	pūru
stomerij (de)	クリーニング屋	kurīningu ya
voedingswaren (mv.)	食品	shokuhin
reclame (de)	広告	kōkoku
radio (de)	ラジオ	rajio
afvalinzameling (de)	ごみ収集	gomi shūshū
restaurant (het)	レストラン	resutoran
tijdschrift (het)	雑誌	zasshi
schoonheidssalon (de/het)	美容院	biyō in
financiële diensten (mv.)	金融サービス	kinyū sābisu
juridische diensten (mv.)	法律事務所	hōritsu jimusho
boekhouddiensten (mv.)	会計サービス	kaikei sābisu
audit diensten (mv.)	監査サービス	kansa sābisu
sport (de)	スポーツ	supōtsu
supermarkt (de)	スーパーマーケット	sūpāmāketto
televisie (de)	テレビ	terebi
theater (het)	劇場	gekijō
toerisme (het)	旅行	ryokō
transport (het)	輸送	yusō
postorderbedrijven (mv.)	通信販売	tsūshin hanbai
kleding (de)	衣服	ifuku
dierenarts (de)	獣医	jūi

Baan. Business. Deel 2

118. Show. Tentoonstelling

beurs (de)	博覧会	hakuran kai
vakbeurs, handelsbeurs (de)	見本市	mihonichi
deelneming (de)	参加	sanka
deelnemen (ww)	参加する	sanka suru
deelnemer (de)	参加者	sanka sha
directeur (de)	責任者	sekinin sha
organisatiecomité (het)	事務局	jimu kyoku
organisator (de)	主催者	shusai sha
organiseren (ww)	主催する	shusai suru
deelnemingsaanvraag (de)	申込書	mōshikomi sho
invullen (een formulier ~)	記入する	kinyū suru
details (mv.)	詳細	shōsai
informatie (de)	案内	annai
prijs (de)	出展料	shutten ryō
inclusief (bijv. ~ BTW)	…込み、…を含む	… komi , … wo fukumu
inbegrepen (alles ~)	含める	fukumeru
botalen (ww)	払う	harau
registratietarief (het)	登録料	tōroku ryō
ingang (de)	入り口	iriguchi
paviljoen (het), hal (de)	展示館	tenji kan
registreren (ww)	登録する	tōroku suru
badge, kaart (de)	名札	nafuda
beursstand (de)	小間、ブース	koma, būsu
reserveren (een stand ~)	予約する	yoyaku suru
vitrine (de)	ショーケース	shōkēsu
licht (het)	スポットライト	supottoraito
design (het)	デザイン	dezain
plaatsen (ww)	置く	oku
geplaatst zijn (ww)	置かれる	okareru
distributeur (de)	代理店	dairi ten
leverancier (de)	供給者	kyōkyū sha
leveren (ww)	供給する	kyōkyū suru
land (het)	国	kuni
buitenlands (bn)	外国の	gaikoku no
product (het)	製品	seihin
associatie (de)	協会	kyōkai
conferentiezaal (de)	会議場	kaigi jō

congres (het)	会議	kaigi
wedstrijd (de)	コンテスト	kontesuto
bezoeker (de)	来場者	raijō sha
bezoeken (ww)	見に行く	mi ni iku
afnemer (de)	客	kyaku

119. Massamedia

krant (de)	新聞	shinbun
tijdschrift (het)	雑誌	zasshi
pers (gedrukte media)	報道機関	hōdō kikan
radio (de)	ラジオ	rajio
radiostation (het)	ラジオ局	rajio kyoku
televisie (de)	テレビ	terebi
presentator (de)	アンカーマン	ankāman
nieuwslezer (de)	ニュースキャスター	nyūsu kyasutā
commentator (de)	コメンテーター	komentētā
journalist (de)	記者	kisha
correspondent (de)	特派員	tokuhain
fotocorrespondent (de)	新聞カメラマン	shinbun kameraman
reporter (de)	取材記者	shuzai kisha
redacteur (de)	編集者	henshū sha
chef-redacteur (de)	編集長	henshū chō
zich abonneren op	予約購読する	yoyaku kōdoku suru
abonnement (het)	予約購読	yoyaku kōdoku
abonnee (de)	購読者	kōdoku sha
lezen (ww)	読む	yomu
lezer (de)	読者	dokusha
oplage (de)	発行部数	hakkō busū
maand-, maandelijks (bn)	毎月の	maitsuki no
wekelijks (bn)	毎週の	maishū no
nummer (het)	号	gō
vers (~ van de pers)	最新の	saishin no
kop (de)	大見出し	dai midashi
korte artikel (het)	短い記事	mijikai kiji
rubriek (de)	欄	ran
artikel (het)	記事	kiji
pagina (de)	頁	pēji
reportage (de)	報告	hōkoku
gebeurtenis (de)	出来事	dekigoto
sensatie (de)	センセーション	sensēshon
schandaal (het)	スキャンダル	sukyandaru
schandalig (bn)	スキャンダラスな	sukyandarasu na
groot (~ schandaal, enz.)	大きな	ōkina
programma (het)	番組	bangumi
interview (het)	インタビュー	intabyū

| live uitzending (de) | 生放送 | namahōsō |
| kanaal (het) | チャンネル | channeru |

120. Landbouw

landbouw (de)	農業	nōgyō
boer (de)	小作人	kosaku jin
boerin.(de)	女小作人	jo kosaku jin
landbouwer (de)	農業経営者	nōgyō keiei sha

| tractor (de) | トラクター | torakutā |
| maaidorser (de) | ハーベスター | hābesutā |

ploeg (de)	プラウ	purau
ploegen (ww)	耕す	tagayasu
akkerland (het)	耕地	kōchi
voor (de)	畝間	unema

zaaien (ww)	種をまく	tane wo maku
zaaimachine (de)	種まき機	tanemaki ki
zaaien (het)	種まき	tanemaki

| zeis (de) | 大鎌 | ōgama |
| maaien (ww) | 大鎌で刈る | ōgama de karu |

| schop (de) | シャベル | shaberu |
| spitten (ww) | 掘る | horu |

schoffel (de)	くわ［鍬］	kuwa
wieden (ww)	くわで掘る	kuwa de horu
onkruid (het)	雑草	zassō

gieter (de)	じょうろ	jōro
begieten (water geven)	水をやる	mizu wo yaru
bewatering (de)	水やり	mizu yari

| riek, hooivork (de) | ピッチフォーク | picchi fōku |
| hark (de) | 熊手 | kumade |

meststof (de)	肥料	hiryō
bemesten (ww)	肥やす	koyasu
mest (de)	肥やし	koyashi

veld (het)	畑	hatake
wei (de)	草原	sōgen
moestuin (de)	菜園	saien
boomgaard (de)	果樹園	kaju en

weiden (ww)	放牧する	hōboku suru
herder (de)	牧夫	bokufu
weiland (de)	牧草地	bokusō chi

| veehouderij (de) | 牧畜 | bokuchiku |
| schapenteelt (de) | 牧羊 | bokuyō |

plantage (de)	プランテーション	purantēshon
rijtje (het)	畝	une
broeikas (de)	ビニールハウス	binīru hausu

| droogte (de) | 干ばつ | kanbatsu |
| droog (bn) | 干ばつの | kanbatsu no |

graan (het)	穀物	kokumotsu
graangewassen (mv.)	禾穀類	kakokurui
oogsten (ww)	収穫する	shūkaku suru

molenaar (de)	製粉業者	seifun gyōsha
molen (de)	製粉所	seifun sho
malen (graan ~)	挽く	hiku
bloem (bijv. tarwebloem)	小麦粉	komugiko
stro (het)	わら [藁]	wara

121. Gebouw. Bouwproces

bouwplaats (de)	建設現場	kensetsu genba
bouwen (ww)	建設する	kensetsu suru
bouwvakker (de)	建設作業員	kensetsu sagyō in

project (het)	プロジェクト	purojekuto
architect (de)	建築士	kenchiku shi
arbeider (de)	労働者	rōdō sha

fundering (de)	基礎	kiso
dak (het)	屋根	yane
heipaal (de)	基礎杭	kiso kui
muur (de)	壁	kabe

| betonstaal (het) | 鉄筋 | tekkin |
| steigers (mv.) | 足場 | ashiba |

beton (het)	コンクリート	konkurīto
graniet (het)	花崗岩	kakōgan
steen (de)	石	ishi
baksteen (de)	煉瓦	renga

zand (het)	砂	suna
cement (de/het)	セメント	semento
pleister (het)	しっくい	shikkui
pleisteren (ww)	しっくいを塗る	shikkui wo nuru
verf (de)	塗料	toryō
verven (muur ~)	塗る	nuru
ton (de)	樽	taru

kraan (de)	クレーン、起重機	kurēn, kijūki
heffen, hijsen (ww)	上げる	ageru
neerlaten (ww)	下げる	sageru

| bulldozer (de) | ブルドーザー | burudōzā |
| graafmachine (de) | バックホー | bakkuhō |

graafbak (de)	バケット	baketto
graven (tunnel, enz.)	掘る	horu
helm (de)	安全ヘルメット	anzen herumetto

122. Wetenschap. Onderzoek. Wetenschappers

wetenschap (de)	科学	kagaku
wetenschappelijk (bn)	科学の	kagaku no
wetenschapper (de)	科学者	kagaku sha
theorie (de)	理論	riron

axioma (het)	公理	kōri
analyse (de)	分析	bunseki
analyseren (ww)	分析する	bunseki suru
argument (het)	論拠	ronkyo
substantie (de)	物質	busshitsu

hypothese (de)	仮説	kasetsu
dilemma (het)	ジレンマ	jirenma
dissertatie (de)	論文	ronbun
dogma (het)	定説	teisetsu

doctrine (de)	教義	kyōgi
onderzoek (het)	研究	kenkyū
onderzoeken (ww)	研究する	kenkyū suru
toetsing (de)	検査すること	kensa suru koto
laboratorium (het)	研究室	kenkyū shitsu

methode (de)	方法	hōhō
molecule (de/het)	分子	bunshi
monitoring (de)	モニタリング	monitaringu
ontdekking (de)	発見	hakken

postulaat (het)	仮定	katei
principe (het)	原理	genri
voorspelling (de)	予想	yosō
een prognose maken	予想する	yosō suru

synthese (de)	合成	gōsei
tendentie (de)	傾向	keikō
theorema (het)	定理	teiri

| leerstellingen (mv.) | 教え | oshie |
| feit (het) | 事実 | jijitsu |

| expeditie (de) | 探検 | tanken |
| experiment (het) | 実験 | jikken |

academicus (de)	アカデミー会員	akademī kaīn
bachelor (bijv. BA, LLB)	学士	gakushi
doctor (de)	博士	hakase
universitair docent (de)	准教授	jun kyōju
master, magister (de)	修士	shūshi
professor (de)	教授	kyōju

Beroepen en ambachten

123. Zoeken naar werk. Ontslag

baan (de)	仕事	shigoto
personeel (het)	部員	buin
carrière (de)	職歴	shokureki
vooruitzichten (mv.)	見通し	mitōshi
meesterschap (het)	専門技術	senmon gijutsu
keuze (de)	選考	senkō
uitzendbureau (het)	職業紹介所	shokugyō shōkai sho
CV, curriculum vitae (het)	履歴書	rireki sho
sollicitatiegesprek (het)	面接	mensetsu
vacature (de)	欠員	ketsuin
salaris (het)	給料	kyūryō
vaste salaris (het)	固定給	kotei kyū
loon (het)	給与	kyūyo
betrekking (de)	地位	chī
taak, plicht (de)	職務	shokumu
takenpakket (het)	職務範囲	shokumu hani
bezig (~ zijn)	忙しい	isogashī
ontslagen (ww)	解雇する	kaiko suru
ontslag (het)	解雇	kaiko
werkloosheid (de)	失業	shitsugyō
werkloze (de)	失業者	shitsugyō sha
pensioen (het)	退職	taishoku
met pensioen gaan	退職する	taishoku suru

124. Zakenmensen

directeur (de)	責任者	sekinin sha
beheerder (de)	管理者	kanri sha
hoofd (het)	ボス	bosu
baas (de)	上司	jōshi
superieuren (mv.)	上司	jōshi
president (de)	社長	shachō
voorzitter (de)	会長	kaichō
adjunct (de)	副部長	fuku buchō
assistent (de)	助手	joshu
secretaris (de)	秘書	hisho

persoonlijke assistent (de)	個人秘書	kojin hisho
zakenman (de)	ビジネスマン	bijinesuman
ondernemer (de)	企業家	kigyō ka
oprichter (de)	創立者	sōritsu sha
oprichten (een nieuw bedrijf ~)	創立する	sōritsu suru

stichter (de)	共同出資者	kyōdō shusshi sha
partner (de)	パートナー	pātonā
aandeelhouder (de)	株主	kabunushi

miljonair (de)	百万長者	hyakuman chōja
miljardair (de)	億万長者	okuman chōja
eigenaar (de)	経営者	keieisha
landeigenaar (de)	土地所有者	tochi shoyū sha

klant (de)	クライアント	kuraianto
vaste klant (de)	常連客	jōren kyaku
koper (de)	買い手	kaite
bezoeker (de)	来客	raikyaku

professioneel (de)	熟練者	jukuren sha
expert (de)	エキスパート	ekisupāto
specialist (de)	専門家	senmon ka

| bankier (de) | 銀行家 | ginkō ka |
| makelaar (de) | 仲買人 | nakagainin |

kassier (de)	レジ係	reji gakari
boekhouder (de)	会計士	kaikeishi
bowaker (de)	警備員	keibi in

investeerder (de)	投資者	tōshi sha
schuldenaar (de)	債務者	saimu sha
crediteur (de)	債権者	saiken sha
lener (de)	借り主	karinushi

| importeur (de) | 輸入業者 | yunyū gyōsha |
| exporteur (de) | 輸出業者 | yushutsu gyōsha |

producent (de)	メーカー	mēkā
distributeur (de)	代理店	dairi ten
bemiddelaar (de)	中間業者	chūkan gyōsha

adviseur, consulent (de)	コンサルタント	konsarutanto
vertegenwoordiger (de)	販売外交員	hanbai gaikōin
agent (de)	代理人	dairinin
verzekeringsagent (de)	保険代理人	hoken dairinin

125. Dienstverlenende beroepen

kok (de)	料理人	ryōri jin
chef-kok (de)	シェフ	shefu
bakker (de)	パン職人	pan shokunin

barman (de)	バーテンダー	bātendā
kelner, ober (de)	ウェイター	weitā
serveerster (de)	ウェートレス	wētoresu

advocaat (de)	弁護士	bengoshi
jurist (de)	法律顧問	hōritsu komon
notaris (de)	公証人	kōshō nin

elektricien (de)	電気工事士	denki kōji shi
loodgieter (de)	配管工	haikan kō
timmerman (de)	大工	daiku

masseur (de)	マッサージ師	massāji shi
masseuse (de)	女性マッサージ師	josei massāji shi
dokter, arts (de)	医者	isha

taxichauffeur (de)	タクシーの運転手	takushī no unten shu
chauffeur (de)	運転手	unten shu
koerier (de)	宅配業者	takuhai gyōsha

kamermeisje (het)	客室係	kyakushitsu gakari
bewaker (de)	警備員	keibi in
stewardess (de)	客室乗務員	kyakushitsu jōmu in

meester (de)	教師	kyōshi
bibliothecaris (de)	図書館員	toshokan in
vertaler (de)	翻訳者	honyaku sha
tolk (de)	通訳者	tsūyaku sha
gids (de)	ガイド	gaido

kapper (de)	美容師	biyō shi
postbode (de)	郵便配達人	yūbin haitatsu jin
verkoper (de)	店員	tenin

tuinman (de)	庭師	niwashi
huisbediende (de)	使用人	shiyōnin
dienstmeisje (het)	メイド	meido
schoonmaakster (de)	掃除婦	sōjifu

126. Militaire beroepen en rangen

soldaat (rang)	二等兵	nitōhei
sergeant (de)	軍曹	gunsō
luitenant (de)	中尉	chūi
kapitein (de)	大尉	taī

majoor (de)	少佐	shōsa
kolonel (de)	大佐	taisa
generaal (de)	将官	shōkan
maarschalk (de)	元帥	gensui
admiraal (de)	提督	teitoku

| militair (de) | 軍人 | gunjin |
| soldaat (de) | 兵士 | heishi |

| officier (de) | 士官 | shikan |
| commandant (de) | 指揮官 | shiki kan |

grenswachter (de)	国境警備兵	kokkyō keibi hei
marconist (de)	通信士	tsūshin shi
verkenner (de)	斥候	sekkō
sappeur (de)	工兵	kōhei
schutter (de)	射手	shashu
stuurman (de)	航空士	kōkū shi

127. Ambtenaren. Priesters

| koning (de) | 国王 | kokuō |
| koningin (de) | 女王 | joō |

| prins (de) | 王子 | ōji |
| prinses (de) | 王妃 | ōhi |

| tsaar (de) | ツァーリ | tsāri |
| tsarina (de) | 女帝 | nyotei |

president (de)	大統領	daitōryō
minister (de)	長官	chōkan
eerste minister (de)	首相	shushō
senator (de)	上院議員	jōin gīn

diplomaat (de)	外交官	gaikō kan
consul (de)	領事	ryōji
ambassadeur (de)	大使	taishi
adviseur (de)	顧問	komon

ambtenaar (de)	公務員	kōmuin
prefect (de)	知事	chiji
burgemeester (de)	市長	shichō

| rechter (de) | 裁判官 | saibankan |
| aanklager (de) | 検察官 | kensatsukan |

missionaris (de)	宣教師	senkyōshi
monnik (de)	修道士	shūdō shi
abt (de)	修道院長	shūdōin chō
rabbi, rabbijn (de)	ラビ	rabi

vizier (de)	ワズィール	wazīru
sjah (de)	シャー	shā
sjeik (de)	シャイフ	shaifu

128. Agrarische beroepen

imker (de)	養蜂家	yōhōka
herder (de)	牛飼い	ushikai
landbouwkundige (de)	農学者	nōgaku sha

veehouder (de)	牧畜業者	bokuchiku gyōsha
dierenarts (de)	獣医	jūi

landbouwer (de)	農業経営者	nōgyō keiei sha
wijnmaker (de)	ワイン生産者	wain seisan sha
zoöloog (de)	動物学者	dōbutsu gakusha
cowboy (de)	カウボーイ	kaubōi

129. Kunst beroepen

acteur (de)	俳優	haiyū
actrice (de)	女優	joyū

zanger (de)	歌手	kashu
zangeres (de)	歌手	kashu

danser (de)	ダンサー	dansā
danseres (de)	ダンサー	dansā

artiest (mann.)	芸能人	geinōjin
artiest (vrouw.)	芸能人	geinōjin

muzikant (de)	音楽家	ongakuka
pianist (de)	ピアニスト	pianisuto
gitarist (de)	ギターリスト	gitā risuto

orkestdirigent (de)	指揮者	shiki sha
componist (de)	作曲家	sakkyoku ka
impresario (de)	マネージャー	manējā

filmregisseur (de)	映画監督	eiga kantoku
filmproducent (de)	プロデューサー	purodyūsā
scenarioschrijver (de)	台本作家	daihon sakka
criticus (de)	評論家	hyōron ka

schrijver (de)	作家	sakka
dichter (de)	詩人	shijin
beeldhouwer (de)	彫刻家	chōkoku ka
kunstenaar (de)	画家	gaka

jongleur (de)	手品師	tejina shi
clown (de)	道化師	dōkeshi
acrobaat (de)	曲芸師	kyokugei shi
goochelaar (de)	手品師	tejina shi

130. Verschillende beroepen

dokter, arts (de)	医者	isha
ziekenzuster (de)	看護師	kangoshi
psychiater (de)	精神科医	seishin kai
tandarts (de)	歯科医	shikai
chirurg (de)	外科医	gekai

astronaut (de)	宇宙飛行士	uchū hikō shi
astronoom (de)	天文学者	tenmongaku sha
piloot (de)	パイロット	pairotto

chauffeur (de)	運転手	unten shu
machinist (de)	機関士	kikan shi
mecanicien (de)	修理士	shūri shi

mijnwerker (de)	鉱山労働者	kōzan rōdō sha
arbeider (de)	労働者	rōdō sha
bankwerker (de)	金工	kinkō
houtbewerker (de)	家具大工	kagu daiku
draaier (de)	旋盤工	senban kō
bouwvakker (de)	建設作業員	kensetsu sagyō in
lasser (de)	溶接工	yōsetsu kō

professor (de)	教授	kyōju
architect (de)	建築士	kenchiku shi
historicus (de)	歴史家	rekishi ka
wetenschapper (de)	科学者	kagaku sha
fysicus (de)	物理学者	butsuri gakusha
scheikundige (de)	化学者	kagaku sha

archeoloog (de)	考古学者	kōkogakusha
geoloog (de)	地質学者	chishitsu gakusha
onderzoeker (de)	研究者	kenkyū sha

| babysitter (de) | ベビーシッター | bebīshittā |
| leraar, pedagoog (de) | 教育者 | kyōiku sha |

redacteur (de)	編集者	henshū sha
chef-redacteur (de)	編集長	henshū chō
correspondent (de)	特派員	tokuhain
typiste (de)	タイピスト	taipisuto

designer (de)	デザイナー	dezainā
computerexpert (de)	コンピュータ専門家	konpyūta senmon ka
programmeur (de)	プログラマー	puroguramā
ingenieur (de)	技師	gishi

matroos (de)	水夫	suifu
zeeman (de)	船員	senin
redder (de)	救助員	kyūjo in

brandweerman (de)	消防士	shōbō shi
politieagent (de)	警官	keikan
nachtwaker (de)	警備員	keibi in
detective (de)	探偵	tantei

douanier (de)	税関吏	zeikanri
lijfwacht (de)	ボディーガード	bodīgādo
gevangenisbewaker (de)	刑務官	keimu kan
inspecteur (de)	検査官	kensakan

| sportman (de) | スポーツマン | supōtsuman |
| trainer (de) | トレーナー | torēnā |

slager, beenhouwer (de)	肉屋	nikuya
schoenlapper (de)	靴修理屋	kutsu shūri ya
handelaar (de)	商人	shōnin
lader (de)	荷役作業員	niyakusa gyōin
kledingstilist (de)	ファッションデザイナー	fasshon dezainā
model (het)	モデル	moderu

131. Beroepen. Sociale status

scholier (de)	男子生徒	danshi seito
student (de)	学生	gakusei
filosoof (de)	哲学者	tetsu gakusha
econoom (de)	経済学者	keizai gakusha
uitvinder (de)	発明者	hatsumei sha
werkloze (de)	失業者	shitsugyō sha
gepensioneerde (de)	退職者	taishoku sha
spion (de)	スパイ	supai
gedetineerde (de)	囚人	shūjin
staker (de)	ストライキをする人	sutoraiki wo suru hito
bureaucraat (de)	官僚主義者	kanryō shugi sha
reiziger (de)	旅行者	ryokō sha
homoseksueel (de)	同性愛者	dōseiai sha
hacker (computerkraker)	ハッカー	hakkā
hippie (de)	ヒッピー	hippī
bandiet (de)	山賊	sanzoku
huurmoordenaar (de)	殺し屋	koroshi ya
drugsverslaafde (de)	麻薬中毒者	mayaku chūdoku sha
drugshandelaar (de)	麻薬の売人	mayaku no bainin
prostituee (de)	売春婦	baishun fu
pooier (de)	ポン引き	pon biki
tovenaar (de)	魔法使い	mahōtsukai
tovenares (de)	女魔法使い	jo mahōtsukai
piraat (de)	海賊	kaizoku
slaaf (de)	奴隷	dorei
samoerai (de)	侍、武士	samurai, bushi
wilde (de)	未開人	mikai jin

Sport

132. Soorten sporten. Sporters

sportman (de)	スポーツマン	supōtsuman
soort sport (de/het)	スポーツの種類	supōtsu no shurui
basketbal (het)	バスケットボール	basukettobōru
basketbalspeler (de)	バスケットボール選手	basukettobōru senshu
baseball (het)	野球	yakyū
baseballspeler (de)	野球選手	yakyū senshu
voetbal (het)	サッカー	sakkā
voetballer (de)	サッカー選手	sakkā senshu
doelman (de)	ゴールキーパー	gōrukīpā
hockey (het)	アイスホッケー	aisuhokkē
hockeyspeler (de)	アイスホッケー選手	aisuhokkē senshu
volleybal (het)	バレーボール	barēbōru
volleybalspeler (de)	バレーボール選手	barēbōru senshu
boksen (het)	ボクシング	bokushingu
bokser (de)	ボクサー	bokusā
worstelen (het)	レスリング	resuringu
worstelaar (de)	レスリング選手	resuringu senshu
karate (de)	空手	karate
karateka (de)	空手選手	karate senshu
judo (de)	柔道	jūdō
judoka (de)	柔道選手	jūdō senshu
tennis (het)	テニス	tenisu
tennisspeler (de)	テニス選手	tenisu senshu
zwemmen (het)	水泳	suiei
zwemmer (de)	水泳選手	suiei senshu
schermen (het)	フェンシング	fenshingu
schermer (de)	フェンシング選手	fenshingu senshu
schaak (het)	チェス	chesu
schaker (de)	チェス選手	chesu senshu
alpinisme (het)	登山	tozan
alpinist (de)	登山家	tozan ka
hardlopen (het)	ランニング	ranningu

renner (de)	ランナー	rannā
atletiek (de)	陸上競技	rikujō kyōgi
atleet (de)	陸上競技者	rikujō kyōgi sha

| paardensport (de) | 乗馬 | jōba |
| ruiter (de) | 乗馬者 | jōba sha |

kunstschaatsen (het)	フィギュアスケート	figyua sukēto
kunstschaatser (de)	フィギュアスケート選手	figyua sukēto senshu
kunstschaatsster (de)	フィギュアスケート選手	figyua sukēto senshu

| gewichtheffen (het) | 重量挙げ | jūryōage |
| gewichtheffer (de) | 重量挙げ選手 | jūryōage senshu |

| autoraces (mv.) | カーレース | kā rēsu |
| coureur (de) | カーレーサー | kā rēsā |

| wielersport (de) | サイクリング | saikuringu |
| wielrenner (de) | サイクリスト | saikurisuto |

verspringen (het)	幅跳び	habatobi
polsstokspringen (het)	棒高跳び	bōtakatobi
verspringer (de)	跳躍選手	chōyaku senshu

133. Soorten sporten. Diversen

Amerikaans voetbal (het)	アメリカンフットボール	amerikan futtobōru
badminton (het)	バドミントン	badominton
biatlon (de)	バイアスロン	baiasuron
biljart (het)	ビリヤード	biriyādo

bobsleeën (het)	ボブスレー	bobusurē
bodybuilding (de)	ボディビル	bodibiru
waterpolo (het)	水球	suikyū
handbal (de)	ハンドボール	handobōru
golf (het)	ゴルフ	gorufu

roeisport (de)	ボートレース	bōtorēsu
duiken (het)	ダイビング	daibingu
langlaufen (het)	クロスカントリースキー	kurosukantorī sukī
tafeltennis (het)	卓球	takkyū

zeilen (het)	セーリング	sēringu
rally (de)	ラリー	rarī
rugby (het)	ラグビー	ragubī
snowboarden (het)	スノーボート	sunōbōto
boogschieten (het)	洋弓	yōkyū

134. Fitnessruimte

| lange halter (de) | バーベル | bāberu |
| halters (mv.) | ダンベル | danberu |

training machine (de)	フィットネスマシン	fittonesu mashin
hometrainer (de)	エアロバイク	earo baiku
loopband (de)	トレッドミル	toreddomiru

rekstok (de)	鉄棒	tetsubō
brug (de) gelijke leggers	平行棒	heikōbō
paardsprong (de)	跳馬	chōba
mat (de)	マット	matto

springtouw (het)	縄跳び	nawatobi
aerobics (de)	エアロビクス	earobikusu
yoga (de)	ヨガ	yoga

135. Hockey

hockey (het)	アイスホッケー	aisuhokkē
hockeyspeler (de)	ホッケー選手	hokkē senshu
hockey spelen	ホッケーをする	hokkē wo suru
IJs (het)	アイス	aisu

puck (de)	パック	pakku
hockeystick (de)	スティック	sutikku
schaatsen (mv.)	スケート靴	sukēto gutsu

| boarding (de) | ボード | bōdo |
| schot (het) | シュート | shūto |

doelman (de)	ゴールテンダー	gōrutendā
goal (de)	ゴール	gōru
een goal scoren	ゴールする	gōru suru

periode (de)	ピリオド	piriodo
tweede periode (de)	セカンドピリオド	sekando piriodo
reservebank (de)	ベンチ	benchi

136. Voetbal

voetbal (het)	サッカー	sakkā
voetballer (de)	サッカー選手	sakkā senshu
voetbal spelen	サッカーをする	sakkā wo suru

eredivisie (de)	メジャーリーグ	mejā rīgu
voetbalclub (de)	サッカー部	sakkā bu
trainer (de)	コーチ	kōchi
eigenaar (de)	オーナー	ōnā

team (het)	チーム	chīmu
aanvoerder (de)	チームキャプテン	chīmu kyaputen
speler (de)	選手	senshu
reservespeler (de)	補欠	hoketsu
aanvaller (de)	フォワード	fowādo
centrale aanvaller (de)	センターフォワード	sentā fowādo

doelpuntmaker (de)	ストライカー	sutoraikā
verdediger (de)	バック	bakku
middenvelder (de)	ハーフバック	hāfu bakku
match, wedstrijd (de)	試合	shiai
elkaar ontmoeten (ww)	会う	au
finale (de)	決勝戦	kesshō sen
halve finale (de)	準決勝	junkesshō
kampioenschap (het)	選手権	senshuken
helft (de)	ピリオド、ハーフ	piriodo, hāfu
eerste helft (de)	第1ピリオド	dai ichi piriodo
pauze (de)	ハーフタイム	hāfu taimu
doel (het)	ゴール	gōru
doelman (de)	ゴールキーパー	gōrukīpā
doelpaal (de)	ゴールポスト	gōru posuto
lat (de)	クロスバー	kurosubā
doelnet (het)	ネット	netto
een goal incasseren	ゴールを許す	gōru wo yurusu
bal (de)	ボール	bōru
pass (de)	パス	pasu
schot (het), schop (de)	キック	kikku
schieten (de bal ~)	蹴る	keru
vrije schop (directe ~)	フリーキック	furī kikku
hoekschop, corner (de)	コーナーキック	kōnā kikku
aanval (de)	アタック	atakku
tegenaanval (de)	カウンターアタック	kauntā atakku
combinatie (de)	コンビネーション	konbinēshon
scheidsrechter (de)	審判員	shinpan in
fluiten (ww)	ホイッスルを吹く	hoissuru wo fuku
fluitsignaal (het)	ホイッスル	hoissuru
overtreding (de)	反則	hansoku
een overtreding maken	反則する	hansoku suru
uit het veld te sturen	退場させる	taijō saseru
gele kaart (de)	イエローカード	ierō kādo
rode kaart (de)	レッドカード	reddo kādo
diskwalificatie (de)	失格	shikkaku
diskwalificeren (ww)	失格にする	shikkaku ni suru
strafschop, penalty (de)	ペナルティキック	penaruti kikku
muur (de)	壁	kabe
scoren (ww)	得点する	tokuten suru
goal (de), doelpunt (het)	ゴール	gōru
een goal scoren	ゴールする	gōru suru
vervanging (de)	交代	kōtai
vervangen (ov.ww.)	交代する	kōtai suru
regels (mv.)	規則	kisoku
tactiek (de)	戦術	senjutsu
stadion (het)	スタジアム	sutajiamu
tribune (de)	観覧席	kanranseki

| fan, supporter (de) | ファン | fan |
| schreeuwen (ww) | 叫ぶ | sakebu |

| scorebord (het) | スコアボード | sukoa bōdo |
| stand (~ is 3-1) | スコア | sukoa |

| nederlaag (de) | 負け | make |
| verliezen (ww) | 負ける | makeru |

| gelijkspel (het) | 引き分け | hikiwake |
| in gelijk spel eindigen | 引き分けになる | hikiwake ni naru |

overwinning (de)	勝利	shōri
overwinnen (ww)	勝つ	katsu
kampioen (de)	チャンピオン	chanpion
best (bn)	最高の	saikō no
feliciteren (ww)	祝う	iwau

commentator (de)	解説者	kaisetsu sha
becommentariëren (ww)	解説をする	kaisetsu wo suru
uitzending (de)	放送	hōsō

137. Alpine skiën

ski's (mv.)	スキー	sukī
skiën (ww)	スキーをする	sukī wo suru
skigebied (het)	スキー場	sukī jō
skilift (de)	スキーリフト	sukī rifuto

skistokken (mv.)	スキーストック	sukī sutokku
helling (de)	ゲレンデ	gerende
slalom (de)	スラローム	surarōmu

138. Tennis. Golf

golf (het)	ゴルフ	gorufu
golfclub (de)	ゴルフクラブ	gorufu kurabu
golfer (de)	ゴルファー	gorufā

hole (de)	ホール	hōru
golfclub (de)	クラブ	kurabu
trolley (de)	ゴルフバギー	gorufu bagī

| tennis (het) | テニス | tenisu |
| tennisveld (het) | コート | kōto |

| opslag (de) | サーブ | sābu |
| serveren, opslaan (ww) | サーブする | sābu suru |

racket (het)	ラケット	raketto
net (het)	ネット	netto
bal (de)	ボール	bōru

139. Schaken

schaak (het)	チェス	chesu
schaakstukken (mv.)	チェスの駒	chesu no koma
schaker (de)	チェス選手	chesu senshu
schaakbord (het)	チェス盤	chesu ban
schaakstuk (het)	チェスの駒	chesu no koma
witte stukken (mv.)	白駒	shirokoma
zwarte stukken (mv.)	黒駒	kurokoma
pion (de)	ポーン	pōn
loper (de)	ビショップ	bishoppu
paard (het)	ナイト	naito
toren (de)	ルーク	rūku
koningin (de)	クイーン	kuīn
koning (de)	キング	kingu
zet (de)	指し手	sashite
zetten (ww)	動かす	ugokasu
opofferen (ww)	捨て駒にする	sute goma ni suru
rokade (de)	キャスリング	kyasuringu
schaak (het)	王手	ōte
schaakmat (het)	王手詰み	ōte tsumi
schaakwedstrijd (de)	チェストーナメント	chesu tōnamento
grootmeester (de)	グランドマスター	gurando masutā
combinatie (de)	コンビネーション	konbinēshon
partij (de)	ゲーム	gēmu
dammen (de)	チェッカー	chekkā

140. Boksen

boksen (het)	ボクシング	bokushingu
boksgevecht (het)	ファイト	faito
bokswedstrijd (de)	ボクシングの試合	bokushingu no shiai
ronde (de)	ラウンド	raundo
ring (de)	リング	ringu
gong (de)	ゴング	gongu
stoot (de)	パンチ	panchi
knock-down (de)	ノックダウン	nokkudaun
knock-out (de)	ノックアウト	nokkuauto
knock-out slaan (ww)	ノックアウトする	nokkuauto suru
bokshandschoen (de)	ボクシンググローブ	bokushingu gurōbu
referee (de)	レフェリー	referī
lichtgewicht (het)	ライト級	raito kyū
middengewicht (het)	ミドル級	midoru kyū
zwaargewicht (het)	ヘビー級	hebī kyū

141. Sporten. Diversen

Olympische Spelen (mv.)	オリンピック	orinpikku
winnaar (de)	勝利者	shōri sha
overwinnen (ww)	勝利する	shōri suru
winnen (ww)	勝つ	katsu
leider (de)	リーダー	rīdā
leiden (ww)	リードする	rīdo suru
eerste plaats (de)	一位	ichi i
tweede plaats (de)	二位	ni i
derde plaats (de)	三位	san i
medaille (de)	メダル	medaru
trofee (de)	トロフィー	torofī
beker (de)	賞杯	shōhai
prijs (de)	賞	shō
hoofdprijs (de)	一等賞	ittō shō
record (het)	記録	kiroku
een record breken	記録を打ち立てる	kiroku wo uchitateru
finale (de)	決勝戦	kesshō sen
finale (bn)	決勝の	kesshō no
kampioen (de)	チャンピオン	chanpion
kampioenschap (het)	選手権	senshuken
stadion (het)	スタジアム	sutajiamu
tribune (de)	観覧席	kanranseki
fan, supporter (de)	ファン	fan
tegenstander (de)	競争相手	kyōsō aite
start (de)	スタート	sutāto
finish (de)	ゴール	gōru
nederlaag (de)	負け	make
verliezen (ww)	負ける	makeru
rechter (de)	レフェリー	referī
jury (de)	審判団	shinpan dan
stand (~ is 3-1)	スコア	sukoa
gelijkspel (het)	引き分け	hikiwake
in gelijk spel eindigen	引き分けになる	hikiwake ni naru
punt (het)	点	ten
uitslag (de)	得点	tokuten
periode (de)	ピリオド	piriodo
pauze (de)	ハーフタイム	hāfu taimu
doping (de)	ドーピング	dōpingu
straffen (ww)	ペナルティーを与える	penarutī wo ataeru
diskwalificeren (ww)	失格にする	shikkaku ni suru
toestel (het)	器具	kigu
speer (de)	やり [槍]	yari

kogel (de)	砲丸	hōgan
bal (de)	ボール	bōru
doel (het)	的	mato
schietkaart (de)	標的	hyōteki
schieten (ww)	撃つ	utsu
precies (bijv. precieze schot)	正確な	seikaku na
trainer, coach (de)	トレーナー	torēnā
trainen (ww)	トレーニングする	torēningu suru
zich trainen (ww)	トレーニングする	torēningu suru
training (de)	トレーニング	torēningu
gymnastiekzaal (de)	体育館	taīkukan
oefening (de)	運動	undō
opwarming (de)	ウォーミングアップ	wōminguappu

Onderwijs

142. School

school (de)	学校	gakkō
schooldirecteur (de)	校長	kōchō
leerling (de)	生徒	seito
leerlinge (de)	女生徒	jo seito
scholier (de)	男子生徒	danshi seito
scholiere (de)	女子生徒	joshi seito
leren (lesgeven)	教える	oshieru
studeren (bijv. een taal ~)	学ぶ	manabu
van buiten leren	暗記する	anki suru
leren (bijv. ~ tellen)	勉強する	benkyō suru
in school zijn	学校に通う	gakkō ni kayō
(schooljongen zijn)		
naar school gaan	学校へ行く	gakkō he iku
alfabet (het)	アルファベット	arufabetto
vak (schoolvak)	科目	kamoku
klaslokaal (het)	教室	kyōshitsu
les (de)	レッスン	ressun
pauze (de)	休み時間	yɑɔumi jikɑn
bel (de)	ベル	beru
schooltafel (de)	学校用机	gakkō yō tsukue
schoolbord (het)	黒板	kokuban
cijfer (het)	成績	seiseki
goed cijfer (het)	良い成績	yoi seiseki
slecht cijfer (het)	悪い成績	warui seiseki
een cijfer geven	成績を付ける	seiseki wo tsukeru
fout (de)	間違い	machigai
fouten maken	間違える	machigaeru
corrigeren (fouten ~)	直す	naosu
spiekbriefje (het)	カンニングペーパー	kanningu pēpā
huiswerk (het)	宿題	shukudai
oefening (de)	練習	renshū
aanwezig zijn (ww)	出席する	shusseki suru
absent zijn (ww)	欠席する	kesseki suru
school verzuimen	学校を休む	gakkō wo yasumu
bestraffen (een stout kind ~)	罰する	bassuru
bestraffing (de)	罰	batsu

gedrag (het)	行動	kōdō
cijferlijst (de)	通信簿	tsūshin bo
potlood (het)	鉛筆	enpitsu
gom (de)	消しゴム	keshigomu
krijt (het)	チョーク	chōku
pennendoos (de)	筆箱	fudebako
boekentas (de)	通学カバン	tsūgaku kaban
pen (de)	ペン	pen
schrift (de)	ノート	nōto
leerboek (het)	教科書	kyōkasho
passer (de)	コンパス	konpasu
technisch tekenen (ww)	製図する	seizu suru
technische tekening (de)	製図	seizu
gedicht (het)	詩	shi
van buiten (bw)	暗記して	anki shi te
van buiten leren	暗記する	anki suru
vakantie (de)	休暇	kyūka
met vakantie zijn	休暇中である	kyūka chū de aru
vakantie doorbrengen	休暇を過ごす	kyūka wo sugosu
toets (schriftelijke ~)	筆記試験	hikki shiken
opstel (het)	論文式試験	ronbun shiki shiken
dictee (het)	書き取り	kakitori
examen (het)	試験	shiken
examen afleggen	試験を受ける	shiken wo ukeru
experiment (het)	実験	jikken

143. Hogeschool. Universiteit

academie (de)	アカデミー	akademī
universiteit (de)	大学	daigaku
faculteit (de)	学部	gakubu
student (de)	学生	gakusei
studente (de)	学生	gakusei
leraar (de)	講師	kōshi
collegezaal (de)	講堂	kōdō
afgestudeerde (de)	卒業生	sotsugyōsei
diploma (het)	卒業証書	sotsugyō shōsho
dissertatie (de)	論文	ronbun
onderzoek (het)	研究書	kenkyū sho
laboratorium (het)	研究室	kenkyū shitsu
college (het)	講義	kōgi
medestudent (de)	同級生	dōkyūsei
studiebeurs (de)	奨学金	shōgaku kin
academische graad (de)	学位	gakui

144. Wetenschappen. Disciplines

wiskunde (de)	数学	sūgaku
algebra (de)	代数学	daisūgaku
meetkunde (de)	幾何学	kikagaku
astronomie (de)	天文学	tenmon gaku
biologie (de)	生物学	seibutsu gaku
geografie (de)	地理学	chiri gaku
geologie (de)	地質学	chishitsu gaku
geschiedenis (de)	歴史	rekishi
geneeskunde (de)	医学	igaku
pedagogiek (de)	教育学	kyōiku gaku
rechten (mv.)	法学	hōgaku
fysica, natuurkunde (de)	物理学	butsuri gaku
scheikunde (de)	化学	kagaku
filosofie (de)	哲学	tetsugaku
psychologie (de)	心理学	shinrigaku

145. Schrift. Spelling

grammatica (de)	文法	bunpō
vocabulaire (het)	語彙	goi
fonetiek (de)	音声学	onseigaku
zelfstandig naamwoord (het)	名詞	meishi
bijvoeglijk naamwoord (het)	形容詞	keiyōshi
werkwoord (het)	動詞	dōshi
bijwoord (het)	副詞	fukushi
voornaamwoord (het)	代名詞	daimeishi
tussenwerpsel (het)	間投詞	kantōshi
voorzetsel (het)	前置詞	zenchishi
stam (de)	語根	gokon
achtervoegsel (het)	語尾	gobi
voorvoegsel (het)	接頭辞	settō ji
lettergreep (de)	音節	onsetsu
achtervoegsel (het)	接尾辞	setsubi ji
nadruk (de)	キョウセイ [強勢]	kyōsei
afkappingsteken (het)	アポストロフィー	aposutorofī
punt (de)	句点	kuten
komma (de/het)	コンマ	konma
puntkomma (de)	セミコロン	semikoron
dubbelpunt (de)	コロン	koron
beletselteken (het)	省略	shōrya ku
vraagteken (het)	疑問符	gimon fu
uitroepteken (het)	感嘆符	kantan fu

aanhalingstekens (mv.)	引用符	inyō fu
tussen aanhalingstekens (bw)	引用符内	inyō fu nai
haakjes (mv.)	ガッコ（括弧）	gakko
tussen haakjes (bw)	ガッコ内（括弧内）	kakko nai

streepje (het)	ハイフン	haifun
gedachtestreepje (het)	ダッシュ	dasshu
spatie	スペース	supēsu
(~ tussen twee woorden)		

letter (de)	文字	moji
hoofdletter (de)	大文字	daimonji

klinker (de)	母音	boin
medeklinker (de)	子音	shīn

zin (de)	文	bun
onderwerp (het)	主語	shugo
gezegde (het)	述語	jutsugo

regel (in een tekst)	行	gyō
op een nieuwe regel (bw)	新しい行で	atarashī gyō de
alinea (de)	段落	danraku

woord (het)	単語	tango
woordgroep (de)	語群	gogun
uitdrukking (de)	表現	hyōgen
synoniem (het)	同義語	dōgigo
antoniem (het)	対義語	taigigo

regel (de)	規則	kisoku
uitzondering (de)	例外	reigai
correct (bijv. ~e spelling)	正しい	tadashī

vervoeging, conjugatie (de)	活用	katsuyō
verbuiging, declinatie (de)	語形変化	gokei henka
naamval (de)	名詞格	meishi kaku
vraag (de)	疑問文	gimon bun
onderstrepen (ww)	下線を引く	kasen wo hiku
stippellijn (de)	点線	tensen

146. Vreemde talen

taal (de)	言語	gengo
vreemd (bn)	外国の	gaikoku no
vreemde taal (de)	外国語	gaikoku go
leren (bijv. van buiten ~)	勉強する	benkyō suru
studeren (Nederlands ~)	学ぶ	manabu

lezen (ww)	読む	yomu
spreken (ww)	話す	hanasu
begrijpen (ww)	理解する	rikai suru
schrijven (ww)	書く	kaku
snel (bw)	速く	hayaku

langzaam (bw)	ゆっくり	yukkuri
vloeiend (bw)	流ちょうに	ryūchō ni

regels (mv.)	規則	kisoku
grammatica (de)	文法	bunpō
vocabulaire (het)	語彙	goi
fonetiek (de)	音声学	onseigaku

leerboek (het)	教科書	kyōkasho
woordenboek (het)	辞書	jisho
leerboek (het) voor zelfstudie	独習書	dokushū sho
taalgids (de)	慣用表現集	kanyō hyōgen shū

cassette (de)	カセットテープ	kasettotēpu
videocassette (de)	ビデオテープ	bideotēpu
CD (de)	CD（シーディー）	shīdī
DVD (de)	DVD［ディーブイディー］	dībuidī

alfabet (het)	アルファベット	arufabetto
spellen (ww)	スペリングを言う	superingu wo iu
uitspraak (de)	発音	hatsuon

accent (het)	なまり［訛り］	namari
met een accent (bw)	訛りのある	namari no aru
zonder accent (bw)	訛りのない	namari no nai

woord (het)	単語	tango
betekenis (de)	意味	imi

cursus (de)	講座	kōza
zich inschrijven (ww)	申し込む	mōshikomu
loraar (de)	先生	sensei

vertaling (een ~ maken)	翻訳	honyaku
vertaling (tekst)	訳文	yakubun
vertaler (de)	翻訳者	honyaku sha
tolk (de)	通訳者	tsūyaku sha

polyglot (de)	ポリグロット	porigurotto
geheugen (het)	記憶	kioku

147. Sprookjesfiguren

Sinterklaas (de)	サンタクロース	santa kurōsu
Assepoester (de)	シンデレラ	shinderera
zeemeermin (de)	人魚	ningyo
Neptunus (de)	ネプチューン	nepuchun

magiër, tovenaar (de)	魔法使い	mahōtsukai
goede heks (de)	妖精	yōsei
magisch (bn)	魔法の	mahō no
toverstokje (het)	魔法の杖	mahō no tsue
sprookje (het)	童話	dōwa
wonder (het)	奇跡	kiseki

| dwerg (de) | 小人 | kodomo |
| veranderen in ... (anders worden) | 変身する | henshin suru |

geest (de)	幽霊	yūrei
spook (het)	幻影	genei
monster (het)	怪物	kaibutsu
draak (de)	竜	ryū
reus (de)	巨人	kyojin

148. Dierenriem

Ram (de)	おひつじ座	o hitsuji za
Stier (de)	おうし座	o ushi za
Tweelingen (mv.)	ふたご座	futa go za
Kreeft (de)	かに座	kani za
Leeuw (de)	しし座	shishi za
Maagd (de)	おとめ座	otome za

Weegschaal (de)	てんびん座	ten bin za
Schorpioen (de)	さそり座	sasori za
Boogschutter (de)	いて座	i te za
Steenbok (de)	やぎ座	yagi za
Waterman (de)	みずがめ座	mi zu game za
Vissen (mv.)	うお座	u oza

karakter (het)	性格	seikaku
karaktertrekken (mv.)	性格の特徴	seikaku no tokuchō
gedrag (het)	振る舞い	furumai
waarzeggen (ww)	運勢を占う	unsei wo uranau
waarzegster (de)	女占い師	jo uranaishi
horoscoop (de)	星占い	hoshi uranai

Kunst

149. Theater

theater (het)	劇場	gekijō
opera (de)	オペラ	opera
operette (de)	オペレッタ	operetta
ballet (het)	バレエ	barē
affiche (de/het)	演劇ポスター	engeki posutā
theatergezelschap (het)	劇団	gekidan
tournee (de)	巡業	jungyō
op tournee zijn	巡業する	jungyō suru
repeteren (ww)	リハーサルをする	rihāsaru wo suru
repetitie (de)	リハーサル	rihāsaru
repertoire (het)	レパートリー	repātorī
voorstelling (de)	演技	engi
spektakel (het)	芝居	shibai
toneelstuk (het)	演劇	engeki
biljet (het)	入場券	nyūjō ken
kassa (de)	チケット売り場	chiketto uriba
foyer (de)	ロビー	robī
garderobe (de)	クロークルーム	kurōku rūmu
garderobe nummer (het)	クローク札	kurōku satsu
verrekijker (de)	双眼鏡	sōgankyō
plaatsaanwijzer (de)	案内係	annai gakari
parterre (de)	オーケストラ席	ōkesutora seki
balkon (het)	桟敷席	sajiki seki
gouden rang (de)	ドレスサークル	doresu sākuru
loge (de)	ボックス席	bokkusu seki
rij (de)	列	retsu
plaats (de)	座席	zaseki
publiek (het)	観客	kankyaku
kijker (de)	見る人	miru hito
klappen (ww)	拍手する	hakushu suru
applaus (het)	拍手	hakushu
ovatie (de)	大喝采	dai kassai
toneel (op het ~ staan)	舞台	butai
gordijn, doek (het)	幕	maku
toneeldecor (het)	舞台装置	butai sōchi
backstage (de)	舞台裏	butaiura
scène (de)	場	ba
bedrijf (het)	幕	maku
pauze (de)	幕間	makuai

150. Bioscoop

acteur (de)	俳優	haiyū
actrice (de)	女優	joyū
bioscoop (de)	映画	eiga
speelfilm (de)	映画	eiga
aflevering (de)	エピソード	episōdo
detectivefilm (de)	探偵	tantei
actiefilm (de)	アクション映画	akushon eiga
avonturenfilm (de)	冒険映画	bōken eiga
sciencefictionfilm (de)	SF映画	esuefu eiga
griezelfilm (de)	ホラー映画	horā eiga
komedie (de)	コメディ映画	komedi eiga
melodrama (het)	メロドラマ	merodorama
drama (het)	ドラマ	dorama
speelfilm (de)	劇映画	gekieiga
documentaire (de)	ドキュメンタリー	dokyumentarī
tekenfilm (de)	アニメ	anime
stomme film (de)	サイレント映画	sairento eiga
rol (de)	役	yaku
hoofdrol (de)	主役	shuyaku
spelen (ww)	演じる	enjiru
filmster (de)	映画スター	eiga sutā
bekend (bn)	有名な	yūmei na
beroemd (bn)	著名な	chomei na
populair (bn)	人気の	ninki no
scenario (het)	台本	daihon
scenarioschrijver (de)	台本作家	daihon sakka
regisseur (de)	映画監督	eiga kantoku
filmproducent (de)	プロデューサー	purodyūsā
assistent (de)	アシスタント	ashisutanto
cameraman (de)	カメラマン	kameraman
stuntman (de)	スタントマン	sutantoman
stuntdubbel (de)	代役	daiyaku
een film maken	映画を撮る	eiga wo toru
auditie (de)	審査	shinsa
opnamen (mv.)	撮影	satsuei
filmploeg (de)	映画製作班	eiga seisaku han
filmset (de)	映画のセット	eiga no setto
filmcamera (de)	カメラ	kamera
bioscoop (de)	映画館	eiga kan
scherm (het)	スクリーン	sukurīn
een film vertonen	映画を上映する	eiga wo jōei suru
geluidsspoor (de)	サウンドトラック	saundotorakku
speciale effecten (mv.)	特撮	tokusatsu

ondertiteling (de)	字幕	jimaku
voortiteling, aftiteling (de)	クレジット	kurejitto
vertaling (de)	訳	yaku

151. Schilderij

kunst (de)	美術	bijutsu
schone kunsten (mv.)	芸術	geijutsu
kunstgalerie (de)	画廊	garō
kunsttentoonstelling (de)	美術展	bijutsu ten
schilderkunst (de)	絵画	kaiga
grafiek (de)	グラフィックアート	gurafikku āto
abstracte kunst (de)	抽象美術	chūshō bijutsu
impressionisme (het)	印象派	inshōha
schilderij (het)	絵画	kaiga
tekening (de)	絵	e
poster (de)	ポスター	posutā
illustratie (de)	挿絵	sashie
miniatuur (de)	細密画	saimitsu ga
kopie (de)	複写	fukusha
reproductie (de)	複製画	fukusei ga
mozaïek (het)	モザイク	mozaiku
gebrandschilderd glas (het)	ステンドグラス	sutendo gurasu
fresco (het)	フレスコ画	furesuko ga
gravure (de)	版画	hanga
buste (de)	胸像	kyōzō
beeldhouwwerk (het)	彫刻	chōkoku
beeld (bronzen ~)	彫像	chōzō
gips (het)	石膏	sekkō
gipsen (bn)	石膏の	sekkō no
portret (het)	肖像画	shōzō ga
zelfportret (het)	自画像	jigazō
landschap (het)	風景画	fūkei ga
stilleven (het)	静物画	seibutsu ga
karikatuur (de)	カリカチュア	karikachua
schets (de)	スケッチ	sukecchi
verf (de)	絵具	enogu
aquarel (de)	水彩絵具	suisai enogu
olieverf (de)	油絵具	abura enogu
potlood (het)	鉛筆	enpitsu
Oostindische inkt (de)	墨	sumi
houtskool (de)	木炭	mokutan
tekenen (met krijt)	描く	egaku
schilderen (ww)	絵の具で描く	enogu de egaku
poseren (ww)	ポーズを取る	pōzu wo toru
naaktmodel (man)	ヌードモデル	nūdo moderu

naaktmodel (vrouw)	ヌードモデル	nūdo moderu
kunstenaar (de)	画家	gaka
kunstwerk (het)	美術品	bijutsu hin
meesterwerk (het)	傑作	kessaku
studio, werkruimte (de)	画家のアトリエ	gaka no atorie
schildersdoek (het)	画布	gafu
schildersezel (de)	イーゼル	īzeru
palet (het)	パレット	paretto
lijst (een vergulde ~)	額縁	gakubuchi
restauratie (de)	修復	shūfuku
restaureren (ww)	修復する	shūfuku suru

152. Literatuur & Poëzie

literatuur (de)	文学	bungaku
auteur (de)	著者	chosha
pseudoniem (het)	仮名	kamei
boek (het)	本	hon
boekdeel (het)	巻	kan
inhoudsopgave (de)	目次	mokuji
pagina (de)	頁	pēji
hoofdpersoon (de)	主人公	shujinkō
handtekening (de)	サイン	sain
verhaal (het)	短編小説	tanpen shōsetsu
novelle (de)	中編小説	chūhen shōsetsu
roman (de)	小説	shōsetsu
werk (literatuur)	作品	sakuhin
fabel (de)	寓話	gūwa
detectiveroman (de)	探偵小説	tantei shōsetsu
gedicht (het)	詩	shi
poëzie (de)	詩	shi
epos (het)	叙事詩	jojishi
dichter (de)	詩人	shijin
fictie (de)	フィクション	fikushon
sciencefiction (de)	サイエンスフィクション	saiensu fikushon
avonturenroman (de)	冒険	bōken
opvoedkundige literatuur (de)	教材	kyōzai
kinderliteratuur (de)	児童文学	jidō bungaku

153. Circus

circus (de/het)	サーカス	sākasu
chapiteau circus (de/het)	大サーカス	dai sākasu
programma (het)	プログラム	puroguramu
voorstelling (de)	演技	engi
nummer (circus ~)	ショー	shō

arena (de)	サーカスのリング	sākasu no ringu
pantomime (de)	パントマイム	pantomaimu
clown (de)	道化師	dōkeshi

acrobaat (de)	曲芸師	kyokugei shi
acrobatiek (de)	曲芸	kyokugei
gymnast (de)	空中ブランコ乗り	kūchū buranko nori
gymnastiek (de)	空中ブランコの曲芸	kūchū buranko no kyokugei
salto (de)	宙返り	chūgaeri

sterke man (de)	怪力男	kairiki otoko
temmer (de)	猛獣使い	mōjū zukai
ruiter (de)	乗り手	norite
assistent (de)	アシスタント	ashisutanto

stunt (de)	妙技	myōgi
goocheltruc (de)	手品	tejina
goochelaar (de)	手品師	tejina shi

jongleur (de)	ジャグリングをする人	jaguringu wo suru hito
jongleren (ww)	ジャグリングする	jaguringu suru
dierentrainer (de)	アニマルトレーナー	animaru torēnā
dressuur (de)	動物の調教	dōbutsu no chōkyō
dresseren (ww)	調教する	chōkyō suru

154. Muziek. Popmuziek

muziek (de)	音楽	ongaku
muzikant (de)	音楽家	ongakuka
muziekinstrument (het)	楽器	gakki
spelen (bijv. gitaar ~)	演奏する	ensō suru

gitaar (de)	ギター	gitā
viool (de)	バイオリン	baiorin
cello (de)	チェロ	chero
contrabas (de)	コントラバス	kontorabasu
harp (de)	ハープ	hāpu

piano (de)	ピアノ	piano
vleugel (de)	グランドピアノ	gurando piano
orgel (het)	オルガン	orugan

blaasinstrumenten (mv.)	管楽器	kangakki
hobo (de)	オーボエ	ōboe
saxofoon (de)	サクソフォーン	sakusofōn
klarinet (de)	クラリネット	kurarinetto
fluit (de)	フルート	furūto
trompet (de)	トランペット	toranpetto

| accordeon (de/het) | アコーディオン | akōdion |
| trommel (de) | ドラム | doramu |

| duet (het) | 二重奏 | nijūsō |
| trio (het) | 三重奏 | sanjūsō |

kwartet (het)	四重奏	shijūsō
koor (het)	合唱団	gasshō dan
orkest (het)	管弦楽団	kangengaku dan
popmuziek (de)	ポップミュージック	poppu myūjikku
rockmuziek (de)	ロックミュージック	rokku myūjikku
rockgroep (de)	ロックバンド	rokku bando
jazz (de)	ジャズ	jazu
idool (het)	アイドル	aidoru
bewonderaar (de)	ファン	fan
concert (het)	コンサート	konsāto
symfonie (de)	交響曲	kōkyō kyoku
compositie (de)	作曲	sakkyoku
componeren (muziek ~)	書く	kaku
zang (de)	歌うこと	utau koto
lied (het)	歌	uta
melodie (de)	メロディー	merodī
ritme (het)	リズム	rizumu
blues (de)	ブルース	burūsu
bladmuziek (de)	楽譜	gakufu
dirigeerstok (baton)	指揮棒	shikibō
strijkstok (de)	弓	yumi
snaar (de)	げん	gen
koffer (de)	ケース	kēsu

Rusten. Entertainment. Reizen

155. Trip. Reizen

toerisme (het)	観光	kankō
toerist (de)	観光客	kankō kyaku
reis (de)	旅行	ryokō
avontuur (het)	冒険	bōken
tocht (de)	旅	tabi
vakantie (de)	休暇	kyūka
met vakantie zijn	休暇中です	kyūka chū desu
rust (de)	休み	yasumi
trein (de)	列車	ressha
met de trein	列車で	ressha de
vliegtuig (het)	航空機	kōkūki
met het vliegtuig	飛行機で	hikōki de
met de auto	車で	kuruma de
per schip (bw)	船で	fune de
bagage (de)	荷物	nimotsu
valies (de)	スーツケース	sūtsukēsu
bagagekarretje (het)	荷物カート	nimotsu kāto
paspoort (het)	パスポート	pasupōto
visum (het)	ビザ	biza
kaartje (het)	乗車券	jōsha ken
vliegticket (het)	航空券	kōkū ken
reisgids (de)	ガイドブック	gaido bukku
kaart (de)	地図	chizu
gebied (landelijk ~)	地域	chīki
plaats (de)	場所	basho
exotische bestemming (de)	エキゾチック	ekizochikku
exotisch (bn)	エキゾチックな	ekizochikku na
verwonderlijk (bn)	驚くべき	odoroku beki
groep (de)	団	dan
rondleiding (de)	小旅行	shō ryokō
gids (de)	ツアーガイド	tuā gaido

156. Hotel

hotel (het)	ホテル	hoteru
motel (het)	モーテル	mō teru
3-sterren	三つ星	mitsu boshi

| 5-sterren | 五つ星 | itsutsu boshi |
| overnachten (ww) | 泊まる | tomaru |

kamer (de)	部屋、ルーム	heya, rūmu
eenpersoonskamer (de)	シングルルーム	shinguru rūmu
tweepersoonskamer (de)	ダブルルーム	daburu rūmu
een kamer reserveren	部屋を予約する	heya wo yoyaku suru

| halfpension (het) | ハーフボード | hāfu bōdo |
| volpension (het) | フルボード | furu bōdo |

met badkamer	浴槽付きの	yokusō tsuki no
met douche	シャワー付きの	shawā tsuki no
satelliet-tv (de)	衛星テレビ	eisei terebi
airconditioner (de)	エアコン	eakon
handdoek (de)	タオル	taoru
sleutel (de)	鍵	kagi

administrateur (de)	管理人	kanri jin
kamermeisje (het)	客室係	kyakushitsu gakari
piccolo (de)	ベルボーイ	beru bōi
portier (de)	ドアマン	doa man

restaurant (het)	レストラン	resutoran
bar (de)	パブ、バー	pabu, bā
ontbijt (het)	朝食	chōshoku
avondeten (het)	夕食	yūshoku
buffet (het)	ビュッフェ	byuffe

| hal (de) | ロビー | robī |
| lift (de) | エレベーター | erebētā |

| NIET STOREN | 起こさないで下さい | okosa nai de kudasai |
| VERBODEN TE ROKEN! | 禁煙 | kinen |

157. Boeken. Lezen

boek (het)	本	hon
auteur (de)	著者	chosha
schrijver (de)	作家	sakka
schrijven (een boek)	執筆する	shippitsu suru

lezer (de)	読者	dokusha
lezen (ww)	読む	yomu
lezen (het)	読書	dokusho

| stil (~ lezen) | 黙って | damatte |
| hardop (~ lezen) | 声に出して | koe ni dashi te |

uitgeven (boek ~)	出版する	shuppan suru
uitgeven (het)	出版業	shuppan gyō
uitgever (de)	発行者	hakkō sha
uitgeverij (de)	出版社	shuppan sha
verschijnen (bijv. boek)	出版される	shuppan sareru

verschijnen (het)	発売、公開	hatsubai, kōkai
oplage (de)	発行部数	hakkō busū
boekhandel (de)	本屋	honya
bibliotheek (de)	図書館	toshokan
novelle (de)	中編小説	chūhen shōsetsu
verhaal (het)	短編小説	tanpen shōsetsu
roman (de)	小説	shōsetsu
detectiveroman (de)	探偵小説	tantei shōsetsu
memoires (mv.)	回想録	kaisō roku
legende (de)	伝説	densetsu
mythe (de)	神話	shinwa
gedichten (mv.)	詩	shi
autobiografie (de)	自伝	jiden
bloemlezing (de)	選集	senshū
sciencefiction (de)	サイエンスフィクション	saiensu fikushon
naam (de)	題名	daimei
inleiding (de)	前書き	maegaki
voorblad (het)	表題紙	hyōdai shi
hoofdstuk (het)	章	shō
fragment (het)	抜粋	bassui
episode (de)	挿話	sōwa
intrige (de)	筋	suji
inhoud (de)	目次	mokuji
inhoudsopgave (de)	目次	mokuji
hoofdpersonage (het)	主人公	shujinkō
boekdeel (het)	巻	kan
omslag (de/het)	表紙	hyōshi
boekband (de)	装丁	sōtei
bladwijzer (de)	しおり	shiori
pagina (de)	頁	pēji
bladeren (ww)	バラバラとめくる	parapara to mekuru
marges (mv.)	余白	yohaku
annotatie (de)	注釈	chūshaku
opmerking (de)	脚注	kyakuchū
tekst (de)	文章	bunshō
lettertype (het)	フォント	fonto
drukfout (de)	タイプミス	taipu misu
vertaling (de)	翻訳	honyaku
vertalen (ww)	翻訳する	honyaku suru
origineel (het)	原作	gensaku
beroemd (bn)	有名な	yūmei na
onbekend (bn)	無名の	mumei no
interessant (bn)	面白い	omoshiroi
bestseller (de)	ベストセラー	besutoserā

woordenboek (het)	辞書	jisho
leerboek (het)	教科書	kyōkasho
encyclopedie (de)	百科事典	hyakka jiten

158. Jacht. Vissen.

jacht (de)	狩り	kari
jagen (ww)	狩る	karu
jager (de)	狩人	karyūdo
schieten (ww)	撃つ	utsu
geweer (het)	ライフル	raifuru
patroon (de)	実包	jippō
hagel (de)	散弾	sandan
val (de)	罠	wana
valstrik (de)	罠網	wana mō
in de val trappen	罠にかかる	wana ni kakaru
een val zetten	罠を掛ける	wana wo kakeru
stroper (de)	密漁者	mitsuryō sha
wild (het)	ジビエ	jibie
jachthond (de)	猟犬	ryōken
safari (de)	サファリ	safari
opgezet dier (het)	動物の剥製	dōbutsu no hakusei
visser (de)	漁師	ryōshi
visvangst (de)	釣り	tsuri
vissen (ww)	魚釣りをする	sakanatsuri wo suru
hengel (de)	釣り竿	tsurizao
vislijn (de)	釣り糸	tsurīto
haak (de)	釣り針	tsuribari
dobber (de)	浮き	uki
aas (het)	餌	esa
de hengel uitwerpen	釣り糸をたれる	tsurīto wo tareru
bijten (ov. de vissen)	食いつく	kuitsuku
vangst (de)	釣果	chōka
wak (het)	氷の穴	kōri no ana
net (het)	漁網	gyomō
boot (de)	ボート	bōto
vissen met netten	網で捕らえる	ami de toraeru
het net uitwerpen	投網を打つ	nageami wo utsu
het net binnenhalen	網を手繰り寄せる	ami wo taguriyoseru
in het net vallen	網にかかる	ami ni kakaru
walvisvangst (de)	捕鯨者	hogei sha
walvisvaarder (de)	捕鯨船	hogei sen
harpoen (de)	銛	mori

159. Spellen. Biljart

biljart (het)	ビリヤード	biriyādo
biljartzaal (de)	ビリヤード場	biriyādo jō
biljartbal (de)	球	kyū
een bal in het gat jagen	球を入れる	tama wo ireru
keu (de)	キュー	kyū
gat (het)	ポケット	poketto

160. Spellen. Speelkaarten

ruiten (mv.)	ダイヤ	daiya
schoppen (mv.)	スペード	supēdo
klaveren (mv.)	ハート	hāto
harten (mv.)	クラブ	kurabu
aas (de)	エース	ēsu
koning (de)	王	ō
dame (de)	クイーン	kuīn
boer (de)	ジャック	jakku
speelkaart (de)	トランプ	toranpu
kaarten (mv.)	トランプ	toranpu
troef (de)	切り札	kirifuda
pak (het) kaarten	トランプ一組	toranpu ichi kumi
punt (bijv. vijftig ~en)	ポイント	pointo
uitdelen (kaarten ~)	配る	kubaru
schudden (de kaarten ~)	切る	kiru
beurt (de)	順番	junban
valsspeler (de)	トランプ詐欺師	toranpu sagi shi

161. Casino. Roulette

casino (het)	カジノ	kajino
roulette (de)	ルーレット	rū retto
inzet (de)	賭け	kake
een bod doen	賭ける	kakeru
rood (de)	赤	aka
zwart (de)	黒	kuro
inzetten op rood	赤に賭ける	aka ni kakeru
inzetten op zwart	黒に賭ける	kuro ni kakeru
croupier (de)	ディーラー	dīrā
de cilinder draaien	ルーレットを回転させる	rūretto wo kaiten saseru
spelregels (mv.)	ルール	rūru
fiche (pokerfiche, etc.)	チップ	chippu
winnen (ww)	獲得する	kakutoku suru
winst (de)	賞金	shōkin

| verliezen (ww) | 失う | ushinau |
| verlies (het) | 損失 | sonshitsu |

speler (de)	プレーヤー	purēyā
blackjack (kaartspel)	ブラックジャック	burakku jakku
dobbelspel (het)	クラップス	kurappusu
speelautomaat (de)	スロットマシーン	surotto mashīn

162. Rusten. Spellen. Diversen

wandelen (on.ww.)	散歩する	sanpo suru
wandeling (de)	散歩	sanpo
trip (per auto)	車で旅	kuruma de tabi
avontuur (het)	冒険	bōken
picknick (de)	ピクニック	pikunikku

spel (het)	ゲーム	gēmu
speler (de)	プレーヤー	purēyā
partij (de)	ゲーム	gēmu

collectioneur (de)	収集家	shūshū ka
collectioneren (ww)	収集する	shūshū suru
collectie (de)	コレクション	korekushon

kruiswoordraadsel (het)	クロスワードパズル	kurosuwādo pazuru
hippodroom (de)	競馬場	keiba jō
discotheek (de)	ディスコ	disuko

| sauna (de) | サウナ | sauna |
| loterij (de) | 抽選 | chūsen |

trektocht (kampeertocht)	キャンピング	kyanpingu
kamp (het)	キャンプ	kyanpu
tent (de)	テント	tento
kompas (het)	コンパス	konpasu
rugzaktoerist (de)	キャンプをする人	kyanpu wo suru hito

bekijken (een film ~)	見る	miru
kijker (televisie~)	テレビ視聴者	terebi shichō sha
televisie-uitzending (de)	テレビ番組	terebi bangumi

163. Fotografie

| fotocamera (de) | カメラ | kamera |
| foto (de) | 写真 | shashin |

fotograaf (de)	写真家	shashin ka
fotostudio (de)	写真館	shashin kan
fotoalbum (het)	アルバム	arubamu

| lens (de), objectief (het) | レンズ | renzu |
| telelens (de) | 望遠レンズ | bōen renzu |

| filter (de/het) | フィルター | firutā |
| lens (de) | レンズ | renzu |

optiek (de)	光学	kōgaku
diafragma (het)	絞り	shibori
belichtingstijd (de)	露光時間	rokō jikan
zoeker (de)	ファインダー	faindā

digitale camera (de)	デジタルカメラ	dejitaru kamera
statief (het)	三脚	sankyaku
flits (de)	フラッシュ	furasshu

fotograferen (ww)	撮影する	satsuei suru
kieken (foto's maken)	写真をとる	shashin wo toru
zich laten fotograferen	写真を撮られる	shashin wo torareru

focus (de)	ピント	pinto
scherpstellen (ww)	ピントを調整する	pinto wo chōsei suru
scherp (bn)	シャープ	shāpu
scherpte (de)	シャープネス	shāpu nesu

| contrast (het) | コントラスト | kontorasuto |
| contrastrijk (bn) | コントラストの | kontorasuto no |

kiekje (het)	写真	shashin
negatief (het)	ネガ	nega
filmpje (het)	写真フィルム	shashin firumu
beeld (frame)	コマ	koma
afdrukken (foto's ~)	印刷する	insatsu suru

164. Strand. Zwemmen

strand (het)	浜辺	hamabe
zand (het)	砂	suna
leeg (~ strand)	人けのない	hito ke no nai

bruine kleur (de)	日焼け	hiyake
zonnebaden (ww)	日焼けする	hiyake suru
gebruind (bn)	日焼けした	hiyake shi ta
zonnecrème (de)	日焼け止め	hiyake dome

bikini (de)	ビキニ	bikini
badpak (het)	水着	mizugi
zwembroek (de)	水泳パンツ	suiei pantsu

zwembad (het)	プール	pūru
zwemmen (ww)	泳ぐ	oyogu
douche (de)	シャワー	shawā
zich omkleden (ww)	着替える	kigaeru
handdoek (de)	タオル	taoru

boot (de)	ボート	bōto
motorboot (de)	モーターボート	mōtābōto
waterski's (mv.)	水上スキー	mizukami sukī

waterfiets (de)	ペダルボート	pedaru bōto
surfen (het)	サーフィン	sāfin
surfer (de)	サーファー	sāfā
scuba, aqualong (de)	スキューバダイビング用品	sukyūba daibingu yōhin
zwemvliezen (mv.)	フィン	fin
duikmasker (het)	マスク	masuku
duiker (de)	ダイバー	daibā
duiken (ww)	ダイビングする	daibingu suru
onder water (bw)	水中に	suichū ni
parasol (de)	ビーチパラソル	bīchi parasoru
ligstoel (de)	ビーチチェア	bīchi chea
zonnebril (de)	サングラス	sangurasu
luchtmatras (de/het)	エアーマットレス	eā mattoresu
spelen (ww)	遊ぶ	asobu
gaan zwemmen (ww)	海水浴をする	kaisuiyoku wo suru
bal (de)	ビーチボール	bīchi bōru
opblazen (oppompen)	膨らませる	fukuramaseru
lucht-, opblaasbare (bn)	エア…	ea …
golf (hoge ~)	波	nami
boei (de)	ブイ	bui
verdrinken (ww)	溺れる	oboreru
redden (ww)	救出する	kyūshutsu suru
reddingsvest (de)	ライフジャケット	raifu jaketto
waarnemen (ww)	監視する	kanshi suru
redder (de)	監視員	kanshi in

TECHNISCHE APPARATUUR. VERVOER

Technische apparatuur

165. Computer

computer (de)	コンピューター	konpyūtā
laptop (de)	ノートパソコン	nōto pasokon
aanzetten (ww)	入れる	ireru
uitzetten (ww)	消す	kesu
toetsenbord (het)	キーボード	kībōdo
toets (enter~)	キー	kī
muis (de)	マウス	mausu
muismat (de)	マウスパッド	mausu paddo
knopje (het)	ボタン	botan
cursor (de)	カーソル	kāsoru
monitor (de)	モニター	monitā
scherm (het)	スクリーン	sukurīn
harde schijf (de)	ハードディスク	hādo disuku
volume (het) van de harde schijf	ハードディスクの容量	hādo disuku no yōryō
geheugen (het)	メモリ	memori
RAM-geheugen (het)	ランダム・アクセス・メモリ	randamu akusesu memori
bestand (het)	ファイル	fairu
folder (de)	フォルダ	foruda
openen (ww)	開く	hiraku
sluiten (ww)	閉じる	tojiru
opslaan (ww)	保存する	hozon suru
verwijderen (wissen)	削除する	sakujo suru
kopiëren (ww)	コピーする	kopī suru
sorteren (ww)	ソートする	sōto suru
overplaatsen (ww)	転送する	tensō suru
programma (het)	プログラム	puroguramu
software (de)	ソフトウェア	sofutowea
programmeur (de)	プログラマ	purogurama
programmeren (ww)	プログラムを作る	puroguramu wo tsukuru
hacker (computerkraker)	ハッカー	hakkā
wachtwoord (het)	パスワード	pasuwādo
virus (het)	ウイルス	uirusu
ontdekken (virus ~)	検出する	kenshutsu suru

| byte (de) | バイト | baito |
| megabyte (de) | メガバイト | megabaito |

| data (de) | データ | dēta |
| databank (de) | データベース | dētabēsu |

kabel (USB-~, enz.)	ケーブル	kēburu
afsluiten (ww)	接続を切る	setsuzoku wo kiru
aansluiten op (ww)	接続する	setsuzoku suru

166. Internet. E-mail

internet (het)	インターネット	intānetto
browser (de)	ブラウザー	burauzā
zoekmachine (de)	検索エンジン	kensaku enjin
internetprovider (de)	プロバイダー	purobaidā

webmaster (de)	ウェブマスター	webumasutā
website (de)	ウェブサイト	webusaito
webpagina (de)	ウェブページ	webupēji

| adres (het) | アドレス | adoresu |
| adresboek (het) | 住所録 | jūsho roku |

postvak (het)	メールボックス	mēru bokkusu
post (de)	メール	mēru
vol (~ postvak)	いっぱい（一杯）	ippai

bericht (het)	メッセージ	messēji
binnenkomende berichten (mv.)	受信メッセージ	jushin messēji
uitgaande berichten (mv.)	送信メッセージ	sōshin messēji
verzender (de)	送信者	sōshin sha
verzenden (ww)	送信する	sōshin suru
verzending (de)	送信	sōshin

| ontvanger (de) | 受信者 | jushin sha |
| ontvangen (ww) | 受信する | jushin suru |

| correspondentie (de) | やり取り | yaritori |
| corresponderen (met ...) | 連絡する | renraku suru |

bestand (het)	ファイル	fairu
downloaden (ww)	ダウンロードする	daunrōdo suru
creëren (ww)	作成する	sakusei suru
verwijderen (een bestand ~)	削除する	sakujo suru
verwijderd (bn)	削除された	sakujo sare ta

verbinding (de)	接続	setsuzoku
snelheid (de)	速度	sokudo
modem (de)	モデム	modemu
toegang (de)	アクセス	akusesu
poort (de)	ポート	pōto
aansluiting (de)	接続	setsuzoku

zich aansluiten (ww)	…に接続する	… ni setsuzoku suru
selecteren (ww)	選択する	sentaku suru
zoeken (ww)	検索する	kensaku suru

167. Elektriciteit

elektriciteit (de)	電気	denki
elektrisch (bn)	電気の	denki no
elektriciteitscentrale (de)	発電所	hatsuden sho
energie (de)	エネルギー	enerugī
elektrisch vermogen (het)	電力	denryoku

lamp (de)	電球	denkyū
zaklamp (de)	懐中電灯	kaichū dentō
straatlantaarn (de)	街灯	gaitō

licht (elektriciteit)	電灯	dentō
aandoen (ww)	つける	tsukeru
uitdoen (ww)	消す	kesu
het licht uitdoen	電気を消す	denki wo kesu

doorbranden (gloeilamp)	切れる	kireru
kortsluiting (de)	短絡	tanraku
onderbreking (de)	断線	dansen
contact (het)	接触	sesshoku

schakelaar (de)	スイッチ	suicchi
stopcontact (het)	コンセント	konsento
stekker (de)	プラグ	puragu
verlengsnoer (de)	延長コード	enchō kōdo

zekering (de)	ヒューズ	hyūzu
kabel (de)	電線、ケーブル	densen, kēburu
bedrading (de)	電気配線	denki haisen

ampère (de)	アンペア	anpea
stroomsterkte (de)	アンペア数	anpea sū
volt (de)	ボルト	boruto
spanning (de)	電圧	denatsu

elektrisch toestel (het)	電気製品	denki seihin
indicator (de)	表示器	hyōji ki

elektricien (de)	電気工事士	denki kōji shi
solderen (ww)	はんだ付けする	handa tsuke suru
soldeerbout (de)	半田ごて［はんだごて］	handa gote
stroom (de)	電流	denryū

168. Gereedschappen

werktuig (stuk gereedschap)	道具	dōgu
gereedschap (het)	工具	kōgu

uitrusting (de)	機器	kiki
hamer (de)	金槌［金づち］	kanazuchi
schroevendraaier (de)	ドライバー	doraibā
bijl (de)	斧［おの］	ono
zaag (de)	のこぎり	nokogiri
zagen (ww)	のこぎりで切る	nokogiri de kiru
schaaf (de)	かんな	kanna
schaven (ww)	かんなをかける	kanna wo kakeru
soldeerbout (de)	半田ごて［はんだごて］	handa gote
solderen (ww)	はんだ付けする	handa tsuke suru
vijl (de)	やすり	ya suri
nijptang (de)	カーペンタープライヤー	kāpentā puraiyā
combinatietang (de)	ペンチ	penchi
beitel (de)	のみ	nomi
boorkop (de)	ドリルビット	doriru bitto
boormachine (de)	電気ドリル	denki doriru
boren (ww)	穴を開ける	ana wo akeru
mes (het)	ナイフ	naifu
zakmes (het)	小型ナイフ	kogata naifu
knip- (abn)	フォールディング	fōrudingu
lemmet (het)	刃	ha
scherp (bijv. ~ mes)	鋭い	surudoi
bot (bn)	鈍い	nibui
bot raken (ww)	鈍る	niburu
slijpen (een mes ~)	研ぐ	togu
bout (de)	ボルト	boruto
moer (de)	ナット	natto
schroefdraad (de)	ねじ山	nejiyama
houtschroef (de)	木ねじ	mokuneji
nagel (de)	釘［くぎ］	kugi
kop (de)	釘頭	kugi atama
liniaal (de/het)	定規	jōgi
rolmeter (de)	巻き尺	makijaku
waterpas (de/het)	水準器	suijun ki
loep (de)	ルーペ	rūpe
meetinstrument (het)	測定道具	sokutei dōgu
opmeten (ww)	測る	hakaru
schaal (meetschaal)	目盛り	memori
gegevens (mv.)	検針値	kenshin chi
compressor (de)	コンプレッサー	konpuressā
microscoop (de)	顕微鏡	kenbikyō
pomp (de)	ポンプ	ponpu
robot (de)	ロボット	robotto
laser (de)	レーザー	rēzā
moersleutel (de)	スパナ	supana

plakband (de)	粘着テープ	nenchaku tēpu
lijm (de)	糊	nori
schuurpapier (het)	紙やすり	kami ya suri
veer (de)	スプリング	supuringu
magneet (de)	磁石	jishaku
handschoenen (mv.)	手袋	tebukuro
touw (bijv. henneptouw)	ロープ	rōpu
snoer (het)	紐	himo
draad (de)	電線	densen
kabel (de)	ケーブル	kēburu
moker (de)	大ハンマー	dai hanmā
breekijzer (het)	バール	bāru
ladder (de)	梯子［はしご］	hashigo
trapje (inklapbaar ~)	脚立	kyatatsu
aanschroeven (ww)	締める	shimeru
losschroeven (ww)	緩める	yurumeru
dichtpersen (ww)	堅く締める	kataku shimeru
vastlijmen (ww)	接着する	secchaku suru
snijden (ww)	切る	kiru
defect (het)	故障	koshō
reparatie (de)	修理	shūri
repareren (ww)	修理する	shūri suru
regelen (een machine ~)	調整する	chōsei suru
nakijken (ww)	検査する	kensa suru
controle (de)	検査	kensa
gegevens (mv.)	検針値	kenshin chi
degelijk (bijv. ~ machine)	信頼性の	shinrai sei no
ingewikkeld (bn)	複雑な	fukuzatsu na
roesten (ww)	さびる［錆びる］	sabiru
roestig (bn)	さびた［錆びた］	sabi ta
roest (de/het)	さび［錆］	sabi

Vervoer

169. Vliegtuig

vliegtuig (het)	航空機	kōkūki
vliegticket (het)	航空券	kōkū ken
luchtvaartmaatschappij (de)	航空会社	kōkū gaisha
luchthaven (de)	空港	kūkō
supersonisch (bn)	超音速の	chō onsoku no
gezagvoerder (de)	機長	kichō
bemanning (de)	乗務員	jōmu in
piloot (de)	パイロット	pairotto
stewardess (de)	客室乗務員	kyakushitsu jōmu in
stuurman (de)	航空士	kōkū shi
vleugels (mv.)	翼	tsubasa
staart (de)	尾部	o bu
cabine (de)	コックピット	kokkupitto
motor (de)	エンジン	enjin
landingsgestel (het)	着陸装置	chakuriku sōchi
turbine (de)	タービン	tābin
propeller (de)	プロペラ	puropera
zwarte doos (de)	ブラックボックス	burakku bokkusu
stuur (het)	操縦ハンドル	sōjū handoru
brandstof (de)	燃料	nenryō
veiligheidskaart (de)	安全のしおり	anzen no shiori
zuurstofmasker (het)	酸素マスク	sanso masuku
uniform (het)	制服	seifuku
reddingsvest (de)	ライフジャケット	raifu jaketto
parachute (de)	落下傘	rakkasan
opstijgen (het)	離陸	ririku
opstijgen (ww)	離陸する	ririku suru
startbaan (de)	滑走路	kassō ro
zicht (het)	視程	shitei
vlucht (de)	飛行	hikō
hoogte (de)	高度	kōdo
luchtzak (de)	エアポケット	eapoketto
plaats (de)	席	seki
koptelefoon (de)	ヘッドホン	heddohon
tafeltje (het)	折りたたみ式のテーブル	oritatami shiki no tēburu
venster (het)	機窓	kisō
gangpad (het)	通路	tsūro

170. Trein

trein (de)	列車	ressha
elektrische trein (de)	通勤列車	tsūkin ressha
sneltrein (de)	高速鉄道	kōsoku tetsudō
diesellocomotief (de)	ディーゼル機関車	dīzeru kikan sha
locomotief (de)	蒸気機関車	jōki kikan sha
rijtuig (het)	客車	kyakusha
restauratierijtuig (het)	食堂車	shokudō sha
rails (mv.)	レール	rēru
spoorweg (de)	鉄道	tetsudō
dwarsligger (de)	枕木	makuragi
perron (het)	ホーム	hōmu
spoor (het)	線路	senro
semafoor (de)	鉄道信号機	tetsudō shingō ki
halte (bijv. kleine treinhalte)	駅	eki
machinist (de)	機関士	kikan shi
kruier (de)	ポーター	pōtā
conducteur (de)	車掌	shashō
passagier (de)	乗客	jōkyaku
controleur (de)	検札係	kensatsu gakari
gang (in een trein)	通路	tsūro
noodrem (de)	非常ブレーキ	hijō burēki
coupé (de)	コンパートメント	konpātomento
bed (slaapplaats)	寝台	shindai
bovenste bed (het)	上段寝台	jōdan shindai
onderste bed (het)	下段寝台	gedan shindai
beddengoed (het)	リネン	rinen
kaartje (het)	乗車券	jōsha ken
dienstregeling (de)	時刻表	jikoku hyō
informatiebord (het)	発車標	hassha shirube
vertrekken	発車する	hassha suru
(De trein vertrekt …)		
vertrek (ov. een trein)	発車	hassha
aankomen (ov. de treinen)	到着する	tōchaku suru
aankomst (de)	到着	tōchaku
aankomen per trein	電車で来る	densha de kuru
in de trein stappen	電車に乗る	densha ni noru
uit de trein stappen	電車をおりる	densha wo oriru
treinwrak (het)	鉄道事故	tetsudō jiko
ontspoord zijn	脱線する	dassen suru
locomotief (de)	蒸気機関車	jōki kikan sha
stoker (de)	火夫	kafu
stookplaats (de)	火室	kashitsu
steenkool (de)	石炭	sekitan

171. Schip

schip (het)	船舶	senpaku
vaartuig (het)	大型船	ōgata sen
stoomboot (de)	蒸気船	jōki sen
motorschip (het)	川船	kawabune
lijnschip (het)	遠洋定期船	enyō teiki sen
kruiser (de)	クルーザー	kurūzā
jacht (het)	ヨット	yotto
sleepboot (de)	曳船	eisen
duwbak (de)	艀、バージ	hashike, bāji
ferryboot (de)	フェリー	ferī
zeilboot (de)	帆船	hansen
brigantijn (de)	ブリガンティン	burigantin
IJsbreker (de)	砕氷船	saihyō sen
duikboot (de)	潜水艦	sensui kan
boot (de)	ボート	bōto
sloep (de)	ディンギー	dingī
reddingssloep (de)	救命艇	kyūmei tei
motorboot (de)	モーターボート	mōtābōto
kapitein (de)	船長	senchō
zeeman (de)	船員	senin
matroos (de)	水夫	suifu
bemanning (de)	乗組員	norikumi in
bootsman (de)	ボースン	bōsun
scheepsjongen (de)	キャビンボーイ	kyabin bōi
kok (de)	船のコック	fune no kokku
scheepsarts (de)	船医	seni
dek (het)	甲板	kanpan
mast (de)	マスト	masuto
zeil (het)	帆	ho
ruim (het)	船倉	funagura
voorsteven (de)	船首	senshu
achtersteven (de)	船尾	senbi
roeispaan (de)	櫂	kai
schroef (de)	プロペラ	puropera
kajuit (de)	船室	senshitsu
officierskamer (de)	士官室	shikan shitsu
machinekamer (de)	機関室	kikan shitsu
brug (de)	船橋	funabashi
radiokamer (de)	無線室	musen shitsu
radiogolf (de)	電波	denpa
logboek (het)	航海日誌	kōkai nisshi
verrekijker (de)	単眼望遠鏡	tangan bōenkyō
klok (de)	船鐘	funekane

vlag (de)	旗	hata
kabel (de)	ロープ	rōpu
knoop (de)	結び目	musubime
trapleuning (de)	手摺	tesuri
trap (de)	舷門	genmon
anker (het)	錨 [いかり]	ikari
het anker lichten	錨をあげる	ikari wo ageru
het anker neerlaten	錨を下ろす	ikari wo orosu
ankerketting (de)	錨鎖	byōsa
haven (bijv. containerhaven)	港	minato
kaai (de)	埠頭	futō
aanleggen (ww)	係留する	keiryū suru
wegvaren (ww)	出航する	shukkō suru
reis (de)	旅行	ryokō
cruise (de)	クルーズ	kurūzu
koers (de)	針路	shinro
route (de)	船のルート	fune no rūto
vaarwater (het)	航路	kōro
zandbank (de)	浅瀬	asase
stranden (ww)	浅瀬に乗り上げる	asase ni noriageru
storm (de)	嵐	arashi
signaal (het)	信号	shingō
zinken (ov. een boot)	沈没する	chinbotsu suru
Man overboord!	落水したぞ！	ochimizu shi ta zo!
SOS (noodsignaal)	SOS	esuōesu
reddingsboei (de)	救命浮輪	kyūmei ukiwa

172. Vliegveld

luchthaven (de)	空港	kūkō
vliegtuig (het)	航空機	kōkūki
luchtvaartmaatschappij (de)	航空会社	kōkū gaisha
luchtverkeersleider (de)	航空管制官	kōkū kansei kan
vertrek (het)	出発	shuppatsu
aankomst (de)	到着	tōchaku
aankomen (per vliegtuig)	到着する	tōchaku suru
vertrektijd (de)	出発時刻	shuppatsu jikoku
aankomstuur (het)	到着時刻	tōchaku jikoku
vertraagd zijn (ww)	遅れる	okureru
vluchtvertraging (de)	フライトの遅延	furaito no chien
informatiebord (het)	フライト情報	furaito jōhō
informatie (de)	案内	annai
aankondigen (ww)	アナウンスする	anaunsu suru
vlucht (bijv. KLM ~)	フライト	furaito

| douane (de) | 税関 | zeikan |
| douanier (de) | 税関吏 | zeikanri |

douaneaangifte (de)	税関申告	zeikan shinkoku
invullen (douaneaangifte ~)	記入する	kinyū suru
een douaneaangifte invullen	申告書を記入する	shinkoku sho wo kinyū suru
paspoortcontrole (de)	入国審査	nyūkoku shinsa

bagage (de)	荷物	nimotsu
handbagage (de)	持ち込み荷物	mochikomi nimotsu
Gevonden voorwerpen	荷物紛失窓口	nimotsu funshitsu madoguchi
bagagekarretje (het)	荷物カート	nimotsu kāto

landing (de)	着陸	chakuriku
landingsbaan (de)	滑走路	kassō ro
landen (ww)	着陸する	chakuriku suru
vliegtuigtrap (de)	タラップ	tarappu

inchecken (het)	チェックイン	chekkuin
incheckbalie (de)	チェックインカウンター	chekkuin kauntā
inchecken (ww)	チェックインする	chekkuin suru
instapkaart (de)	搭乗券	tōjō ken
gate (de)	出発ゲート	shuppatsu gēto

transit (de)	乗り継ぎ	noritsugi
wachten (ww)	待つ	matsu
wachtzaal (de)	出発ロビー	shuppatsu robī
begeleiden (uitwuiven)	見送る	miokuru
afscheid nemen (ww)	別れを告げる	wakare wo tsugeru

173. Fiets. Motorfiets

fiets (de)	自転車	jitensha
bromfiets (de)	スクーター	sukūtā
motorfiets (de)	オートバイ	ōtobai

met de fiets rijden	自転車で行く	jitensha de iku
stuur (het)	ハンドル	handoru
pedaal (de/het)	ペダル	pedaru
remmen (mv.)	ブレーキ	burēki
fietszadel (de/het)	サドル	sadoru

pomp (de)	ポンプ	ponpu
bagagedrager (de)	荷台	nidai
fietslicht (het)	ヘッドライト	heddoraito
helm (de)	ヘルメット	herumetto

wiel (het)	車輪	sharin
spatbord (het)	泥除け	doroyoke
velg (de)	リム	rimu
spaak (de)	スポーク	supōku

Auto's

174. Soorten auto's

auto (de)	自動車	jidōsha
sportauto (de)	スポーツカー	supōtsukā
limousine (de)	リムジン	rimujin
terreinwagen (de)	オフロード車	ofurōdo sha
cabriolet (de)	コンバーチブル	konbāchiburu
minibus (de)	マイクロバス	maikuro basu
ambulance (de)	救急車	kyūkyū sha
sneeuwruimer (de)	除雪車	josetsu sha
vrachtwagen (de)	トラック	torakku
tankwagen (de)	タンクローリー	tankurōrī
bestelwagen (de)	バン	ban
trekker (de)	トラクタートラック	torakutā torakku
aanhangwagen (de)	トレーラー	torērā
comfortabel (bn)	快適な	kaiteki na
tweedehands (bn)	中古の	chūko no

175. Auto's. Carrosserie

motorkap (de)	ボンネット	bonnetto
spatbord (het)	フェンダー	fendā
dak (het)	ルーフ	rūfu
voorruit (de)	フロントガラス	furonto garasu
achterruit (de)	バックミラー	bakkumirā
ruitensproeier (de)	ウォッシャー	wosshā
wisserbladen (mv.)	ワイパー	waipā
zijruit (de)	サイドウインドウ	saido uindō
raamlift (de)	パワーウィンドウ	pawā windō
antenne (de)	アンテナ	antena
zonnedak (het)	サンルーフ	sanrūfu
bumper (de)	バンパー	banpā
koffer (de)	トランク	toranku
imperiaal (de/het)	ルーフキャリア	rūfu kyaria
portier (het)	ドア	doa
handvat (het)	ドアノブ	doa nobu
slot (het)	ドアロック	doa rokku
nummerplaat (de)	ナンバープレート	nanbā purēto
knalpot (de)	消音器	shōon ki

benzinetank (de)	ガソリンタンク	gasorin tanku
uitlaatpijp (de)	排気管	haiki kan
gas (het)	アクセル	akuseru
pedaal (de/het)	ペダル	pedaru
gaspedaal (de/het)	アクセルペダル	akuseru pedaru
rem (de)	ブレーキ	burēki
rempedaal (de/het)	ブレーキペダル	burēki pedaru
remmen (ww)	ブレーキをかける	burēki wo kakeru
handrem (de)	パーキングブレーキ	pākingu burēki
koppeling (de)	クラッチ	kuracchi
koppelingspedaal (de/het)	クラッチペダル	kuracchi pedaru
koppelingsschijf (de)	クラッチディスク	kuracchi disuku
schokdemper (de)	ショックアブソーバー	shokku abusōbā
wiel (het)	車輪	sharin
reservewiel (het)	スペアタイヤ	supea taiya
band (de)	タイヤ	taiya
wieldop (de)	ホイールキャップ	hoīru kyappu
aandrijfwielen (mv.)	駆動輪	kudō wa
met voorwielaandrijving	前輪駆動の	zenrin kudō no
met achterwielaandrijving	後輪駆動の	kōrin kudō no
met vierwielaandrijving	四輪駆動の	yonrin kudō no
versnellingsbak (de)	ギアボックス	gia bokkusu
automatisch (bn)	オートマチックの	ōtomachikku no
mechanisch (bn)	マニュアルの	manyuaru no
versnellingspook (de)	シフトレバー	shifuto rebā
voorlicht (het)	ヘッドライト	heddoraito
voorlichten (mv.)	ヘッドライト	heddoraito
dimlicht (het)	ローピーム	rō bīmu
grootlicht (het)	ハイピーム	hai bīmu
stoplicht (het)	ブレーキライト	burēki raito
standlichten (mv.)	パーキングライト	pākingu raito
noodverlichting (de)	ハザードランプ	hazādo ranpu
mistlichten (mv.)	フォグランプ	fogu ranpu
pinker (de)	方向指示器	hōkō shiji ki
achteruitrijdlicht (het)	バックライト	bakku raito

176. Auto's. Passagiersruimte

interieur (het)	内装	naisō
leren (van leer gemaak)	本革の	hon kawa no
fluwelen (abn)	ベロアの	beroa no
bekleding (de)	革張り	kawa bari
toestel (het)	計器	keiki
instrumentenbord (het)	ダッシュボード	dasshubōdo

snelheidsmeter (de)	速度計	sokudo kei
pijltje (het)	針	hari
kilometerteller (de)	オドメータ	odomēta
sensor (de)	表示ランプ	hyōji ranpu
niveau (het)	残量	zan ryō
controlelampje (het)	警告灯	keikoku tō
stuur (het)	ハンドル	handoru
toeter (de)	警笛	keiteki
knopje (het)	ボタン	botan
schakelaar (de)	スイッチ	suicchi
stoel (bestuurders~)	座席	zaseki
rugleuning (de)	バックレスト	bakkuresuto
hoofdsteun (de)	ヘッドレスト	heddoresuto
veiligheidsgordel (de)	シートベルト	shītoberuto
de gordel aandoen	シートベルトを締める	shītoberuto wo shimeru
regeling (de)	調整	chōsei
airbag (de)	エアバッグ	eabaggu
airconditioner (de)	エアコン	eakon
radio (de)	ラジオ	rajio
CD-speler (de)	CDプレーヤー	shīdī purēyā
aanzetten (bijv. radio ~)	入れる	ireru
antenne (de)	アンテナ	antena
handschoenenkastje (het)	グローブボックス	gurōbu bokkusu
asbak (de)	灰皿	haizara

177. Auto's. Motor

diesel- (abn)	ディーゼルの	dīzeru no
benzine- (~motor)	ガソリンの	gasorin no
motorinhoud (de)	排気量	haiki ryō
vermogen (het)	出力	shutsuryoku
paardenkracht (de)	馬力	bariki
zuiger (de)	ピストン	pisuton
cilinder (de)	シリンダー	shirindā
klep (de)	バルブ	barubu
injectie (de)	インジェクター	injekutā
generator (de)	オルタネーター	orutanētā
carburator (de)	キャブレター	kyaburetā
motorolie (de)	エンジンオイル	enjin oiru
radiator (de)	ラジエーター	rajiētā
koelvloeistof (de)	クーラント	kūranto
ventilator (de)	冷却ファン	reikyaku fan
accu (de)	バッテリー	batterī
starter (de)	スターター	sutātā
contact (ontsteking)	点火	tenka

bougie (de)	スパークプラグ	supāku puragu
pool (de)	端子	tanshi
positieve pool (de)	プラス端子	purasu tanshi
negatieve pool (de)	マイナス端子	mainasu tanshi
zekering (de)	ヒューズ	hyūzu
luchtfilter (de)	エアーフィルター	eā firutā
oliefilter (de)	オイルフィルター	oiru firutā
benzinefilter (de)	燃料フィルター	nenryō firutā

178. Auto's. Botsing. Reparatie

auto-ongeval (het)	車の事故	kuruma no jiko
verkeersongeluk (het)	交通事故	kōtsū jiko
aanrijden	衝突する	shōtotsu suru
(tegen een boom, enz.)		
verongelukken (ww)	事故に遭う	jiko ni au
beschadiging (de)	損害	songai
heelhuids (bn)	無傷の	mukizu no
pech (de)	故障	koshō
kapot gaan (zijn gebroken)	故障する	koshō suru
sleeptouw (het)	牽引ロープ	kenin rōpu
lek (het)	パンク	panku
lekke krijgen (band)	パンクする	panku suru
oppompen (ww)	空気を入れる	kūki wo ireru
druk (de)	空気圧	kūkiatsu
checken (controleren)	検査する	kensa suru
reparatie (de)	修理	shūri
garage (de)	修理工場	shūri kōjō
wisselstuk (het)	予備部品	yobi buhin
onderdeel (het)	部品	buhin
bout (de)	ボルト	boruto
schroef (de)	ネジ［ねじ］	neji
moer (de)	ナット	natto
sluitring (de)	ワッシャー	wasshā
kogellager (de/het)	軸受け	jikuuke
pijp (de)	チューブ	chūbu
pakking (de)	ガスケット	gasu ketto
kabel (de)	ワイヤー	waiyā
dommekracht (de)	ジャッキ	jakki
moersleutel (de)	スパナ	supana
hamer (de)	金槌［金づち］	kanazuchi
pomp (de)	ポンプ	ponpu
schroevendraaier (de)	ドライバー	doraibā
brandblusser (de)	消火器	shōka ki
gevarendriehoek (de)	三角表示板	sankaku hyōji ban
afslaan	エンストする	ensuto suru
(ophouden te werken)		

uitvallen (het)	エンスト	ensuto
zijn gebroken	壊れる	kowareru

oververhitten (ww)	オーバーヒートする	ōbāhīto suru
verstopt raken (ww)	詰まっている	tsumatte iru
bevriezen (autodeur, enz.)	氷結する	hyōketsu suru
barsten (leidingen, enz.)	爆発する	bakuhatsu suru

druk (de)	空気圧	kūkiatsu
niveau (bijv. olieniveau)	残量	zan ryō
slap (de drijfriem is ~)	たるんだ	tarun da

deuk (de)	へこみ	hekomi
geklop (vreemde geluiden)	ノッキング	nokkingu
barst (de)	ひび	hibi
kras (de)	擦り傷	surikizu

179. Auto's. Weg

weg (de)	道路	dōro
snelweg (de)	高速道路	kōsoku dōro
autoweg (de)	自動車道路	jidōsha dōro
richting (de)	方向	hōkō
afstand (de)	距離	kyori

brug (de)	橋	hashi
parking (de)	駐車場	chūsha jō
plein (het)	広場	hiroba
verkeersknooppunt (het)	インターチェンジ	intāchenji
tunnel (de)	トンネル	tonneru

benzinestation (het)	ガソリンスタンド	gasorin sutando
parking (de)	駐車場	chūsha jō
benzinepomp (de)	給油ポンプ	kyūyu ponpu
garage (de)	修理工場	shūri kōjō
tanken (ww)	給油する	kyūyu suru
brandstof (de)	燃料	nenryō
jerrycan (de)	ジェリカン	jerikan

asfalt (het)	アスファルト	asufaruto
markering (de)	道路標示	dōro hyōji
trottoirband (de)	縁石	enseki
geleiderail (de)	ガードレール	gādorēru
greppel (de)	側溝	sokkō
vluchtstrook (de)	路肩	rokata
lichtmast (de)	街灯柱	gaitō bashira

besturen (een auto ~)	運転する	unten suru
afslaan (naar rechts ~)	曲がる	magaru
U-bocht maken (ww)	Uターンする	yūtān suru
achteruit (de)	バック	bakku

toeteren (ww)	クラクションを鳴らす	kurakushon wo narasu
toeter (de)	クラクション	kurakushon

vastzitten (in modder)	抜け出せなくなる	nukedase naku naru
spinnen (wielen gaan ~)	ホイールスピンする	hoīru supin suru
uitzetten (ww)	止める	tomeru

snelheid (de)	スピード	supīdo
een snelheidsovertreding maken	スピード違反をする	supīdo ihan wo suru
bekeuren (ww)	交通違反切符を渡す	kōtsū ihan kippu wo watasu
verkeerslicht (het)	信号	shingō
rijbewijs (het)	運転免許証	unten menkyo shō

overgang (de)	踏切	fumikiri
kruispunt (het)	交差点	kōsaten
zebrapad (oversteekplaats)	横断歩道	ōdan hodō
bocht (de)	カーブ	kābu
voetgangerszone (de)	歩行者専用区域	hokō sha senyō kuiki

180. Verkeersborden

verkeersregels (mv.)	道路交通法	dōro kōtsū hō
verkeersbord (het)	道路標識	dōro hyōshiki
inhalen (het)	追い越し	oikoshi
bocht (de)	カーブ	kābu
U-bocht, kering (de)	Uターン	yūtān
Rotonde (de)	ロータリーあり	rōtarī ari

Verboden richting	進入禁止	shinnyū kinshi
Verboden toegang	車両通行止め	sharyō tsūkōdome
Inhalen verboden	追越し禁止	oikoshi kinshi
Parkeerverbod	駐車禁止	chūsha kinshi
Verbod stil te staan	駐停車禁止	chū teisha kinshi

Gevaarlijke bocht	（左/右）方屈曲あり	sa / u hō kukkyoku ari
Gevaarlijke daling	下り急勾配あり	kudari kyū kōbai ari
Eenrichtingsweg	一方通行	ippō tsūkō
Voetgangers	横断歩道	ōdan hodō
Slipgevaar	すべりやすい	suberi yasui
Voorrang verlenen	前方優先道路	zenpō yūsen dōro

MENSEN. GEBEURTENISSEN IN HET LEVEN

Gebeurtenissen in het leven

181. Vakanties. Evenement

feest (het)	祝日	shukujitsu
nationale feestdag (de)	国民の祝日	kokumin no shukujitsu
feestdag (de)	公休	kōkyū
herdenken (ww)	記念する	kinen suru
gebeurtenis (de)	出来事	dekigoto
evenement (het)	イベント	ibento
banket (het)	宴会	enkai
receptie (de)	レセプション	resepushon
feestmaal (het)	ご馳走 [ごちそう]	gochisō
verjaardag (de)	記念日	kinen bi
jubileum (het)	ジュビリー	jubirī
vieren (ww)	祝う	iwau
Nieuwjaar (het)	元日	ganjitsu
Gelukkig Nieuwjaar!	明けましておめでとうございます	akemashite omedetō gozaimasu
Sinterklaas (de)	サンタクロース	santa kurōsu
Kerstfeest (het)	クリスマス	kurisumasu
Vrolijk kerstfeest!	メリークリスマス！	merī kurisumasu!
kerstboom (de)	クリスマスツリー	kurisumasutsurī
vuurwerk (het)	花火	hanabi
bruiloft (de)	結婚式	kekkonshiki
bruidegom (de)	花婿	hanamuko
bruid (de)	花嫁	hanayome
uitnodigen (ww)	招待する	shōtai suru
uitnodiging (de)	招待状	shōtai jō
gast (de)	客	kyaku
op bezoek gaan	訪ねる	tazuneru
gasten verwelkomen	来客を迎える	raikyaku wo mukaeru
geschenk, cadeau (het)	贈り物、プレゼント	okurimono, purezento
geven (iets cadeau ~)	おくる（贈る）	okuru
geschenken ontvangen	プレゼントをもらう	purezento wo morau
boeket (het)	花束	hanataba
felicitaties (mv.)	祝辞	shukuji
feliciteren (ww)	祝う	iwau

wenskaart (de)	グリーティングカード	gurītingu kādo
een kaartje versturen	はがきを送る	hagaki wo okuru
een kaartje ontvangen	はがきを受け取る	hagaki wo uketoru
toast (de)	祝杯	shukuhai
aanbieden (een drankje ~)	…に一杯おごる	… ni ippai ogoru
champagne (de)	シャンパン	shanpan
plezier hebben (ww)	楽しむ	tanoshimu
plezier (het)	歓楽	kanraku
vreugde (de)	喜び	yorokobi
dans (de)	ダンス	dansu
dansen (ww)	踊る	odoru
wals (de)	ワルツ	warutsu
tango (de)	タンゴ	tango

182. Begrafenissen. Begrafenis

kerkhof (het)	墓地	bochi
graf (het)	墓	haka
kruis (het)	十字架	jūjika
grafsteen (de)	墓石	boseki
omheining (de)	柵	saku
kapel (de)	チャペル	chaperu
dood (de)	死	shi
sterven (ww)	死ぬ	shinu
overledene (de)	死者	shisha
rouw (de)	喪	mo
begraven (ww)	葬る	hōmuru
begrafenisonderneming (de)	葬儀社	sōgi sha
begrafenis (de)	葬儀	sōgi
krans (de)	葬式の花輪	sōshiki no hanawa
doodskist (de)	棺	hitsugi
lijkwagen (de)	霊柩車	reikyūsha
lijkkleed (de)	埋葬布	maisō nuno
begrafenisstoet (de)	葬列	sōretsu
urn (de)	骨壷	kotsutsubo
crematorium (het)	火葬場	kasō jō
overlijdensbericht (het)	死亡記事	shibō kiji
huilen (wenen)	泣く	naku
snikken (huilen)	むせび泣く	musebinaku

183. Oorlog. Soldaten

| peloton (het) | 小隊 | shōtai |
| compagnie (de) | 中隊 | chūtai |

regiment (het)	連隊	rentai
leger (armee)	陸軍	rikugun
divisie (de)	師団	shidan
sectie (de)	分隊	buntai
troep (de)	軍隊	guntai
soldaat (militair)	兵士	heishi
officier (de)	士官	shikan
soldaat (rang)	二等兵	nitōhei
sergeant (de)	軍曹	gunsō
luitenant (de)	中尉	chūi
kapitein (de)	大尉	taī
majoor (de)	少佐	shōsa
kolonel (de)	大佐	taisa
generaal (de)	将官	shōkan
matroos (de)	水兵	suihei
kapitein (de)	艦長	kanchō
bootsman (de)	ボースン	bōsun
artillerist (de)	砲兵	hōhei
valschermjager (de)	落下傘兵	rakkasan hei
piloot (de)	パイロット	pairotto
stuurman (de)	航空士	kōkū shi
mecanicien (de)	整備士	seibi shi
sappeur (de)	地雷工兵	jirai kōhei
parachutist (de)	落下傘兵	rakkasan hei
verkenner (de)	偵察斥候	teisatsu sekkō
scherpschutter (de)	狙撃兵	sogeki hei
patrouille (de)	パトロール	patorōru
patrouilleren (ww)	パトロールする	patorōru suru
wacht (de)	番兵	banpei
krijger (de)	戦士	senshi
held (de)	英雄	eiyū
heldin (de)	英雄	eiyū
patriot (de)	愛国者	aikoku sha
verrader (de)	裏切り者	uragirimono
verraden (ww)	裏切る	uragiru
deserteur (de)	脱走兵	dassō hei
deserteren (ww)	脱走する	dassō suru
huurling (de)	傭兵	yōhei
rekruut (de)	新兵	shinpei
vrijwilliger (de)	志願兵	shigan hei
gedode (de)	死者	shisha
gewonde (de)	負傷者	fushō sha
krijgsgevangene (de)	捕虜	horyo

184. Oorlog. Militaire acties. Deel 1

oorlog (de)	戦争	sensō
oorlog voeren (ww)	戦争中である	sensō chū de aru
burgeroorlog (de)	内戦	naisen
achterbaks (bw)	裏切って	uragitte
oorlogsverklaring (de)	宣戦布告	sensen fukoku
verklaren (de oorlog ~)	布告する	fukoku suru
agressie (de)	武力侵略	buryoku shinrya ku
aanvallen (binnenvallen)	攻撃する	kōgeki suru
binnenvallen (ww)	侵略する	shinrya ku suru
invaller (de)	侵略軍	shinrya ku gun
veroveraar (de)	征服者	seifuku sha
verdediging (de)	防衛	bōei
verdedigen (je land ~)	防衛する	bōei suru
vijand (de)	敵	teki
tegenstander (de)	かたき	kataki
vijandelijk (bn)	敵の	teki no
strategie (de)	戦略	senryaku
tactiek (de)	戦術	senjutsu
order (de)	命令	meirei
bevel (het)	命令	meirei
bevelen (ww)	命令する	meirei suru
opdracht (de)	任務	ninmu
geheim (bn)	秘密の	himitsu no
veldslag (de)	戦い	tatakai
strijd (de)	戦闘	sentō
aanval (de)	攻撃	kōgeki
bestorming (de)	突入	totsunyū
bestormen (ww)	突入する	totsunyū suru
bezetting (de)	包囲	hōi
aanval (de)	攻勢	kōsei
in het offensief te gaan	攻勢に出る	kōsei ni deru
terugtrekking (de)	撤退	tettai
zich terugtrekken (ww)	撤退する	tettai suru
omsingeling (de)	包囲	hōi
omsingelen (ww)	包囲する	hōi suru
bombardement (het)	爆撃	bakugeki
een bom gooien	爆弾を投下する	bakudan wo tōka suru
bombarderen (ww)	爆撃する	bakugeki suru
ontploffing (de)	爆発	bakuhatsu
schot (het)	発砲	happō
een schot lossen	発砲する	happō suru

schieten (het)	砲火	hōka
mikken op (ww)	狙う	nerau
aanleggen (een wapen ~)	向ける	mukeru
treffen (doelwit ~)	命中する	meichū suru

zinken (tot zinken brengen)	撃沈する	gekichin suru
kogelgat (het)	穴	ana
zinken (gezonken zijn)	沈没する	chinbotsu suru

front (het)	戦線	sensen
hinterland (het)	銃後	jūgo
evacuatie (de)	避難	hinan
evacueren (ww)	避難する	hinan suru

loopgraaf (de)	塹壕	zangō
prikkeldraad (de)	有刺鉄線	yūshitessen
verdedigingsobstakel (het)	障害物	shōgai butsu
wachttoren (de)	監視塔	kanshi tō

hospitaal (het)	軍病院	gun byōin
verwonden (ww)	負傷させる	fushō saseru
wond (de)	負傷	fushō
gewonde (de)	負傷者	fushō sha
gewond raken (ww)	負傷する	fushō suru
ernstig (~e wond)	重い	omoi

185. Oorlog. Militaire acties. Deel 2

krijgsgevangenschap (de)	捕虜	horyo
krijgsgevangen nemen	捕虜にする	horyo ni suru
krijgsgevangene zijn	捕虜になる	horyo ni naru
krijgsgevangen genomen worden	捕虜にされる	horyo ni sareru

concentratiekamp (het)	強制収容所	kyōsei shūyō sho
krijgsgevangene (de)	捕虜	horyo
vluchten (ww)	逃げる	nigeru

verraden (ww)	裏切る	uragiru
verrader (de)	裏切り者	uragirimono
verraad (het)	裏切り	uragiri

| fusilleren (executeren) | 銃殺する | jūsatsu suru |
| executie (de) | 銃殺刑 | jūsatsu kei |

uitrusting (de)	軍服	gunpuku
schouderstuk (het)	肩章	kenshō
gasmasker (het)	ガスマスク	gasumasuku

portofoon (de)	軍用無線	gunyō musen
geheime code (de)	暗号	angō
samenzwering (de)	秘密	himitsu
wachtwoord (het)	パスワード	pasuwādo
mijn (landmijn)	地雷	jirai

ondermijnen (legden mijnen)	地雷を仕掛ける	jirai wo shikakeru
mijnenveld (het)	地雷原	jirai hara
luchtalarm (het)	空襲警報	kūshū keihō
alarm (het)	警報	keihō
signaal (het)	信号	shingō
vuurpijl (de)	信号弾	shingō dan
staf (generale ~)	本部	honbu
verkenningstocht (de)	偵察	teisatsu
toestand (de)	事態	jitai
rapport (het)	報告	hōkoku
hinderlaag (de)	奇襲	kishū
versterking (de)	増援	zōen
doel (bewegend ~)	標的	hyōteki
proefterrein (het)	実験場	jikken jō
manoeuvres (mv.)	軍事演習	gunji enshū
paniek (de)	パニック	panikku
verwoesting (de)	荒廃	kōhai
verwoestingen (mv.)	廃墟	haikyo
verwoesten (ww)	廃墟にする	haikyo ni suru
overleven (ww)	生き残る	ikinokoru
ontwapenen (ww)	武装解除する	busō kaijo suru
behandelen (een pistool ~)	扱う	atsukau
Geeft acht!	気をつけ	ki wo tsuke
Op de plaats rust!	休め	yasume
heldendaad (de)	功績	kōseki
eed (de)	誓い	chikai
zweren (een eed doen)	誓う	chikau
decoratie (de)	勲章	kunshō
onderscheiden (een ereteken geven)	授ける	sazukeru
medaille (de)	メダル	medaru
orde (de)	勲章	kunshō
overwinning (de)	戦勝	senshō
verlies (het)	敗北	haiboku
wapenstilstand (de)	休戦	kyūsen
wimpel (vaandel)	旗	hata
roem (de)	栄光	eikō
parade (de)	行進	kōshin
marcheren (ww)	行進する	kōshin suru

186. Wapens

wapens (mv.)	兵器	heiki
vuurwapens (mv.)	火器	kaki

koude wapens (mv.)	冷兵器	reiheiki
chemische wapens (mv.)	化学兵器	kagaku heiki
kern-, nucleair (bn)	核…	kaku …
kernwapens (mv.)	核兵器	kakuheiki
bom (de)	爆弾	bakudan
atoombom (de)	原子爆弾	genshi bakudan
pistool (het)	拳銃、ピストル	kenjū, pisutoru
geweer (het)	ライフル	raifuru
machinepistool (het)	サブマシンガン	sabumashin gan
machinegeweer (het)	マシンガン	mashin gan
loop (schietbuis)	銃口	jūkō
loop (bijv. geweer met kortere ~)	砲身	hōshin
kaliber (het)	口径	kōkei
trekker (de)	トリガー	torigā
korrel (de)	照準器	shōjun ki
magazijn (het)	弾倉	dansō
geweerkolf (de)	台尻	daijiri
granaat (handgranaat)	手榴弾	shuryūdan
explosieven (mv.)	爆発物	bakuhatsu butsu
kogel (de)	弾	tama
patroon (de)	実弾	jitsudan
lading (de)	装薬	sō yaku
ammunitie (de)	弾薬	danyaku
bommenwerper (de)	爆撃機	bakugeki ki
straaljager (de)	戦闘機	sentō ki
helikopter (de)	ヘリコプター	herikoputā
afweergeschut (het)	対空砲	taikū hō
tank (de)	戦車	sensha
kanon (tank met een ~ van 76 mm)	戦車砲	sensha hō
artillerie (de)	砲兵	hōhei
kanon (het)	大砲	taihō
aanleggen (een wapen ~)	狙いを定める	nerai wo sadameru
projectiel (het)	砲弾	hōdan
mortiergranaat (de)	迫撃砲弾	hakugeki hō dan
mortier (de)	迫撃砲	hakugeki hō
granaatscherf (de)	砲弾の破片	hōdan no hahen
duikboot (de)	潜水艦	sensui kan
torpedo (de)	魚雷	gyorai
raket (de)	ミサイル	misairu
laden (geweer, kanon)	装填する	sōten suru
schieten (ww)	撃つ	utsu
richten op (mikken)	向ける	mukeru

bajonet (de)	銃剣	jūken
degen (de)	エペ	epe
sabel (de)	サーベル	sāberu
speer (de)	槍	yari
boog (de)	弓	yumi
pijl (de)	矢	ya
musket (de)	マスケット銃	masuketto jū
kruisboog (de)	石弓	ishiyumi

187. Oude mensen

primitief (bn)	原始の	genshi no
voorhistorisch (bn)	先史時代の	senshi jidai no
eeuwenoude (~ beschaving)	古代の	kodai no
Steentijd (de)	石器時代	sekki jidai
Bronstijd (de)	青銅器時代	seidōki jidai
IJstijd (de)	氷河時代	hyōga jidai
stam (de)	部族	buzoku
menseneter (de)	人食い人種	hito kui jin shi
jager (de)	狩人	karyūdo
jagen (ww)	狩る	karu
mammoet (de)	マンモス	manmosu
grot (de)	洞窟	dōkutsu
vuur (het)	火	hi
kampvuur (het)	焚火	takibi
rotstekening (de)	岩壁画	iwa hekiga
werkinstrument (het)	道具	dōgu
speer (de)	槍	yari
stenen bijl (de)	石斧	sekifu
oorlog voeren (ww)	戦争中である	sensō chū de aru
temmen (bijv. wolf ~)	飼い慣らす	kainarasu
idool (het)	偶像	gūzō
aanbidden (ww)	崇拝する	sūhai suru
bijgeloof (het)	迷信	meishin
ritueel (het)	儀式	gishiki
evolutie (de)	進化	shinka
ontwikkeling (de)	発達	hattatsu
verdwijning (de)	絶滅	zetsumetsu
zich aanpassen (ww)	適応する	tekiō suru
archeologie (de)	考古学	kōkogaku
archeoloog (de)	考古学者	kōkogakusha
archeologisch (bn)	考古学の	kōkogaku no
opgravingsplaats (de)	発掘現場	hakkutsu genba
opgravingen (mv.)	発掘	hakkutsu
vondst (de)	発見	hakken
fragment (het)	一片	ippen

188. Middeleeuwen

volk (het)	民族	minzoku
volkeren (mv.)	民族	minzoku
stam (de)	部族	buzoku
stammen (mv.)	部族	buzoku
barbaren (mv.)	野蛮人	yaban jin
Galliërs (mv.)	ガリア人	ga ria jin
Goten (mv.)	ゴート人	gōto jin
Slaven (mv.)	スラヴ人	suravu jin
Vikings (mv.)	ヴァイキング	bai kingu
Romeinen (mv.)	ローマ人	rōma jin
Romeins (bn)	ローマの	rōma no
Byzantijnen (mv.)	ビザンティン人	bizantin jin
Byzantium (het)	ビザンチウム	bizanchiumu
Byzantijns (bn)	ビザンチンの	bizanchin no
keizer (bijv. Romeinse ~)	皇帝	kōtei
opperhoofd (het)	リーダー	rīdā
machtig (bn)	強力な	kyōryoku na
koning (de)	王	ō
heerser (de)	支配者	shihai sha
ridder (de)	騎士	kishi
feodaal (de)	封建領主	hōken ryōshu
feodaal (bn)	封建時代の	hōken jidai no
vazal (de)	臣下	shinka
hertog (de)	公爵	kūshaku
graaf (de)	伯爵	hakushaku
baron (de)	男爵	danshaku
bisschop (de)	司教	shikyō
harnas (het)	よろい [鎧]	yoroi
schild (het)	盾	tate
zwaard (het)	剣	ken
vizier (het)	バイザー	baizā
maliënkolder (de)	鎖帷子	kusarikatabira
kruistocht (de)	十字軍	jūjigun
kruisvaarder (de)	十字軍の戦士	jūjigun no senshi
gebied (bijv. bezette ~en)	領土	ryōdo
aanvallen (binnenvallen)	攻撃する	kōgeki suru
veroveren (ww)	征服する	seifuku suru
innemen (binnenvallen)	占領する	senryō suru
bezetting (de)	包囲	hōi
bezet (bn)	攻囲された	kōi sare ta
belegeren (ww)	攻囲する	kōi suru
inquisitie (de)	宗教裁判	shūkyō saiban
inquisiteur (de)	宗教裁判官	shūkyō saibankan

foltering (de)	拷問	gōmon
wreed (bn)	残酷な	zankoku na
ketter (de)	異端者	itan sha
ketterij (de)	異端	itan

zeevaart (de)	船旅	funatabi
piraat (de)	海賊	kaizoku
piraterij (de)	海賊行為	kaizoku kōi
enteren (het)	移乗攻撃	ijō kōgeki
buit (de)	戦利品	senri hin
schatten (mv.)	宝	takara

ontdekking (de)	発見	hakken
ontdekken (bijv. nieuw land)	発見する	hakken suru
expeditie (de)	探検	tanken

musketier (de)	銃士	jū shi
kardinaal (de)	枢機卿	sūkikyō
heraldiek (de)	紋章学	monshō gaku
heraldisch (bn)	紋章の	monshō no

189. Leider. Baas. Autoriteiten

koning (de)	国王	kokuō
koningin (de)	女王	joō
koninklijk (bn)	王室の	ōshitsu no
koninkrijk (het)	王国	ōkoku

| prins (de) | 王子 | ōji |
| prinses (de) | 王妃 | ōhi |

president (de)	大統領	daitōryō
vicepresident (de)	副大統領	fuku daitōryō
senator (de)	上院議員	jōin gīn

monarch (de)	君主	kunshu
heerser (de)	支配者	shihai sha
dictator (de)	独裁者	dokusai sha
tiran (de)	暴君	bōkun
magnaat (de)	マグナート	magunāto

directeur (de)	責任者	sekinin sha
chef (de)	長	chō
beheerder (de)	管理者	kanri sha
baas (de)	ボス	bosu
eigenaar (de)	経営者	keieisha

leider (de)	リーダー	rīdā
hoofd	長	chō
(bijv. ~ van de delegatie)		
autoriteiten (mv.)	当局	tōkyoku
superieuren (mv.)	上司	jōshi
gouverneur (de)	知事	chiji
consul (de)	領事	ryōji

diplomaat (de)	外交官	gaikō kan
burgemeester (de)	市長	shichō
sheriff (de)	保安官	hoan kan

keizer (bijv. Romeinse ~)	皇帝	kōtei
tsaar (de)	ツァーリ	tsāri
farao (de)	ファラオ	farao
kan (de)	ハン	han

190. Weg. Weg. Routebeschrijving

weg (de)	道路	dōro
route (de kortste ~)	道	michi

autoweg (de)	自動車道路	jidōsha dōro
snelweg (de)	高速道路	kōsoku dōro
rijksweg (de)	州間高速道路	shū kan kōsoku dōro

hoofdweg (de)	主要道路	shuyō dōro
landweg (de)	泥道	doromichi

pad (het)	歩道	hodō
paadje (het)	小道	komichi

Waar?	どこに？	doko ni？
Waarheen?	どちらへ？	dochira he？
Waaruit?	どこから？	doko kara？

richting (de)	方向	hōkō
aanwijzen (de weg ~)	指す	sasu

naar links (bw)	左へ	hidari he
naar rechts (bw)	右へ	migi he
rechtdoor (bw)	直進	chokushin
terug (bijv. ~ keren)	後ろへ	ushiro he

bocht (de)	カーブ	kābu
afslaan (naar rechts ~)	曲がる	magaru
U-bocht maken (ww)	Uターンする	yūtān suru

zichtbaar worden (ww)	見える	mieru
verschijnen (in zicht komen)	現われる	arawareru

stop (korte onderbreking)	休止	kyūshi
zich verpozen (uitrusten)	休憩する	kyūkei suru
rust (de)	休憩	kyūkei

verdwalen (de weg kwijt zijn)	道に迷う	michi ni mayō
leiden naar … (de weg)	通じる	tsūjiru
bereiken (ergens aankomen)	到達する	tōtatsu suru
deel (~ van de weg)	一筋	hitosuji

asfalt (het)	アスファルト	asufaruto
trottoirband (de)	縁石	enseki

greppel (de)	側溝	sokkō
putdeksel (het)	マンホール	manhōru
vluchtstrook (de)	路肩	rokata
kuil (de)	道路の穴	dōro no ana

| gaan (te voet) | 行く | iku |
| inhalen (voorbijgaan) | 追い越す | oikosu |

| stap (de) | 一歩 | ippo |
| te voet (bw) | 徒歩で | toho de |

blokkeren (de weg ~)	塞ぐ［ふさぐ］	fusagu
slagboom (de)	遮断機	shadan ki
doodlopende straat (de)	行き止まり	ikidomari

191. De wet overtreden. Criminelen. Deel 1

bandiet (de)	山賊	sanzoku
misdaad (de)	犯罪	hanzai
misdadiger (de)	犯罪者	hanzai sha

dief (de)	泥棒	dorobō
stelen (ww)	盗む	nusumu
stelen (de)	窃盗	settō
diefstal (de)	泥棒	dorobō

kidnappen (ww)	誘拐する	yūkai suru
kidnapping (de)	誘拐	yūkai
kidnapper (de)	誘拐犯	yūkai han

| losgeld (het) | 身代金 | minoshirokin |
| eisen losgeld (ww) | 身代金を要求する | minoshirokin wo yōkyū suru |

overvallen (ww)	強盗する	gōtō suru
overval (de)	強盗	gōtō
overvaller (de)	強盗犯	gōtō han

afpersen (ww)	恐喝する	kyōkatsu suru
afperser (de)	恐喝者	kyōkatsu sha
afpersing (de)	恐喝	kyōkatsu

vermoorden (ww)	殺す	korosu
moord (de)	殺人	satsujin
moordenaar (de)	殺人者	satsujin sha

schot (het)	発砲	happō
een schot lossen	発砲する	happō suru
neerschieten (ww)	射殺する	shasatsu suru
schieten (ww)	撃つ	utsu
schieten (het)	射撃	shageki

ongeluk (gevecht, enz.)	事件	jiken
gevecht (het)	喧嘩	kenka
Help!	助けて！	tasuke te!

slachtoffer (het)	被害者	higai sha
beschadigen (ww)	損害を与える	songai wo ataeru
schade (de)	損害	songai
lijk (het)	死体	shitai
zwaar (~ misdrijf)	重い	omoi
aanvallen (ww)	攻撃する	kōgeki suru
slaan (iemand ~)	殴る	naguru
in elkaar slaan (toetakelen)	打ちのめす	uchinomesu
ontnemen (beroven)	強奪する	gōdatsu suru
steken (met een mes)	刺し殺す	sashikorosu
verminken (ww)	重症を負わせる	jūshō wo owaseru
verwonden (ww)	負わせる	owaseru
chantage (de)	恐喝	kyōkatsu
chanteren (ww)	恐喝する	kyōkatsu suru
chanteur (de)	恐喝者	kyōkatsu sha
afpersing (de)	ゆすり	yusuri
afperser (de)	ゆすりを働く人	yusuri wo hataraku hito
gangster (de)	暴力団員	bōryokudan in
maffia (de)	マフィア	mafia
kruimeldief (de)	すり	suri
inbreker (de)	強盗	gōtō
smokkelen (het)	密輸	mitsuyu
smokkelaar (de)	密輸者	mitsuyu sha
namaak (de)	偽造	gizō
namaken (ww)	偽造する	gizō suru
namaak-, vals (bn)	偽造の	gizō no

192. De wet overtreden. Criminelen. Deel 2

verkrachting (de)	強姦	gōkan
verkrachten (ww)	強姦する	gōkan suru
verkrachter (de)	強姦犯	gōkan han
maniak (de)	マニア	mania
prostituee (de)	売春婦	baishun fu
prostitutie (de)	売春	baishun
pooier (de)	ポン引き	pon biki
drugsverslaafde (de)	麻薬中毒者	mayaku chūdoku sha
drugshandelaar (de)	麻薬の売人	mayaku no bainin
opblazen (ww)	爆発させる	bakuhatsu saseru
explosie (de)	爆発	bakuhatsu
in brand steken (ww)	放火する	hōka suru
brandstichter (de)	放火犯人	hōka hannin
terrorisme (het)	テロリズム	terorizumu
terrorist (de)	テロリスト	terorisuto
gijzelaar (de)	人質	hitojichi

bedriegen (ww)	詐欺を働く	sagi wo hataraku
bedrog (het)	詐欺	sagi
oplichter (de)	詐欺師	sagi shi

omkopen (ww)	賄賂を渡す	wairo wo watasu
omkoperij (de)	賄賂の授受	wairo no juju
smeergeld (het)	賄賂	wairo

vergif (het)	毒	doku
vergiftigen (ww)	…を毒殺する	… wo dokusatsu suru
vergif innemen (ww)	毒薬を飲む	dokuyaku wo nomu

| zelfmoord (de) | 自殺 | jisatsu |
| zelfmoordenaar (de) | 自殺者 | jisatsu sha |

bedreigen (bijv. met een pistool)	脅す	odosu
bedreiging (de)	脅し	odoshi
een aanslag plegen	殺そうとする	koroso u to suru
aanslag (de)	殺人未遂	satsujin misui

| stelen (een auto) | 盗む | nusumu |
| kapen (een vliegtuig) | ハイジャックする | haijakku suru |

| wraak (de) | 復讐 | fukushū |
| wreken (ww) | 復讐する | fukushū suru |

martelen (gevangenen)	拷問する	gōmon suru
foltering (de)	拷問	gōmon
folteren (ww)	虐待する	gyakutai suru

piraat (de)	海賊	kaizoku
straatschender (de)	フーリガン	fūrigan
gewapend (bn)	武装した	busō shi ta
geweld (het)	暴力	bōryoku
onwettig (strafbaar)	違法な	ihō na

| spionage (de) | スパイ行為 | supai kōi |
| spioneren (ww) | スパイする | supai suru |

193. Politie. Wet. Deel 1

| gerecht (het) | 司法 | shihō |
| gerechtshof (het) | 裁判所 | saibansho |

rechter (de)	裁判官	saibankan
jury (de)	陪審員	baishin in
juryrechtspraak (de)	陪審裁判	baishin saiban
berechten (ww)	判決を下す	hanketsu wo kudasu

advocaat (de)	弁護士	bengoshi
beklaagde (de)	被告人	hikoku jin
beklaagdenbank (de)	被告席	hikoku seki
beschuldiging (de)	告発	kokuhatsu

beschuldigde (de)	被告人	hikoku jin
vonnis (het)	判決	hanketsu
veroordelen (in een rechtszaak)	判決を下す	hanketsu wo kudasu

schuldige (de)	有罪の	yūzai no
straffen (ww)	処罰する	shobatsu suru
bestraffing (de)	処罰	shobatsu

boete (de)	罰金	bakkin
levenslange opsluiting (de)	終身刑	shūshin kei
doodstraf (de)	死刑	shikei
elektrische stoel (de)	電気椅子	denki isu
schavot (het)	絞首台	kōshu dai
executeren (ww)	処刑する	shokei suru
executie (de)	死刑	shikei

| gevangenis (de) | 刑務所 | keimusho |
| cel (de) | 独房 | dokubō |

konvooi (het)	護送	gosō
gevangenisbewaker (de)	刑務官	keimu kan
gedetineerde (de)	囚人	shūjin

handboeien (mv.)	手錠	tejō
handboeien omdoen	手錠をかける	tejō wo kakeru
ontsnapping (de)	脱獄	datsugoku
ontsnappen (ww)	脱獄する	datsugoku suru
verdwijnen (ww)	姿を消す	sugata wo kesu
vrijlaten (uit de gevangenis)	放免する	hōmen suru
amnestie (de)	恩赦	onsha

politie (de)	警察	keisatsu
politieagent (de)	警官	keikan
politiebureau (het)	警察署	keisatsu sho
knuppel (de)	警棒	keibō
megafoon (de)	拡声器	kakusei ki

patrouilleerwagen (de)	パトロールカー	patorōrukā
sirene (de)	サイレン	sairen
de sirene aansteken	サイレンを鳴らす	sairen wo narasu
geloei (het) van de sirene	サイレンの音	sairen no oto

plaats delict (de)	犯行現場	hankō genba
getuige (de)	目撃者	mokugeki sha
vrijheid (de)	自由	jiyū
handlanger (de)	共犯者	kyōhan sha
ontvluchten (ww)	逃走する	tōsō suru
spoor (het)	形跡	keiseki

194. Politie. Wet. Deel 2

| opsporing (de) | 捜査 | sōsa |
| opsporen (ww) | 捜索する | sōsaku suru |

verdenking (de)	嫌疑	kengi
verdacht (bn)	不審な	fushin na
aanhouden (stoppen)	止める	tomeru
tegenhouden (ww)	留置する	ryūchi suru
strafzaak (de)	事件	jiken
onderzoek (het)	捜査	sōsa
detective (de)	探偵	tantei
onderzoeksrechter (de)	捜査官	sōsa kan
versie (de)	仮説	kasetsu
motief (het)	動機	dōki
verhoor (het)	尋問	jinmon
ondervragen (door de politie)	尋問する	jinmon suru
ondervragen (omstanders ~)	尋問する	jinmon suru
controle (de)	身元確認	mimoto kakunin
razzia (de)	一斉検挙	issei kenkyo
huiszoeking (de)	家宅捜索	kataku sōsaku
achtervolging (de)	追跡	tsuiseki
achtervolgen (ww)	追跡する	tsuiseki suru
opsporen (ww)	追う	ō
arrest (het)	逮捕	taiho
arresteren (ww)	逮捕する	taiho suru
vangen, aanhouden (een dief, enz.)	捕まえる	tsukamaeru
aanhouding (de)	捕獲	hokaku
document (het)	文書	bunsho
bewijs (het)	証拠	shōko
bewijzen (ww)	証明する	shōmei suru
voetspoor (het)	足跡	ashiato
vingerafdrukken (mv.)	指紋	shimon
bewijs (het)	一つの証拠	hitotsu no shōko
alibi (het)	アリバイ	aribai
onschuldig (bn)	無罪の	muzai no
onrecht (het)	不当	futō
onrechtvaardig (bn)	不当な	futō na
crimineel (bn)	犯罪の	hanzai no
confisqueren (in beslag nemen)	没収する	bosshū suru
drug (de)	麻薬	mayaku
wapen (het)	兵器	heiki
ontwapenen (ww)	武装解除する	busō kaijo suru
bevelen (ww)	命令する	meirei suru
verdwijnen (ww)	姿を消す	sugata wo kesu
wet (de)	法律	hōritsu
wettelijk (bn)	合法の	gōhō no
onwettelijk (bn)	違法な	ihō na
verantwoordelijkheid (de)	責め	seme
verantwoordelijk (bn)	責めを負うべき	seme wo ō beki

NATUUR

De Aarde. Deel 1

195. De kosmische ruimte

kosmos (de)	宇宙	uchū
kosmisch (bn)	宇宙の	uchū no
kosmische ruimte (de)	宇宙空間	uchū kūkan
wereld (de)	世界	sekai
heelal (het)	宇宙	uchū
sterrenstelsel (het)	銀河系	gingakei
ster (de)	星	hoshi
sterrenbeeld (het)	星座	seiza
planeet (de)	惑星	wakusei
satelliet (de)	衛星	eisei
meteoriet (de)	隕石	inseki
komeet (de)	彗星	suisei
asteroïde (de)	小惑星	shōwakusei
baan (de)	軌道	kidō
draaien (om de zon, enz.)	公転する	kōten suru
atmosfeer (de)	大気	taiki
Zon (de)	太陽	taiyō
zonnestelsel (het)	太陽系	taiyōkei
zonsverduistering (de)	日食	nisshoku
Aarde (de)	地球	chikyū
Maan (de)	月	tsuki
Mars (de)	火星	kasei
Venus (de)	金星	kinsei
Jupiter (de)	木星	mokusei
Saturnus (de)	土星	dosei
Mercurius (de)	水星	suisei
Uranus (de)	天王星	tennōsei
Neptunus (de)	海王星	kaiōsei
Pluto (de)	冥王星	meiōsei
Melkweg (de)	天の川	amanogawa
Grote Beer (de)	おおぐま座	ōguma za
Poolster (de)	北極星	hokkyokusei
marsmannetje (het)	火星人	kasei jin
buitenaards wezen (het)	宇宙人	uchū jin

| bovenaards (het) | 異星人 | i hoshi jin |
| vliegende schotel (de) | 空飛ぶ円盤 | sora tobu enban |

ruimtevaartuig (het)	宇宙船	uchūsen
ruimtestation (het)	宇宙ステーション	uchū sutēshon
start (de)	打ち上げ	uchiage

motor (de)	エンジン	enjin
straalpijp (de)	ノズル	nozuru
brandstof (de)	燃料	nenryō

cabine (de)	コックピット	kokkupitto
antenne (de)	アンテナ	antena
patrijspoort (de)	舷窓	gensō
zonnebatterij (de)	太陽電池	taiyō denchi
ruimtepak (het)	宇宙服	uchū fuku

| gewichtloosheid (de) | 無重力 | mu jūryoku |
| zuurstof (de) | 酸素 | sanso |

| koppeling (de) | ドッキング | dokkingu |
| koppeling maken | ドッキングする | dokkingu suru |

observatorium (het)	天文台	tenmondai
telescoop (de)	望遠鏡	bōenkyō
waarnemen (ww)	観察する	kansatsu suru
exploreren (ww)	探索する	tansaku suru

196. De Aarde

Aarde (de)	地球	chikyū
aardbol (de)	世界	sekai
planeet (de)	惑星	wakusei

atmosfeer (de)	大気	taiki
aardrijkskunde (de)	地理学	chiri gaku
natuur (de)	自然	shizen

wereldbol (de)	地球儀	chikyūgi
kaart (de)	地図	chizu
atlas (de)	地図帳	chizu chō

| Europa (het) | ヨーロッパ | yōroppa |
| Azië (het) | アジア | ajia |

| Afrika (het) | アフリカ | afurika |
| Australië (het) | オーストラリア | ōsutoraria |

Amerika (het)	アメリカ	amerika
Noord-Amerika (het)	北アメリカ	kita amerika
Zuid-Amerika (het)	南アメリカ	minami amerika

| Antarctica (het) | 南極大陸 | nankyokutairiku |
| Arctis (de) | 北極 | hokkyoku |

197. Windrichtingen

noorden (het)	北	kita
naar het noorden	北へ	kita he
in het noorden	北に	kita ni
noordelijk (bn)	北の	kita no
zuiden (het)	南	minami
naar het zuiden	南へ	minami he
in het zuiden	南に	minami ni
zuidelijk (bn)	南の	minami no
westen (het)	西	nishi
naar het westen	西へ	nishi he
in het westen	西に	nishi ni
westelijk (bn)	西の	nishi no
oosten (het)	東	higashi
naar het oosten	東へ	higashi he
in het oosten	東に	higashi ni
oostelijk (bn)	東の	higashi no

198. Zee. Oceaan

zee (de)	海	umi
oceaan (de)	海洋	kaiyō
golf (baai)	湾	wan
straat (de)	海峡	kaikyō
grond (vaste grond)	乾燥地	kansō chl
continent (het)	大陸	tairiku
eiland (het)	島	shima
schiereiland (het)	半島	hantō
archipel (de)	多島海	tatōkai
baai, bocht (de)	入り江	irie
haven (de)	泊地	hakuchi
lagune (de)	潟	kata
kaap (de)	岬	misaki
atol (de)	環礁	kanshō
rif (het)	暗礁	anshō
koraal (het)	サンゴ	sango
koraalrif (het)	サンゴ礁	sangoshō
diep (bn)	深い	fukai
diepte (de)	深さ	fuka sa
diepzee (de)	深淵	shinen
trog (bijv. Marianentrog)	海溝	kaikō
stroming (de)	海流	kairyū
omspoelen (ww)	取り囲む	torikakomu
oever (de)	海岸	kaigan

kust (de)	沿岸	engan
vloed (de)	満潮	manchō
eb (de)	干潮	kanchō
ondiepte (ondiep water)	砂州	sasu
bodem (de)	底	soko

golf (hoge ~)	波	nami
golfkam (de)	波頭	namigashira
schuim (het)	泡	awa

storm (de)	嵐	arashi
orkaan (de)	ハリケーン	harikēn
tsunami (de)	津波	tsunami
windstilte (de)	凪	nagi
kalm (bijv. ~e zee)	穏やかな	odayaka na

| pool (de) | 極地 | kyokuchi |
| polair (bn) | 極地の | kyokuchi no |

breedtegraad (de)	緯度	ido
lengtegraad (de)	経度	keido
parallel (de)	度線	dosen
evenaar (de)	赤道	sekidō

hemel (de)	空	sora
horizon (de)	地平線	chiheisen
lucht (de)	空気	kūki

vuurtoren (de)	灯台	tōdai
duiken (ww)	飛び込む	tobikomu
zinken (ov. een boot)	沈没する	chinbotsu suru
schatten (mv.)	宝	takara

199. Namen van zeeën en oceanen

Atlantische Oceaan (de)	大西洋	taiseiyō
Indische Oceaan (de)	インド洋	indoyō
Stille Oceaan (de)	太平洋	taiheiyō
Noordelijke IJszee (de)	北氷洋	kitakōriyō

Zwarte Zee (de)	黒海	kokkai
Rode Zee (de)	紅海	kōkai
Gele Zee (de)	黄海	kōkai
Witte Zee (de)	白海	hakkai

Kaspische Zee (de)	カスピ海	kasupikai
Dode Zee (de)	死海	shikai
Middellandse Zee (de)	地中海	chichūkai

| Egeïsche Zee (de) | エーゲ海 | ēgekai |
| Adriatische Zee (de) | アドリア海 | adoriakai |

| Arabische Zee (de) | アラビア海 | arabia kai |
| Japanse Zee (de) | 日本海 | nihonkai |

| Beringzee (de) | ベーリング海 | bēringukai |
| Zuid-Chinese Zee (de) | 南シナ海 | minami shinakai |

Koraalzee (de)	珊瑚海	sangokai
Tasmanzee (de)	タスマン海	tasumankai
Caribische Zee (de)	カリブ海	karibukai

| Barentszzee (de) | バレンツ海 | barentsukai |
| Karische Zee (de) | カラ海 | karakai |

Noordzee (de)	北海	hokkai
Baltische Zee (de)	バルト海	barutokai
Noorse Zee (de)	ノルウェー海	noruwē umi

200. Bergen

berg (de)	山	yama
bergketen (de)	山脈	sanmyaku
gebergte (het)	山稜	sanryō

bergtop (de)	頂上	chōjō
bergpiek (de)	とがった山頂	togatta sanchō
voet (ov. de berg)	麓	fumoto
helling (de)	山腹	sanpuku

vulkaan (de)	火山	kazan
actieve vulkaan (de)	活火山	kakkazan
uitgedoofde vulkaan (de)	休火山	kyūkazan

uitbarsting (de)	噴火	funka
krater (de)	噴火口	funkakō
magma (het)	岩漿、マグマ	ganshō, maguma
lava (de)	溶岩	yōgan
gloeiend (~e lava)	溶…	yō …

kloof (canyon)	峡谷	kyōkoku
bergkloof (de)	峡谷	kyōkoku
spleet (de)	裂け目	sakeme
afgrond (de)	奈落の底	naraku no soko

bergpas (de)	峠	tōge
plateau (het)	高原	kōgen
klip (de)	断崖	dangai
heuvel (de)	丘	oka

gletsjer (de)	氷河	hyōga
waterval (de)	滝	taki
geiser (de)	間欠泉	kanketsusen
meer (het)	湖	mizūmi

vlakte (de)	平原	heigen
landschap (het)	風景	fūkei
echo (de)	こだま	kodama
alpinist (de)	登山家	tozan ka

bergbeklimmer (de)	ロッククライマー	rokku kuraimā
trotseren (berg ~)	征服する	seifuku suru
beklimming (de)	登山	tozan

201. Bergen namen

Alpen (de)	アルプス山脈	arupusu sanmyaku
Mont Blanc (de)	モンブラン	monburan
Pyreneeën (de)	ピレネー山脈	pirenē sanmyaku
Karpaten (de)	カルパティア山脈	karupatia sanmyaku
Oeralgebergte (het)	ウラル山脈	uraru sanmyaku
Kaukasus (de)	コーカサス山脈	kōkasasu sanmyaku
Elbroes (de)	エルブルス山	eruburusu san
Altaj (de)	アルタイ山脈	arutai sanmyaku
Tiensjan (de)	天山山脈	amayama sanmyaku
Pamir (de)	パミール高原	pamīru kōgen
Himalaya (de)	ヒマラヤ	himaraya
Everest (de)	エベレスト	eberesuto
Andes (de)	アンデス山脈	andesu sanmyaku
Kilimanjaro (de)	キリマンジャロ	kirimanjaro

202. Rivieren

rivier (de)	川	kawa
bron (~ van een rivier)	泉	izumi
rivierbedding (de)	川床	kawadoko
rivierbekken (het)	流域	ryūiki
uitmonden in ...	…に流れ込む	... ni nagarekomu
zijrivier (de)	支流	shiryū
oever (de)	川岸	kawagishi
stroming (de)	流れ	nagare
stroomafwaarts (bw)	下流の	karyū no
stroomopwaarts (bw)	上流の	jōryū no
overstroming (de)	洪水	kōzui
overstroming (de)	氾濫	hanran
buiten zijn oevers treden	氾濫する	hanran suru
overstromen (ww)	水浸しにする	mizubitashi ni suru
zandbank (de)	浅瀬	asase
stroomversnelling (de)	急流	kyūryū
dam (de)	ダム	damu
kanaal (het)	運河	unga
spaarbekken (het)	ため池 [溜池]	tameike
sluis (de)	水門	suimon
waterlichaam (het)	水域	suīki

moeras (het)	沼地	numachi
broek (het)	湿地	shicchi
draaikolk (de)	渦	uzu

stroom (de)	小川	ogawa
drink- (abn)	飲用の	inyō no
zoet (~ water)	淡…	tan …

IJs (het)	氷	kōri
bevriezen (rivier, enz.)	氷結する	hyōketsu suru

203. Namen van rivieren

Seine (de)	セーヌ川	sēnu gawa
Loire (de)	ロワール川	rowāru gawa

Theems (de)	テムズ川	temuzu gawa
Rijn (de)	ライン川	rain gawa
Donau (de)	ドナウ川	donau gawa

Wolga (de)	ヴォルガ川	voruga gawa
Don (de)	ドン川	don gawa
Lena (de)	レナ川	rena gawa

Gele Rivier (de)	黄河	kōga
Blauwe Rivier (de)	長江	chōkō
Mekong (de)	メコン川	mekon gawa
Ganges (de)	ガンジス川	ganjisu gawa

Nijl (de)	ナイル川	nairu gawa
Kongo (de)	コンゴ川	kongo gawa
Okavango (de)	オカヴァンゴ川	okavango gawa
Zambezi (de)	ザンベジ川	zanbeji gawa
Limpopo (de)	リンポポ川	rinpopo gawa
Mississippi (de)	ミシシッピ川	mishishippi gawa

204. Bos

bos (het)	森林	shinrin
bos- (abn)	森林の	shinrin no

oerwoud (dicht bos)	密林	mitsurin
bosje (klein bos)	木立	kodachi
open plek (de)	空き地	akichi

struikgewas (het)	やぶ ［藪］	yabu
struiken (mv.)	低木地域	teiboku chīki

paadje (het)	小道	komichi
ravijn (het)	ガリ	gari
boom (de)	木	ki
blad (het)	葉	ha

gebladerte (het)	葉っぱ	happa
vallende bladeren (mv.)	落葉	rakuyō
vallen (ov. de bladeren)	落ちる	ochiru
boomtop (de)	木のてっぺん	kinoteppen
tak (de)	枝	eda
ent (de)	主枝	shushi
knop (de)	芽［め］	me
naald (de)	松葉	matsuba
dennenappel (de)	松ぼっくり	matsubokkuri
boom holte (de)	樹洞	kihora
nest (het)	巣	su
hol (het)	巣穴	su ana
stam (de)	幹	miki
wortel (bijv. boom~s)	根	ne
schors (de)	樹皮	juhi
mos (het)	コケ［苔］	koke
ontwortelen (een boom)	根こそぎにする	nekosogi ni suru
kappen (een boom ~)	切り倒す	kiritaosu
ontbossen (ww)	切り払う	kiriharau
stronk (de)	切り株	kirikabu
kampvuur (het)	焚火	takibi
bosbrand (de)	森林火災	shinrin kasai
blussen (ww)	火を消す	hi wo kesu
boswachter (de)	森林警備隊員	shinrin keibi taīn
bescherming (de)	保護	hogo
beschermen (bijv. de natuur ~)	保護する	hogo suru
stroper (de)	密漁者	mitsuryō sha
val (de)	罠	wana
plukken (paddestoelen ~)	摘み集める	tsumi atsumeru
plukken (bessen ~)	採る	toru
verdwalen (de weg kwijt zijn)	道に迷う	michi ni mayō

205. Natuurlijke hulpbronnen

natuurlijke rijkdommen (mv.)	天然資源	tennen shigen
delfstoffen (mv.)	鉱物資源	kōbutsu shigen
lagen (mv.)	鉱床	kōshō
veld (bijv. olie~)	田	den
winnen (uit erts ~)	採掘する	saikutsu suru
winning (de)	採掘	saikutsu
erts (het)	鉱石	kōseki
mijn (bijv. kolenmijn)	鉱山	kōzan
mijnschacht (de)	立坑	tatekō
mijnwerker (de)	鉱山労働者	kōzan rōdō sha
gas (het)	ガス	gasu

gasleiding (de)	ガスパイプライン	gasu paipurain
olie (aardolie)	石油	sekiyu
olieleiding (de)	石油パイプライン	sekiyu paipurain
oliebron (de)	油井	yusei
boortoren (de)	油井やぐら	yusei ya gura
tanker (de)	タンカー	tankā
zand (het)	砂	suna
kalksteen (de)	石灰岩	sekkaigan
grind (het)	砂利	jari
veen (het)	泥炭	deitan
klei (de)	粘土	nendo
steenkool (de)	石炭	sekitan
IJzer (het)	鉄	tetsu
goud (het)	金	kin
zilver (het)	銀	gin
nikkel (het)	ニッケル	nikkeru
koper (het)	銅	dō
zink (het)	亜鉛	aen
mangaan (het)	マンガン	mangan
kwik (het)	水銀	suigin
lood (het)	鉛	namari
mineraal (het)	鉱物	kōbutsu
kristal (het)	水晶	suishō
marmer (het)	大理石	dairiseki
uraan (het)	ウラン	uran

De Aarde. Deel 2

206. Weer

weer (het)	天気	tenki
weersvoorspelling (de)	天気予報	tenki yohō
temperatuur (de)	温度	ondo
thermometer (de)	温度計	ondo kei
barometer (de)	気圧計	kiatsu kei
vochtig (bn)	湿度の	shitsudo no
vochtigheid (de)	湿度	shitsudo
hitte (de)	猛暑	mōsho
heet (bn)	暑い	atsui
het is heet	暑いです	atsui desu
het is warm	暖かいです	atatakai desu
warm (bn)	暖かい	atatakai
het is koud	寒いです	samui desu
koud (bn)	寒い	samui
zon (de)	太陽	taiyō
schijnen (de zon)	照る	teru
zonnig (~e dag)	晴れの	hare no
opgaan (ov. de zon)	昇る	noboru
ondergaan (ww)	沈む	shizumu
wolk (de)	雲	kumo
bewolkt (bn)	曇りの	kumori no
regenwolk (de)	雨雲	amagumo
somber (bn)	どんよりした	donyori shi ta
regen (de)	雨	ame
het regent	雨が降っている	ame ga futte iru
regenachtig (bn)	雨の	ame no
motregenen (ww)	そぼ降る	sobofuru
plensbui (de)	土砂降りの雨	doshaburi no ame
stortbui (de)	大雨	ōame
hard (bn)	激しい	hageshī
plas (de)	水溜り	mizutamari
nat worden (ww)	ぬれる [濡れる]	nureru
mist (de)	霧	kiri
mistig (bn)	霧の	kiri no
sneeuw (de)	雪	yuki
het sneeuwt	雪が降っている	yuki ga futte iru

207. Zwaar weer. Natuurrampen

noodweer (storm)	雷雨	raiu
bliksem (de)	稲妻	inazuma
flitsen (ww)	ピカッと光る	pikatto hikaru
donder (de)	雷	kaminari
donderen (ww)	雷が鳴る	kaminari ga naru
het dondert	雷が鳴っている	kaminari ga natte iru
hagel (de)	ひょう [雹]	hyō
het hagelt	ひょうが降っている	hyō ga futte iru
overstromen (ww)	水浸しにする	mizubitashi ni suru
overstroming (de)	洪水	kōzui
aardbeving (de)	地震	jishin
aardschok (de)	震動	shindō
epicentrum (het)	震源地	shingen chi
uitbarsting (de)	噴火	funka
lava (de)	溶岩	yōgan
wervelwind (de)	旋風	senpū
windhoos (de)	竜巻	tatsumaki
tyfoon (de)	台風	taifū
orkaan (de)	ハリケーン	harikēn
storm (de)	暴風	bōfū
tsunami (de)	津波	tsunami
cycloon (de)	サイクロン	saikuron
onweer (het)	悪い天気	warui tenki
brand (de)	火事	kaji
ramp (de)	災害	saigai
meteoriet (de)	隕石	inseki
lawine (de)	雪崩	nadare
sneeuwverschuiving (de)	雪崩	nadare
sneeuwjacht (de)	猛吹雪	mō fubuki
sneeuwstorm (de)	吹雪	fubuki

208. Geluiden. Geluiden

stilte (de)	静けさ	shizukesa
geluid (het)	音	oto
lawaai (het)	騒音	sōon
lawaai maken (ww)	騒ぐ	sawagu
lawaaierig (bn)	騒がしい	sawagashī
luid (~ spreken)	大声で	ōgoe de
luid (bijv. ~e stem)	大声の	ōgoe no
aanhoudend (voortdurend)	ひっきりなしの	hikkirinashi no

schreeuw (de)	叫び	sakebi
schreeuwen (ww)	叫ぶ	sakebu
gefluister (het)	ささやき	sasayaki
fluisteren (ww)	ささやく	sasayaku
geblaf (het)	吠え声	hoe goe
blaffen (ww)	吠える	hoeru
gekreun (het)	うめき声	umeki goe
kreunen (ww)	うめく	umeku
hoest (de)	咳	seki
hoesten (ww)	咳をする	seki wo suru
gefluit (het)	笛	fue
fluiten (op het fluitje blazen)	笛を吹く	fue wo fuku
geklop (het)	ノック	nokku
kloppen (aan een deur)	ノックする	nokku suru
kraken (hout, ijs)	折れる	oreru
gekraak (het)	折れる音	oreru oto
sirene (de)	サイレン	sairen
fluit (stoom ~)	チャイム	chaimu
fluiten (schip, trein)	汽笛を鳴らす	kiteki wo narasu
toeter (de)	クラクション	kurakushon
toeteren (ww)	クラクションを鳴らす	kurakushon wo narasu

209. Winter

winter (de)	冬	fuyu
winter- (abn)	冬の	fuyu no
in de winter (bw)	冬に	fuyu ni
sneeuw (de)	雪	yuki
het sneeuwt	雪が降っている	yuki ga futte iru
sneeuwval (de)	降雪	kōsetsu
sneeuwhoop (de)	雪の吹きだまり	yuki no fukidamari
sneeuwvlok (de)	雪片	seppen
sneeuwbal (de)	雪玉	yuki dama
sneeuwman (de)	雪だるま	yukidaruma
IJspegel (de)	氷柱	tsurara
december (de)	十二月	jūnigatsu
januari (de)	一月	ichigatsu
februari (de)	二月	nigatsu
vorst (de)	ひどい霜	hidoi shimo
vries- (abn)	凍てつくような	itetsukuyō na
onder nul (bw)	零下	reika
eerste vorst (de)	初霜	hatsu shimo
rijp (de)	霜	shimo
koude (de)	寒さ	samu sa

het is koud	寒いね	samui ne
bontjas (de)	毛皮のコート	kegawa no kōto
wanten (mv.)	ミトン	miton
ziek worden (ww)	病気になる	byōki ni naru
verkoudheid (de)	風邪	kaze
verkouden raken (ww)	風邪をひく	kaze wo hiku
IJs (het)	氷	kōri
IJzel (de)	薄氷	hakuhyō
bevriezen (rivier, enz.)	氷結する	hyōketsu suru
IJsschol (de)	氷盤	hyōban
ski's (mv.)	スキー	sukī
skiër (de)	スキーヤー	sukīyā
skiën (ww)	スキーをする	sukī wo suru
schaatsen (ww)	スケートをする	sukēto wo suru

Fauna

210. Zoogdieren. Roofdieren

roofdier (het)	肉食獣	nikushoku juu
tijger (de)	トラ [虎]	tora
leeuw (de)	ライオン	raion
wolf (de)	オオカミ	ōkami
vos (de)	キツネ [狐]	kitsune
jaguar (de)	ジャガー	jagā
luipaard (de)	ヒョウ [豹]	hyō
jachtluipaard (de)	チーター	chītā
panter (de)	黒豹	kuro hyō
poema (de)	ピューマ	pyūma
sneeuwluipaard (de)	雪豹	yuki hyō
lynx (de)	オオヤマネコ	ōyamaneko
coyote (de)	コヨーテ	koyōte
jakhals (de)	ジャッカル	jakkaru
hyena (de)	ハイエナ	haiena

211. Wilde dieren

dier (het)	動物	dōbutsu
beest (het)	獣	shishi
eekhoorn (de)	リス	risu
egel (de)	ハリネズミ [針鼠]	harinezumi
haas (de)	ヘア	hea
konijn (het)	ウサギ [兎]	usagi
das (de)	アナグマ	anaguma
wasbeer (de)	アライグマ	araiguma
hamster (de)	ハムスター	hamusutā
marmot (de)	マーモット	māmotto
mol (de)	モグラ	mogura
muis (de)	ネズミ	nezumi
rat (de)	ラット	ratto
vleermuis (de)	コウモリ [蝙蝠]	kōmori
hermelijn (de)	オコジョ	okojo
sabeldier (het)	クロテン	kuroten
marter (de)	マツテン	matsu ten
wezel (de)	イタチ (鼬、鼬鼠)	itachi
nerts (de)	ミンク	minku

| bever (de) | ピーバー | bībā |
| otter (de) | カワウソ | kawauso |

paard (het)	ウマ［馬］	uma
eland (de)	ヘラジカ（箆鹿）	herajika
hert (het)	シカ［鹿］	shika
kameel (de)	ラクダ［駱駝］	rakuda

bizon (de)	アメリカバイソン	amerika baison
oeros (de)	ヨーロッパバイソン	yōroppa baison
buffel (de)	水牛	suigyū

zebra (de)	シマウマ［縞馬］	shimauma
antilope (de)	レイヨウ	reiyō
ree (de)	ノロジカ	noro jika
damhert (het)	ダマジカ	damajika
gems (de)	シャモア	shamoa
everzwijn (het)	イノシシ［猪］	inoshishi

walvis (de)	クジラ［鯨］	kujira
rob (de)	アザラシ	azarashi
walrus (de)	セイウチ［海象］	seiuchi
zeehond (de)	オットセイ［膃肭臍］	ottosei
dolfijn (de)	いるか［海豚］	iruka

beer (de)	クマ［熊］	kuma
IJsbeer (de)	ホッキョクグマ	hokkyokuguma
panda (de)	パンダ	panda

aap (de)	サル［猿］	saru
chimpansee (de)	チンパンジー	chinpanjī
orang-oetan (de)	オランウータン	oranwutan
gorilla (de)	ゴリラ	gorlra
makaak (de)	マカク	makaku
gibbon (de)	テナガザル	tenagazaru

olifant (de)	ゾウ［象］	zō
neushoorn (de)	サイ［犀］	sai
giraffe (de)	キリン	kirin
nijlpaard (het)	カバ［河馬］	kaba

| kangoeroe (de) | カンガルー | kangarū |
| koala (de) | コアラ | koara |

mangoest (de)	マングース	mangūsu
chinchilla (de)	チンチラ	chinchira
stinkdier (het)	スカンク	sukanku
stekelvarken (het)	ヤマアラシ	yamārashi

212. Huisdieren

poes (de)	猫	neko
kater (de)	オス猫	osu neko
hond (de)	犬	inu

paard (het)	ウマ［馬］	uma
hengst (de)	種馬	taneuma
merrie (de)	雌馬	meuma

koe (de)	雌牛	meushi
stier (de)	雄牛	ōshi
os (de)	去勢牛	kyosei ushi

schaap (het)	羊	hitsuji
ram (de)	雄羊	ohitsuji
geit (de)	ヤギ［山羊］	yagi
bok (de)	雄ヤギ	oyagi

| ezel (de) | ロバ | roba |
| muilezel (de) | ラバ | raba |

varken (het)	ブタ［豚］	buta
biggetje (het)	子豚	kobuta
konijn (het)	カイウサギ［飼兎］	kai usagi

| kip (de) | ニワトリ［鶏］ | niwatori |
| haan (de) | おんどり［雄鶏］ | ondori |

eend (de)	アヒル	ahiru
woerd (de)	雄アヒル	oahiru
gans (de)	ガチョウ	gachō

| kalkoen haan (de) | 雄七面鳥 | oshichimenchō |
| kalkoen (de) | 七面鳥［シチメンチョウ］ | shichimenchō |

huisdieren (mv.)	家畜	kachiku
tam (bijv. hamster)	馴れた	nare ta
temmen (tam maken)	かいならす	kainarasu
fokken (bijv. paarden ~)	飼養する	shiyō suru

boerderij (de)	農場	nōjō
gevogelte (het)	家禽	kakin
rundvee (het)	畜牛	chiku gyū
kudde (de)	群れ	mure

paardenstal (de)	馬小屋	umagoya
zwijnenstal (de)	豚小屋	buta goya
koeienstal (de)	牛舎	gyūsha
konijnenhok (het)	ウサギ小屋	usagi koya
kippenhok (het)	鶏小屋	niwatori goya

213. Honden. Hondenrassen

hond (de)	犬	inu
herdershond (de)	牧羊犬	bokuyō ken
Duitse herdershond (de)	ジャーマン・シェパード	jāman shepādo
poedel (de)	プードル	pūdoru
teckel (de)	ダックスフント	dakkusufunto
buldog (de)	ブルドッグ	burudoggu

boxer (de)	ボクサー	bokusā
mastiff (de)	マスティフ	masutifu
rottweiler (de)	ロットワイラー	rottowairā
doberman (de)	ドーベルマン	dōberuman

basset (de)	バセットハウンド	basetto haundo
bobtail (de)	ボブテイル	bobuteiru
dalmatiër (de)	ダルメシアン	darumeshian
cockerspaniël (de)	コッカースパニエル	kokkā supanieru

| newfoundlander (de) | ニューファンドランド | nyūfandorando |
| sint-bernard (de) | セントバーナード | sentobānādo |

poolhond (de)	ハスキー	hasukī
chowchow (de)	チャーチャウ	chau chau
spits (de)	スピッツ	supittsu
mopshond (de)	パグ	pagu

214. Dierengeluiden

geblaf (het)	吠え声	hoe goe
blaffen (ww)	吠える	hoeru
miauwen (ww)	ニャーニャー鳴く	nyānyā naku
spinnen (katten)	ゴロゴロとのどを鳴らす	gorogoro to nodo wo narasu

loeien (ov. een koe)	モーと鳴く	mō to naku
brullen (stier)	大声で鳴く	ōgoe de naku
grommen (ov. de honden)	うなる	unaru

gehuil (het)	遠吠え	tōboe
huilen (wolf, enz.)	遠吠えする	tōboe suru
janken (ov. een hond)	クンクン鳴く・	kunkun naku

mekkeren (schapen)	メーと鳴く	mē to naku
knorren (varkens)	ブーブー鳴く	būbū naku
gillen (bijv. varken)	キーキー鳴く	kīkī naku

kwaken (kikvorsen)	ゲロゲロ鳴く	gerogero naku
zoemen (hommel, enz.)	ブンブン飛び回る	bunbun tobimawaru
tjirpen (sprinkhanen)	キリキリ鳴く	kirikiri naku

215. Jonge dieren

jong (het)	動物の子	dōbutsu no ko
poesje (het)	子猫	koneko
muisje (het)	子ねずみ	konezumi
puppy (de)	子犬	koinu

jonge haas (de)	子ウサギ	ko usagi
konijntje (het)	兎の赤ちゃん	usagi no akachan
wolfje (het)	オオカミの子	ōkami no ko
vosje (het)	子狐	ko gitsune

beertje (het)	子熊	ko guma
leeuwenjong (het)	ライオンの子	raion no ko
tijgertje (het)	虎の子	tora no ko
olifantenjong (het)	子象	kozō

biggetje (het)	子豚	kobuta
kalf (het)	子牛	kōshi
geitje (het)	子ヤギ	koyagi
lam (het)	子羊	kohitsuji
reekalf (het)	子鹿	kojika
jonge kameel (de)	子ラクダ	korakuda

| slangenjong (het) | 蛇の赤ちゃん | hebi no akachan |
| kikkertje (het) | カエルの赤ちゃん | kaeru no akachan |

vogeltje (het)	雛鳥［ひなどり］	hinadori
kuiken (het)	ひよこ［雛］	hiyoko
eendje (het)	子ガモ	ko gamo

216. Vogels

vogel (de)	鳥	tori
duif (de)	鳩［ハト］	hato
mus (de)	スズメ（雀）	suzume
koolmees (de)	シジュウカラ［四十雀］	shijūkara
ekster (de)	カササギ（鵲）	kasasagi

raaf (de)	ワタリガラス［渡鴉］	watari garasu
kraai (de)	カラス［鴉］	karasu
kauw (de)	ニシコクマルガラス	nishikokumaru garasu
roek (de)	ミヤマガラス［深山烏］	miyama garasu

eend (de)	カモ［鴨］	kamo
gans (de)	ガチョウ	gachō
fazant (de)	キジ	kiji

arend (de)	鷲	washi
havik (de)	鷹	taka
valk (de)	ハヤブサ［隼］	hayabusa
gier (de)	ハゲワシ	hagewashi
condor (de)	コンドル	kondoru

zwaan (de)	白鳥［ハクチョウ］	hakuchō
kraanvogel (de)	鶴［ツル］	tsuru
ooievaar (de)	シュバシコウ	shubashikō

papegaai (de)	オウム	ōmu
kolibrie (de)	ハチドリ［蜂鳥］	hachidori
pauw (de)	クジャク［孔雀］	kujaku

struisvogel (de)	ダチョウ［駝鳥］	dachō
reiger (de)	サギ［鷺］	sagi
flamingo (de)	フラミンゴ	furamingo
pelikaan (de)	ペリカン	perikan

| nachtegaal (de) | サヨナキドリ | sayonakidori |
| zwaluw (de) | ツバメ [燕] | tsubame |

lijster (de)	ノハラツグミ	nohara tsugumi
zanglijster (de)	ウタツグミ [歌鶫]	uta tsugumi
merel (de)	クロウタドリ	kurōtadori

gierzwaluw (de)	アマツバメ [雨燕]	ama tsubame
leeuwerik (de)	ヒバリ [雲雀]	hibari
kwartel (de)	ウズラ	uzura

specht (de)	キツツキ	kitsutsuki
koekoek (de)	カッコウ [郭公]	kakkō
uil (de)	トラフズク	torafuzuku
oehoe (de)	ワシミミズク	washi mimizuku
auerhoen (het)	ヨーロッパオオライチョウ	yōroppa ōraichō
korhoen (het)	クロライチョウ	kuro raichō
patrijs (de)	ヨーロッパヤマウズラ	yōroppa yamauzura

spreeuw (de)	ムクドリ	mukudori
kanarie (de)	カナリア [金糸雀]	kanaria
hazelhoen (het)	エゾライチョウ	ezo raichō
vink (de)	ズアオアトリ	zuaoatori
goudvink (de)	ウソ [鷽]	uso

meeuw (de)	カモメ [鴎]	kamome
albatros (de)	アホウドリ	ahōdori
pinguïn (de)	ペンギン	pengin

217. Vogels. Zingen en geluiden

fluiten, zingen (ww)	さえずる	saezuru
schreeuwen (dieren, vogels)	鳴く	naku
kraaien (ov. een haan)	コケコッコーと鳴く	kokekokkō to naku
kukeleku	コケコッコー	kokekokkō

klokken (hen)	コッコッと鳴く	kokkotto naku
krassen (kraai)	カーカーと鳴く	kākā to naku
kwaken (eend)	ガーガー鳴く	gāgā naku
piepen (kuiken)	ピーピー鳴く	pīpī naku
tjilpen (bijv. een mus)	さえずる	saezuru

218. Vis. Zeedieren

brasem (de)	ブリーム	burīmu
karper (de)	コイ [鯉]	koi
baars (de)	ヨーロピアンパーチ	yōropian pāchi
meerval (de)	ナマズ	namazu
snoek (de)	カワカマス	kawakamasu

| zalm (de) | サケ | sake |
| steur (de) | チョウザメ [蝶鮫] | chōzame |

haring (de)	ニシン	nishin
atlantische zalm (de)	タイセイヨウサケ［大西洋鮭］	taiseiyō sake
makreel (de)	サバ［鯖］	saba
platvis (de)	カレイ［鰈］	karei
snoekbaars (de)	ザンダー	zandā
kabeljauw (de)	タラ［鱈］	tara
tonijn (de)	マグロ［鮪］	maguro
forel (de)	マス［鱒］	masu
paling (de)	ウナギ［鰻］	unagi
sidderrog (de)	シビレエイ	shibireei
murene (de)	ウツボ［鱓］	utsubo
piranha (de)	ピラニア	pirania
haai (de)	サメ［鮫］	same
dolfijn (de)	イルカ［海豚］	iruka
walvis (de)	クジラ［鯨］	kujira
krab (de)	カニ［蟹］	kani
kwal (de)	クラゲ［水母］	kurage
octopus (de)	タコ［蛸］	tako
zeester (de)	ヒトデ［海星］	hitode
zee-egel (de)	ウニ［海胆］	uni
zeepaardje (het)	タツノオトシゴ	tatsunootoshigo
oester (de)	カキ［牡蠣］	kaki
garnaal (de)	エビ	ebi
kreeft (de)	イセエビ	iseebi
langoest (de)	スパイニーロブスター	supainī robusutā

219. Amfibieën. Reptielen

slang (de)	ヘビ（蛇）	hebi
giftig (slang)	毒…、有毒な	doku..., yūdoku na
adder (de)	クサリヘビ	kusarihebi
cobra (de)	コブラ	kobura
python (de)	ニシキヘビ	nishikihebi
boa (de)	ボア	boa
ringslang (de)	ヨーロッパヤマカガシ	yōroppa yamakagashi
ratelslang (de)	ガラガラヘビ	garagarahebi
anaconda (de)	アナコンダ	anakonda
hagedis (de)	トカゲ［蜥蜴］	tokage
leguaan (de)	イグアナ	iguana
varaan (de)	オオトカゲ	ōtokage
salamander (de)	サンショウウオ［山椒魚］	sanshōuo
kameleon (de)	カメレオン	kamereon
schorpioen (de)	サソリ［蠍］	sasori
schildpad (de)	カメ［亀］	kame
kikker (de)	蛙［カエル］	kaeru

pad (de)	ヒキガエル	hikigaeru
krokodil (de)	ワニ ［鰐］	wani

220. Insecten

insect (het)	昆虫	konchū
vlinder (de)	チョウ ［蝶］	chō
mier (de)	アリ ［蟻］	ari
vlieg (de)	ハエ ［蝿］	hae
mug (de)	カ ［蚊］	ka
kever (de)	甲虫	kabutomushi
wesp (de)	ワスプ	wasupu
bij (de)	ハチ ［蜂］	hachi
hommel (de)	マルハナバチ ［丸花蜂］	maruhanabachi
horzel (de)	アブ ［虻］	abu
spin (de)	クモ ［蜘蛛］	kumo
spinnenweb (het)	クモの巣	kumo no su
libel (de)	トンボ ［蜻蛉］	tonbo
sprinkhaan (de)	キリギリス	kirigirisu
nachtvlinder (de)	ガ ［蛾］	ga
kakkerlak (de)	ゴキブリ ［蜚蠊］	gokiburi
mijt (de)	ダニ ［壁蝨、蜱］	dani
vlo (de)	ノミ ［蚤］	nomi
kriebelmug (de)	ヌカカ ［糠蚊］	nukaka
treksprinkhaan (dc)	バッタ ［飛蝗］	batta
slak (de)	カタツムリ ［蝸牛］	katatsumuri
krekel (de)	コオロギ ［蟋蟀、蛬］	kōrogi
glimworm (de)	ホタル ［蛍、螢］	hotaru
lieveheersbeestje (het)	テントウムシ ［天道虫］	tentōmushi
meikever (de)	コフキコガネ	kofukikogane
bloedzuiger (de)	ヒル ［蛭］	hiru
rups (de)	ケムシ ［毛虫］	kemushi
aardworm (de)	ミミズ ［蚯蚓］	mimizu
larve (de)	幼虫	yōchū

221. Dieren. Lichaamsdelen

snavel (de)	くちばし （嘴）	kuchibashi
vleugels (mv.)	翼 ［つばさ］	tsubasa
poot (ov. een vogel)	足	ashi
verenkleed (het)	羽毛	umō
veer (de)	羽	hane
kuifje (het)	とさか	tosaka
kieuwen (mv.)	えら ［鰓］	era
kuit, dril (de)	卵	tamago

larve (de)	幼虫	yōchū
vin (de)	ひれ [鰭]	hire
schubben (mv.)	鱗（うろこ）	uroko
slagtand (de)	犬歯	kenshi
poot (bijv. ~ van een kat)	足	ashi
muil (de)	鼻口部	hana guchi bu
bek (mond van dieren)	口	kuchi
staart (de)	尻尾	shippo
snorharen (mv.)	洞毛	dōmo u
hoef (de)	ひづめ	hizume
hoorn (de)	角	tsuno
schild (schildpad, enz.)	甲羅	kōra
schelp (de)	貝殻	kaigara
eierschaal (de)	卵の殻	tamago no kara
vacht (de)	毛	ke
huid (de)	毛皮	kegawa

222. Acties van de dieren

vliegen (ww)	飛ぶ	tobu
cirkelen (vogel)	円を描く	en wo egaku
wegvliegen (ww)	飛び去る	tobisaru
klapwieken (ww)	羽音を立てる	haoto wo tateru
pikken (vogels)	ついばむ	tsuibamu
broeden (de eend zit te ~)	卵を抱く	tamago wo idaku
uitbroeden (ww)	孵化する	fuka suru
een nest bouwen	巣を作る	su wo tsukuru
kruipen (ww)	這う	hau
steken (bij)	刺す	sasu
bijten (de hond, enz.)	噛みつく	kamitsuku
snuffelen (ov. de dieren)	嗅ぐ	kagu
blaffen (ww)	吠える	hoeru
sissen (slang)	シューッという音を立てる	shūttoyū oto wo tateru
doen schrikken (ww)	怖がらせる	kowagara seru
aanvallen (ww)	攻撃する	kōgeki suru
knagen (ww)	噛る	kajiru
schrammen (ww)	引っ掻く	hikkaku
zich verbergen (ww)	隠れる	kakureru
spelen (ww)	遊ぶ	asobu
jagen (ww)	狩る	karu
winterslapen	冬眠する	tōmin suru
uitsterven (dinosauriërs, enz.)	絶滅する	zetsumetsu suru

223. Dieren. Leefomgevingen

leefgebied (het)	生息地	seisoku chi
migratie (de)	渡り	watari
berg (de)	山	yama
rif (het)	サンゴ礁	sangoshō
klip (de)	断崖	dangai
bos (het)	森林	shinrin
jungle (de)	ジャングル	janguru
savanne (de)	サバンナ	sabanna
toendra (de)	ツンドラ	tsundora
steppe (de)	ステップ	suteppu
woestijn (de)	砂漠	sabaku
oase (de)	オアシス	oashisu
zee (de)	海	umi
meer (het)	湖	mizūmi
oceaan (de)	海洋	kaiyō
moeras (het)	沼地	numachi
zoetwater- (abn)	淡水の	tansui no
vijver (de)	池	ike
rivier (de)	川	kawa
berenhol (het)	動物の巣穴	dōbutsu no su ana
nest (het)	巣	su
boom holte (de)	樹洞	kihora
hol (het)	巣穴	su ana
mierenhoop (de)	アリ塚 [蟻塚]	arizuka

224. Dierverzorging

dierentuin (de)	動物園	dōbutsu en
natuurreservaat (het)	自然保護区	shizen hogo ku
fokkerij (de)	ブリーダー	burīdā
openluchtkooi (de)	野外ケージ	yagai kēji
kooi (de)	おり（檻）	ori
hondenhok (het)	犬小屋	inu goya
duiventil (de)	鳩小屋	hatogoya
aquarium (het)	水槽	suisō
dolfinarium (het)	いるかのいる水族館	iruka no iru suizokukan
fokken (bijv. honden ~)	飼育する	shīku suru
nakomelingen (mv.)	同腹	dōfuku
temmen (tam maken)	馴らす	narasu
voeding (de)	飼料	shiryō
voederen (ww)	餌をやる	esa wo yaru
dresseren (ww)	調教する	chōkyō suru

dierenwinkel (de)	ペットショップ	petto shoppu
muilkorf (de)	口輪	kuchiwa
halsband (de)	首輪	kubiwa
naam (ov. een dier)	名前	namae
stamboom (honden met ~)	血統書	kettō sho

225. Dieren. Diversen

meute (wolven)	群れ	mure
zwerm (vogels)	鳥の群れ	tori no mure
school (vissen)	魚の群れ	sakana no mure
kudde (wilde paarden)	馬の群れ	uma no mure
mannetje (het)	雄	yū
vrouwtje (het)	雌	mesu
hongerig (bn)	飢えた	ue ta
wild (bn)	野生の	yasei no
gevaarlijk (bn)	危険な	kiken na

226. Paarden

paard (het)	馬	uma
ras (het)	品種	hinshu
veulen (het)	子馬	kōma
merrie (de)	雌馬	meuma
mustang (de)	ムスタング	musutangu
pony (de)	ポニー	ponī
koudbloed (de)	重種馬	jū taneuma
manen (mv.)	たてがみ	tategami
staart (de)	尻尾	shippo
hoef (de)	ひづめ	hizume
hoefijzer (het)	蹄鉄	teitetsu
beslaan (ww)	蹄鉄を付ける	teitetsu wo tsukeru
paardensmid (de)	蹄鉄工	teitetsu kō
zadel (het)	鞍	kura
stijgbeugel (de)	あぶみ [鐙]	abumi
breidel (de)	馬勒	baroku
leidsels (mv.)	手綱	tazuna
zweep (de)	むち [鞭]	muchi
ruiter (de)	乗り手	norite
inrijden (ww)	調教する	chōkyō suru
zadelen (ww)	鞍をつける	kura wo tsukeru
een paard bestijgen	馬に乗る	uma ni noru
galop (de)	ギャロップ	gyaroppu
galopperen (ww)	ギャロップで駆ける	gyaroppu de kakeru

draf (de)	速足	hayāshi
in draf (bw)	速足で	hayāshi de
draven (ww)	速足で駆ける	hayāshi de kakeru
renpaard (het)	競走馬	kyōsō ba
paardenrace (de)	競馬	keiba
paardenstal (de)	馬小屋	umagoya
voederen (ww)	餌をやる	esa wo yaru
hooi (het)	干し草	hoshikusa
water geven (ww)	水を飲ませる	mizu wo nomaseru
wassen (paard ~)	洗う	arau
kluisteren (met hobbles)	ロープで縛る	rōpu de shibaru
paardenkar (de)	馬車	basha
grazen (gras eten)	草を食む	kusa wo hamu
hinniken (ww)	いななく	inanaku
een trap geven	…を蹴る	… wo keru

Flora

227. Bomen

boom (de)	木	ki
loof- (abn)	落葉性の	rakuyō sei no
dennen- (abn)	針葉樹の	shinyōju no
groenblijvend (bn)	常緑の	jōryoku no
appelboom (de)	りんごの木	ringonoki
perenboom (de)	洋梨の木	yōnashinoki
zoete kers (de)	セイヨウミザクラ	seiyōmi zakura
zure kers (de)	スミミザクラ	sumimi zakura
pruimelaar (de)	プラムトリー	puramu torī
berk (de)	カバノキ	kabanoki
eik (de)	オーク	ōku
linde (de)	シナノキ［科の木］	shinanoki
esp (de)	ヤマナラシ［山鳴らし］	yamanarashi
esdoorn (de)	カエデ［楓］	kaede
spar (de)	スプルース	supurūsu
den (de)	マツ［松］	matsu
lariks (de)	カラマツ［唐松］	karamatsu
zilverspar (de)	モミ［樅］	momi
ceder (de)	シダー	shidā
populier (de)	ポプラ	popura
lijsterbes (de)	ナナカマド	nanakamado
wilg (de)	ヤナギ［柳］	yanagi
els (de)	ハンノキ	hannoki
beuk (de)	ブナ	buna
iep (de)	ニレ［楡］	nire
es (de)	トネリコ［梣］	toneriko
kastanje (de)	クリ［栗］	kuri
magnolia (de)	モクレン［木蓮］	mokuren
palm (de)	ヤシ［椰子］	yashi
cipres (de)	イトスギ ［糸杉］	itosugi
mangrove (de)	マングローブ	mangurōbu
baobab (apenbroodboom)	バオバブ	baobabu
eucalyptus (de)	ユーカリ	yūkari
mammoetboom (de)	セコイア	sekoia

228. Heesters

struik (de)	低木	teiboku
heester (de)	潅木	kanboku

wijnstok (de)	ブドウ ［葡萄］	budō
wijngaard (de)	ブドウ園 ［葡萄園］	budōen
frambozenstruik (de)	ラズベリー	razuberī
zwarte bes (de)	クロスグリ	kuro suguri
rode bessenstruik (de)	フサスグリ	fusa suguri
kruisbessenstruik (de)	セイヨウスグリ	seiyō suguri
acacia (de)	アカシア	akashia
zuurbes (de)	メギ	megi
jasmijn (de)	ジャスミン	jasumin
jeneverbes (de)	セイヨウネズ	seiyōnezu
rozenstruik (de)	バラの木	baranoki
hondsroos (de)	イヌバラ	inu bara

229. Champignons

paddenstoel (de)	キノコ ［茸］	kinoko
eetbare paddenstoel (de)	食用キノコ	shokuyō kinoko
giftige paddenstoel (de)	毒キノコ	doku kinoko
hoed (de)	カサ ［傘］	kasa
steel (de)	柄	e
gewoon eekhoorntjesbrood (het)	ヤマドリタケ	yamadori take
rosse populierenboleet (de)	アカエノキンチャヤマイグチ	akaenokincha yamaiguchi
berkenboleet (de)	ヤマイグチ	yamaiguchi
cantharel (de)	アンズタケ ［杏茸］	anzu take
russula (de)	ベニタケ ［紅茸］	beni take
morille (de)	アミガサタケ ［網笠茸］	amigasa take
vliegenzwam (de)	ベニテングタケ ［紅天狗茸］	benitengu take
groene knolzwam (de)	タマゴテングタケ ［卵天狗茸］	tamagotengu take

230. Vruchten. Bessen

vrucht (de)	果物	kudamono
vruchten (mv.)	果物	kudamono
appel (de)	リンゴ	ringo
peer (de)	洋梨	yōnashi
pruim (de)	プラム	puramu
aardbei (de)	イチゴ （苺）	ichigo
kers (de)	チェリー	cherī
zure kers (de)	サワー チェリー	sawā cherī
zoete kers (de)	スイート チェリー	suīto cherī
druif (de)	ブドウ ［葡萄］	budō
framboos (de)	ラズベリー （木苺）	razuberī
zwarte bes (de)	クロスグリ	kuro suguri
rode bes (de)	フサスグリ	fusa suguri

| kruisbes (de) | セイヨウスグリ | seiyō suguri |
| veenbes (de) | クランベリー | kuranberī |

sinaasappel (de)	オレンジ	orenji
mandarijn (de)	マンダリン	mandarin
ananas (de)	パイナップル	painappuru
banaan (de)	バナナ	banana
dadel (de)	デーツ	dētsu

citroen (de)	レモン	remon
abrikoos (de)	アンズ [杏子]	anzu
perzik (de)	モモ [桃]	momo
kiwi (de)	キウイ	kiui
grapefruit (de)	グレープフルーツ	gurēbu furūtsu

bes (de)	ベリー	berī
bessen (mv.)	ベリー	berī
vossenbes (de)	コケモモ	kokemomo
bosaardbei (de)	ノイチゴ [野いちご]	noichigo
bosbes (de)	ビルベリー	biruberī

231. Bloemen. Planten

| bloem (de) | 花 | hana |
| boeket (het) | 花束 | hanataba |

roos (de)	バラ	bara
tulp (de)	チューリップ	chūrippu
anjer (de)	カーネーション	kānēshon
gladiool (de)	グラジオラス	gurajiorasu

korenbloem (de)	ヤグルマギク [矢車菊]	yagurumagiku
klokje (het)	ホタルブクロ	hotarubukuro
paardenbloem (de)	タンポポ [蒲公英]	tanpopo
kamille (de)	カモミール	kamomīru

aloë (de)	アロエ	aroe
cactus (de)	サボテン	saboten
ficus (de)	イチジク	ichijiku

lelie (de)	ユリ [百合]	yuri
geranium (de)	ゼラニウム	zeranyūmu
hyacint (de)	ヒヤシンス	hiyashinsu

mimosa (de)	ミモザ	mimoza
narcis (de)	スイセン [水仙]	suisen
Oostindische kers (de)	キンレンカ [金蓮花]	kinrenka

orchidee (de)	ラン [蘭]	ran
pioenroos (de)	シャクヤク [芍薬]	shakuyaku
viooltje (het)	スミレ [菫]	sumire

| driekleurig viooltje (het) | パンジー | panjī |
| vergeet-mij-nietje (het) | ワスレナグサ [勿忘草] | wasurenagusa |

madeliefje (het)	デイジー	deijī
papaver (de)	ポピー	popī
hennep (de)	アサ [麻]	asa
munt (de)	ミント	minto
lelietje-van-dalen (het)	スズラン [鈴蘭]	suzuran
sneeuwklokje (het)	スノードロップ	sunōdoroppu
brandnetel (de)	イラクサ [刺草]	irakusa
veldzuring (de)	スイバ	suiba
waterlelie (de)	スイレン [睡蓮]	suiren
varen (de)	シダ	shida
korstmos (het)	地衣類	chī rui
oranjerie (de)	温室	onshitsu
gazon (het)	芝生	shibafu
bloemperk (het)	花壇	kadan
plant (de)	植物	shokubutsu
gras (het)	草	kusa
grasspriet (de)	草の葉	kusa no ha
blad (het)	葉	ha
bloemblad (het)	花びら	hanabira
stengel (de)	茎	kuki
knol (de)	塊茎	kaikei
scheut (de)	シュート	shūto
doorn (de)	茎針	kuki hari
bloeien (ww)	開花する	kaika suru
verwelken (ww)	しおれる	shioreru
geur (de)	香り	kaorl
snijden (bijv. bloemen ~)	切る	kiru
plukken (bloemen ~)	摘む	tsumamu

232. Granen, graankorrels

graan (het)	穀物	kokumotsu
graangewassen (mv.)	禾穀類	kakokurui
aar (de)	花穂	kasui
tarwe (de)	コムギ [小麦]	komugi
rogge (de)	ライムギ [ライ麦]	raimugi
haver (de)	オーツムギ [オーツ麦]	ōtsu mugi
gierst (de)	キビ [黍]	kibi
gerst (de)	オオムギ [大麦]	ōmugi
maïs (de)	トウモロコシ	tōmorokoshi
rijst (de)	イネ [稲]	ine
boekweit (de)	ソバ [蕎麦]	soba
erwt (de)	エンドウ [豌豆]	endō
boon (de)	インゲンマメ [隠元豆]	ingen mame

soja (de)	ダイズ [大豆]	daizu
linze (de)	レンズマメ [レンズ豆]	renzu mame
bonen (mv.)	豆類	mamerui

233. Groenten. Groene groenten

| groenten (mv.) | 野菜 | yasai |
| verse kruiden (mv.) | 青物 | aomono |

tomaat (de)	トマト	tomato
augurk (de)	きゅうり [胡瓜]	kyūri
wortel (de)	ニンジン [人参]	ninjin
aardappel (de)	ジャガイモ	jagaimo
ui (de)	たまねぎ [玉葱]	tamanegi
knoflook (de)	ニンニク	ninniku

kool (de)	キャベツ	kyabetsu
bloemkool (de)	カリフラワー	karifurawā
spruitkool (de)	メキャベツ	mekyabetsu
broccoli (de)	ブロッコリー	burokkorī

rode biet (de)	テーブルビート	tēburu bīto
aubergine (de)	ナス	nasu
courgette (de)	ズッキーニ	zukkīni
pompoen (de)	カボチャ	kabocha
knolraap (de)	カブ	kabu

peterselie (de)	パセリ	paseri
dille (de)	ディル	diru
sla (de)	レタス	retasu
selderij (de)	セロリ	serori
asperge (de)	アスパラガス	asuparagasu
spinazie (de)	ホウレンソウ	hōrensō

erwt (de)	エンドウ	endō
bonen (mv.)	豆類	mamerui
maïs (de)	トウモロコシ	tōmorokoshi
boon (de)	金時豆	kintoki mame

peper (de)	ピーマン	pīman
radijs (de)	ハツカダイコン	hatsukadaikon
artisjok (de)	アーティチョーク	ātichōku

REGIONALE AARDRIJKSKUNDE

Landen. Nationaliteiten

234. West-Europa

Europa (het)	ヨーロッパ	yōroppa
Europese Unie (de)	欧州連合	ōshū rengō
Europeaan (de)	ヨーロッパ人	yōroppa jin
Europees (bn)	ヨーロッパの	yōroppa no
Oostenrijk (het)	オーストリア	ōsutoria
Oostenrijker (de)	オーストリア人	ōsutoria jin
Oostenrijkse (de)	オーストリア人	ōsutoria jin
Oostenrijks (bn)	オーストリアの	ōsutoria no
Groot-Brittannië (het)	グレートブリテン島	gurētoburiten tō
Engeland (het)	イギリス	igirisu
Engelsman (de)	イギリス人	igirisu jin
Engelse (de)	イギリス人	igirisu jin
Engels (bn)	イギリスの	igirisu no
België (het)	ベルギー	berugī
Belg (de)	ベルギー人	berugī jin
Belgische (de)	ベルギー人	berugī jin
Belgisch (bn)	ベルギーの	berugī no
Duitsland (het)	ドイツ	doitsu
Duitser (de)	ドイツ人	doitsu jin
Duitse (de)	ドイツ人	doitsu jin
Duits (bn)	ドイツの	doitsu no
Nederland (het)	ネーデルラント	nēderuranto
Holland (het)	オランダ	oranda
Nederlander (de)	オランダ人	oranda jin
Nederlandse (de)	オランダ人	oranda jin
Nederlands (bn)	オランダの	oranda no
Griekenland (het)	ギリシャ	girisha
Griek (de)	ギリシア人	girishia jin
Griekse (de)	ギリシア人	girishia jin
Grieks (bn)	ギリシャの	girisha no
Denemarken (het)	デンマーク	denmāku
Deen (de)	デンマーク人	denmāku jin
Deense (de)	デンマーク人	denmāku jin
Deens (bn)	デンマークの	denmāku no
Ierland (het)	アイルランド	airurando
Ier (de)	アイルランド人	airurando jin

| Ierse (de) | アイルランド人 | airurando jin |
| Iers (bn) | アイルランドの | airurando no |

IJsland (het)	アイスランド	aisurando
IJslander (de)	アイスランド人	aisurando jin
IJslandse (de)	アイスランド人	aisurando jin
IJslands (bn)	アイスランドの	aisurando no

Spanje (het)	スペイン	supein
Spanjaard (de)	スペイン人	supein jin
Spaanse (de)	スペイン人	supein jin
Spaans (bn)	スペインの	supein no

Italië (het)	イタリア	itaria
Italiaan (de)	イタリア人	itaria jin
Italiaanse (de)	イタリア人	itaria jin
Italiaans (bn)	イタリアの	itaria no

Cyprus (het)	キプロス	kipurosu
Cyprioot (de)	キプロス人	kipurosu jin
Cypriotische (de)	キプロス人	kipurosu jin
Cypriotisch (bn)	キプロスの	kipurosu no

Malta (het)	マルタ	maruta
Maltees (de)	マルタ人	maruta jin
Maltese (de)	マルタ人	maruta jin
Maltees (bn)	マルタの	maruta no

Noorwegen (het)	ノルウェー	noruwē
Noor (de)	ノルウェー人	noruwē jin
Noorse (de)	ノルウェー人	noruwē jin
Noors (bn)	ノルウェーの	noruwē no

Portugal (het)	ポルトガル	porutogaru
Portugees (de)	ポルトガル人	porutogaru jin
Portugese (de)	ポルトガル人	porutogaru jin
Portugees (bn)	ポルトガルの	porutogaru no

Finland (het)	フィンランド	finrando
Fin (de)	フィンランド人	finrando jin
Finse (de)	フィンランド人	finrando jin
Fins (bn)	フィンランドの	finrando no

Frankrijk (het)	フランス	furansu
Fransman (de)	フランス人	furansu jin
Française (de)	フランス人	furansu jin
Frans (bn)	フランスの	furansu no

Zweden (het)	スウェーデン	suwēden
Zweed (de)	スウェーデン人	suwēden jin
Zweedse (de)	スウェーデン人	suwēden jin
Zweeds (bn)	スウェーデンの	suwēden no

Zwitserland (het)	スイス	suisu
Zwitser (de)	スイス人	suisu jin
Zwitserse (de)	スイス人	suisu jin

Zwitsers (bn)	スイスの	suisu no
Schotland (het)	スコットランド	sukottorando
Schot (de)	スコットランド人	sukottorando jin
Schotse (de)	スコットランド人	sukottorando jin
Schots (bn)	スコットランドの	sukottorando no
Vaticaanstad (de)	バチカン	bachikan
Liechtenstein (het)	リヒテンシュタイン	rihitenshutain
Luxemburg (het)	ルクセンブルク	rukusenburuku
Monaco (het)	モナコ	monako

235. Centraal- en Oost-Europa

Albanië (het)	アルバニア	arubania
Albanees (de)	アルバニア人	arubania jin
Albanese (de)	アルバニア人	arubania jin
Albanees (bn)	アルバニアの	arubania no
Bulgarije (het)	ブルガリア	burugaria
Bulgaar (de)	ブルガリア人	burugaria jin
Bulgaarse (de)	ブルガリア人	burugaria jin
Bulgaars (bn)	ブルガリアの	burugaria no
Hongarije (het)	ハンガリー	hangarī
Hongaar (de)	ハンガリー人	hangarī jin
Hongaarse (de)	ハンガリー人	hangarī jin
Hongaars (bn)	ハンガリーの	hangarī no
Letland (het)	ラトビア	ratobia
Let (de)	ラトビア人	ratobia jin
Letse (de)	ラトビア人	ratobla Jln
Lets (bn)	ラトビアの	ratobia no
Litouwen (het)	リトアニア	ritoania
Litouwer (de)	リトアニア人	ritoania jin
Litouwse (de)	リトアニア人	ritoania jin
Litouws (bn)	リトアニアの	ritoania no
Polen (het)	ポーランド	pōrando
Pool (de)	ポーランド人	pōrando jin
Poolse (de)	ポーランド人	pōrando jin
Pools (bn)	ポーランドの	pōrando no
Roemenië (het)	ルーマニア	rūmania
Roemeen (de)	ルーマニア人	rūmania jin
Roemeense (de)	ルーマニア人	rūmania jin
Roemeens (bn)	ルーマニアの	rūmania no
Servië (het)	セルビア	serubia
Serviër (de)	セルビア人	serubia jin
Servische (de)	セルビア人	serubia jin
Servisch (bn)	セルビアの	serubia no
Slowakije (het)	スロバキア	surobakia
Slowaak (de)	スロバキア人	surobakia jin

| Slowaakse (de) | スロバキア人 | surobakia jin |
| Slowaakse (bn) | スロバキアの | surobakia no |

Kroatië (het)	クロアチア	kuroachia
Kroaat (de)	クロアチア人	kuroachia jin
Kroatische (de)	クロアチア人	kuroachia jin
Kroatisch (bn)	クロアチアの	kuroachia no

Tsjechië (het)	チェコ	cheko
Tsjech (de)	チェコ人	cheko jin
Tsjechische (de)	チェコ人	cheko jin
Tsjechisch (bn)	チェコの	cheko no

Estland (het)	エストニア	esutonia
Est (de)	エストニア人	esutonia jin
Estse (de)	エストニア人	esutonia jin
Ests (bn)	エストニアの	esutonia no

Bosnië en Herzegovina (het)	ボスニア・ヘルツェゴヴィナ	bosunia herutsegovina
Macedonië (het)	マケドニア地方	makedonia chihō
Slovenië (het)	スロベニア	surobenia
Montenegro (het)	モンテネグロ	monteneguro

236. Voormalige USSR landen

Azerbeidzjan (het)	アゼルバイジャン	azerubaijan
Azerbeidzjaan (de)	アゼルバイジャン人	azerubaijan jin
Azerbeidjaanse (de)	アゼルバイジャン人	azerubaijan jin
Azerbeidjaans (bn)	アゼルバイジャンの	azerubaijan no

Armenië (het)	アルメニア	arumenia
Armeen (de)	アルメニア人	arumenia jin
Armeense (de)	アルメニア人	arumenia jin
Armeens (bn)	アルメニアの	arumenia no

Wit-Rusland (het)	ベラルーシー	berarūshī
Wit-Rus (de)	ベラルーシー人	berarūshī jin
Wit-Russische (de)	ベラルーシー人	berarūshī jin
Wit-Russisch (bn)	ベラルーシーの	berarūshī no

Georgië (het)	グルジア	gurujia
Georgiër (de)	グルジア人	gurujia jin
Georgische (de)	グルジア人	gurujia jin
Georgisch (bn)	グルジアの	gurujia no

Kazakstan (het)	カザフスタン	kazafusutan
Kazak (de)	カザフスタン人	kazafusutan jin
Kazakse (de)	カザフスタン人	kazafusutan jin
Kazakse (bn)	カザフスタンの	kazafusutan no

Kirgizië (het)	キルギス	kirugisu
Kirgiziër (de)	キルギス人	kirugisu jin
Kirgizische (de)	キルギス人	kirugisu jin
Kirgizische (bn)	キルギスの	kirugisu no

Chinees (de)	中国人	chūgokujin
Chinese (de)	中国人	chūgokujin
Chinees (bn)	中国の	chūgoku no

Koreaan (de)	朝鮮人	chōsen jin
Koreaanse (de)	朝鮮人	chōsen jin
Koreaans (bn)	朝鮮の	chōsen no

Libanon (het)	レバノン	rebanon
Libanees (de)	レバノン人	rebanon jin
Libanese (de)	レバノン人	rebanon jin
Libanees (bn)	レバノンの	rebanon no

Mongolië (het)	モンゴル	mongoru
Mongool (de)	モンゴル人	mongoru jin
Mongoolse (de)	モンゴル人	mongoru jin
Mongools (bn)	モンゴルの	mongoru no

Maleisië (het)	マレーシア	marēshia
Maleisiër (de)	マレーシア人	marēshia jin
Maleisische (de)	マレーシア人	marēshia jin
Maleisisch (bn)	マレーシアの	marēshia no

Pakistan (het)	パキスタン	pakisutan
Pakistaan (de)	パキスタン人	pakisutan jin
Pakistaanse (de)	パキスタン人	pakisutan jin
Pakistaans (bn)	パキスタンの	pakisutan no

Saoedi-Arabië (het)	サウジアラビア	saujiarabia
Arabier (de)	アラブ人	arabu jin
Arabische (de)	アラブ人	arabu jin
Arabisch (bn)	アラビアの	arabia no

Thailand (het)	タイ	tai
Thai (de)	タイ人	tai jin
Thaise (de)	タイ人	tai jin
Thai (bn)	タイの	tai no

Taiwan (het)	台湾	taiwan
Taiwanees (de)	台湾人	taiwan jin
Taiwanese (de)	台湾人	taiwan jin
Taiwanees (bn)	台湾の	taiwan no

Turkije (het)	トルコ	toruko
Turk (de)	トルコ人	toruko jin
Turkse (de)	トルコ人	toruko jin
Turks (bn)	トルコの	toruko no

Japan (het)	日本	nihon
Japanner (de)	日本人	nihonjin
Japanse (de)	日本人	nihonjin
Japans (bn)	日本の	nihonno

Afghanistan (het)	アフガニスタン	afuganisutan
Bangladesh (het)	バングラデシュ	banguradeshu
Indonesië (het)	インドネシア	indoneshia

Jordanië (het)	ヨルダン	yorudan
Irak (het)	イラク	iraku
Iran (het)	イラン	iran
Cambodja (het)	カンボジア	kanbojia
Koeweit (het)	クウェート	kuwēto

Laos (het)	ラオス	raosu
Myanmar (het)	ミャンマー	myanmā
Nepal (het)	ネパール	nepāru
Verenigde Arabische Emiraten	アラブ首長国連邦	arabu shuchō koku renpō

Syrië (het)	シリア	shiria
Palestijnse autonomie (de)	パレスチナ	paresuchina
Zuid-Korea (het)	大韓民国	daikanminkoku
Noord-Korea (het)	北朝鮮	kitachōsen

238. Noord-Amerika

Verenigde Staten van Amerika	アメリカ合衆国	amerika gasshūkoku
Amerikaan (de)	アメリカ人	amerika jin
Amerikaanse (de)	アメリカ人	amerika jin
Amerikaans (bn)	アメリカの	amerika no

Canada (het)	カナダ	kanada
Canadees (de)	カナダ人	kanada jin
Canadese (de)	カナダ人	kanada jin
Canadees (bn)	カナダの	kanada no

Mexico (het)	メキシコ	mekishlko
Mexicaan (de)	メキシコ人	mekishiko jin
Mexicaanse (de)	メキシコ人	mekishiko jin
Mexicaans (bn)	メキシコの	mekishiko no

239. Midden- en Zuid-Amerika

Argentinië (het)	アルゼンチン	aruzenchin
Argentijn (de)	アルゼンチン人	aruzenchin jin
Argentijnse (de)	アルゼンチン人	aruzenchin jin
Argentijns (bn)	アルゼンチンの	aruzenchin no

Brazilië (het)	ブラジル	burajiru
Braziliaan (de)	ブラジル人	burajiru jin
Braziliaanse (de)	ブラジル人	burajiru jin
Braziliaans (bn)	ブラジルの	burajiru no

Colombia (het)	コロンビア	koronbia
Colombiaan (de)	コロンビア人	koronbia jin
Colombiaanse (de)	コロンビア人	koronbia jin
Colombiaans (bn)	コロンビアの	koronbia no
Cuba (het)	キューバ	kyūba

Cubaan (de)	キューバ人	kyūba jin
Cubaanse (de)	キューバ人	kyūba jin
Cubaans (bn)	キューバの	kyūba no

Chili (het)	チリ	chiri
Chileen (de)	チリ人	chiri jin
Chileense (de)	チリ人	chiri jin
Chileens (bn)	チリの	chiri no

Bolivia (het)	ボリビア	boribia
Venezuela (het)	ベネズエラ	benezuera
Paraguay (het)	パラグアイ	paraguai
Peru (het)	ペルー	perū
Suriname (het)	スリナム	surinamu
Uruguay (het)	ウルグアイ	uruguai
Ecuador (het)	エクアドル	ekuadoru

Bahama's (mv.)	バハマ	bahama
Haïti (het)	ハイチ	haichi
Dominicaanse Republiek (de)	ドミニカ共和国	dominikakyōwakoku
Panama (het)	パナマ	panama
Jamaica (het)	ジャマイカ	jamaika

240. Afrika

Egypte (het)	エジプト	ejiputo
Egyptenaar (de)	エジプト人	ejiputo jin
Egyptische (de)	エジプト人	ejiputo jin
Egyptisch (bn)	エジプトの	ejiputo no

Marokko (het)	モロッコ	morokko
Marokkaan (de)	モロッコ人	morokko jin
Marokkaanse (de)	モロッコ人	morokko jin
Marokkaans (bn)	モロッコの	morokko no

Tunesië (het)	チュニジア	chunijia
Tunesiër (de)	チュニジア人	chunijia jin
Tunesische (de)	チュニジア人	chunijia jin
Tunesisch (bn)	チュニジアの	chunijia no

Ghana (het)	ガーナ	gāna
Zanzibar (het)	ザンジバル	zanjibaru
Kenia (het)	ケニア	kenia
Libië (het)	リビア	ribia
Madagaskar (het)	マダガスカル	madagasukaru

Namibië (het)	ナミビア	namibia
Senegal (het)	セネガル	senegaru
Tanzania (het)	タンザニア	tanzania
Zuid-Afrika (het)	南アフリカ	minami afurika

Afrikaan (de)	アフリカ人	afurika jin
Afrikaanse (de)	アフリカ人	afurika jin
Afrikaans (bn)	アフリカの	afurika no

241. Australië. Oceanië

Australië (het)	オーストラリア	ōsutoraria
Australiër (de)	オーストラリア人	ōsutoraria jin
Australische (de)	オーストラリア人	ōsutoraria jin
Australisch (bn)	オーストラリアの	ōsutoraria no
Nieuw-Zeeland (het)	ニュージーランド	nyūjīrando
Nieuw-Zeelander (de)	ニュージーランド人	nyūjīrando jin
Nieuw-Zeelandse (de)	ニュージーランド人	nyūjīrando jin
Nieuw-Zeelands (bn)	ニュージーランドの	nyūjīrando no
Tasmanië (het)	タスマニア	tasumania
Frans-Polynesië	フランス領ポリネシア	furansu ryō porineshia

242. Steden

Amsterdam	アムステルダム	amusuterudamu
Ankara	アンカラ	ankara
Athene	アテネ	atene
Bagdad	バグダッド	bagudaddo
Bangkok	バンコク	bankoku
Barcelona	バルセロナ	baruserona
Beiroet	ベイルート	beirūto
Berlijn	ベルリン	berurin
Boedapest	ブダペスト	budapesuto
Boekarest	ブカレスト	bukaresuto
Bombay, Mumbai	ムンバイ	munbai
Bonn	ボン	bon
Bordeaux	ボルドー	borudō
Bratislava	ブラチスラヴァ	burachisurava
Brussel	ブリュッセル	buryusseru
Caïro	カイロ	kairo
Calcutta	コルカタ	korukata
Chicago	シカゴ	shikago
Dar Es Salaam	ダルエスサラーム	daruesusarāmu
Delhi	デリー	derī
Den Haag	ハーグ	hāgu
Dubai	ドバイ	dobai
Dublin	ダブリン	daburin
Düsseldorf	デュッセルドルフ	dyusserudorufu
Florence	フィレンチェ	firenche
Frankfort	フランクフルト	furankufuruto
Genève	ジュネーブ	junēbu
Hamburg	ハンブルク	hanburuku
Hanoi	ハノイ	hanoi
Havana	ハバナ	habana
Helsinki	ヘルシンキ	herushinki

Hiroshima	広島	hiroshima
Hongkong	香港	honkon
Istanbul	イスタンブール	isutanbūru
Jeruzalem	エルサレム	erusaremu
Kiev	キエフ	kiefu
Kopenhagen	コペンハーゲン	kopenhāgen
Kuala Lumpur	クアラルンプール	kuararunpūru
Lissabon	リスボン	risubon
Londen	ロンドン	rondon
Los Angeles	ロスアンジェルス	rosuanjerusu
Lyon	リヨン	riyon
Madrid	マドリード	madorīdo
Marseille	マルセイユ	maruseiyu
Mexico-Stad	メキシコシティ	mekishiko shiti
Miami	マイアミ	maiami
Montreal	モントリオール	montoriōru
Moskou	モスクワ	mosukuwa
München	ミュンヘン	myunhen
Nairobi	ナイロビ	nairobi
Napels	ナポリ	napori
New York	ニューヨーク	nyūyōku
Nice	ニース	nīsu
Oslo	オスロ	osuro
Ottawa	オタワ	otawa
Parijs	パリ	pari
Peking	北京	pekin
Praag	プラハ	puraha
Rio de Janeiro	リオ・デ・ジャネイロ	rio de janeiro
Rome	ローマ	rōma
Seoel	ソウル	sōru
Singapore	シンガポール	shingapōru
Sint-Petersburg	サンクトペテルブルク	sankuto peteruburuku
Sjanghai	上海	shanhai
Stockholm	ストックホルム	sutokkuhorumu
Sydney	シドニー	shidonī
Taipei	台北	taipei
Tokio	東京	tōkyō
Toronto	トロント	toronto
Venetië	ベニス	benisu
Warschau	ワルシャワ	warushawa
Washington	ワシントン	washinton
Wenen	ウィーン	wīn

243. Politiek. Overheid. Deel 1

politiek (de)	政治	seiji
politiek (bn)	政治の	seiji no

politicus (de)	政治家	seiji ka
staat (land)	国家	kokka
burger (de)	国民	kokumin
staatsburgerschap (het)	国籍	kokuseki

| nationaal wapen (het) | 国章 | kokushō |
| volkslied (het) | 国歌 | kokka |

regering (de)	政府	seifu
staatshoofd (het)	首脳	shunō
parlement (het)	国会	kokkai
partij (de)	党	tō

| kapitalisme (het) | 資本主義 | shihon shugi |
| kapitalistisch (bn) | 資本主義の | shihon shugi no |

| socialisme (het) | 社会主義 | shakai shugi |
| socialistisch (bn) | 社会主義の | shakai shugi no |

communisme (het)	共産主義	kyōsan shugi
communistisch (bn)	共産主義の	kyōsan shugi no
communist (de)	共産主義者	kyōsan shugi sha

democratie (de)	民主主義	minshu shugi
democraat (de)	民主主義者	minshu shugi sha
democratisch (bn)	民主主義の	minshu shugi no
democratische partij (de)	民主党	minshutō

liberaal (de)	自由主義者	jiyū shugi sha
liberaal (bn)	自由主義の	jiyū shugi no
conservator (de)	保守主義者	hoshu shugi sha
conservatief (bn)	保守主義の	hoshu shugi no

republiek (de)	共和国	kyōwa koku
republikein (de)	共和党員	kyōwatō in
Republikeinse Partij (de)	共和党	kyōwatō

verkiezing (de)	選挙	senkyo
kiezen (ww)	選出する	senshutsu suru
kiezer (de)	投票者	tōhyō sha
verkiezingscampagne (de)	選挙戦	senkyo sen

stemming (de)	投票	tōhyō
stemmen (ww)	投票する	tōhyō suru
stemrecht (het)	投票権	tōhyō ken

kandidaat (de)	候補者	kōho sha
zich kandideren	選挙に出る	senkyo ni deru
campagne (de)	運動	undō

| oppositie- (abn) | 野党の | yatō no |
| oppositie (de) | 野党 | yatō |

bezoek (het)	訪問	hōmon
officieel bezoek (het)	公式訪問	kōshiki hōmon
internationaal (bn)	国際的な	kokusai teki na

| onderhandelingen (mv.) | 交渉 | kōshō |
| onderhandelen (ww) | 交渉する | kōshō suru |

244. Politiek. Overheid. Deel 2

maatschappij (de)	社会	shakai
grondwet (de)	憲法	kenpō
macht (politieke ~)	権力	kenryoku
corruptie (de)	汚職	oshoku

| wet (de) | 法律 | hōritsu |
| wettelijk (bn) | 合法の | gōhō no |

| rechtvaardigheid (de) | 公正 | kōsei |
| rechtvaardig (bn) | 公正な | kōsei na |

comité (het)	委員会	īn kai
wetsvoorstel (het)	法案	hōan
begroting (de)	予算	yosan
beleid (het)	政策	seisaku
hervorming (de)	改革	kaikaku
radicaal (bn)	根本的…	konpon teki …

macht (vermogen)	権力	kenryoku
machtig (bn)	権力の	kenryoku no
aanhanger (de)	支持者	shiji sha
invloed (de)	影響力	eikyō ryoku

regime (het)	政権	seiken
conflict (het)	紛争	funsō
samenzwering (de)	陰謀	inbō
provocatie (de)	挑発	chōhatsu

omverwerpen (ww)	打倒する	datō suru
omverwerping (de)	打倒	datō
revolutie (de)	革命	kakumei

| staatsgreep (de) | クーデター | kūdetā |
| militaire coup (de) | 軍事クーデター | gunji kūdetā |

crisis (de)	危機	kiki
economische recessie (de)	不景気	fukeiki
betoger (de)	デモ参加者	demo sanka sha
betoging (de)	デモ	demo
krijgswet (de)	戒厳令	kaigen rei
militaire basis (de)	軍事基地	gunji kichi

| stabiliteit (de) | 安定性 | antei sei |
| stabiel (bn) | 安定した | antei shi ta |

uitbuiting (de)	搾取	sakushu
uitbuiten (ww)	搾取する	sakushu suru
racisme (het)	人種差別	jinshu sabetsu
racist (de)	人種差別主義者	jinshu sabetsu shugi sha

fascisme (het)	ファシズム	fashizumu
fascist (de)	ファシスト	fashisuto

245. Landen. Diversen

vreemdeling (de)	外国人	gaikoku jin
buitenlands (bn)	外国の	gaikoku no
in het buitenland (bw)	海外へ	kaigai he

emigrant (de)	移住者	ijū sha
emigratie (de)	移住	ijū
emigreren (ww)	移住する	ijū suru

Westen (het)	西方	seihō
Oosten (het)	東洋	tōyō
Verre Oosten (het)	極東	kyokutō

beschaving (de)	文明	bunmei
mensheid (de)	人類	jinrui
wereld (de)	世界	sekai
vrede (de)	平和	heiwa
wereld- (abn)	世界的に	sekai teki ni

vaderland (het)	母国	bokoku
volk (het)	人民	jinmin
bevolking (de)	人口	jinkō
mensen (mv.)	人々	hitobito
natie (de)	民族	minzoku
generatie (de)	世代	sedai
gebied (bijv. bezette ~en)	領域	ryōiki
regio, streek (de)	地域	chīki
deelstaat (de)	州	shū

traditie (de)	慣習	kanshū
gewoonte (de)	風習	fūshū
ecologie (de)	エコロジー	ekorojī

Indiaan (de)	インディアン	indian
zigeuner (de)	ジプシー	jipushī
zigeunerin (de)	ジプシー	jipushī
zigeuner- (abn)	ジプシーの	jipushī no

rijk (het)	帝国	teikoku
kolonie (de)	植民地	shokumin chi
slavernij (de)	奴隷制度	dorei seido
invasie (de)	侵略	shinrya ku
hongersnood (de)	飢餓	kiga

246. Grote religieuze groepen. Bekentenissen

religie (de)	宗教	shūkyō
religieus (bn)	宗教の	shūkyō no

geloof (het)	信仰	shinkō
geloven (ww)	信じる	shinjiru
gelovige (de)	信者	shinja
atheïsme (het)	無神論	mushin ron
atheïst (de)	無神論者	mushin ron sha
christendom (het)	キリスト教	kirisuto kyō
christen (de)	キリスト教徒	kirisuto kyōto
christelijk (bn)	キリスト教の	kirisuto kyō no
katholicisme (het)	カトリック教	katorikku kyō
katholiek (de)	カトリック教徒	katorikku kyōto
katholiek (bn)	カトリック教の	katorikku kyō no
protestantisme (het)	プロテスタント教	purotesutanto kyō
Protestante Kerk (de)	プロテスタント教会	purotesutanto kyōkai
protestant (de)	プロテスタント	purotesutanto
orthodoxie (de)	正教	seikyō
Orthodoxe Kerk (de)	正教会	seikyōkai
orthodox	正教の	seikyō no
presbyterianisme (het)	長老派	chōrō ha
Presbyteriaanse Kerk (de)	長老派教会	chōrō ha kyōkai
presbyteriaan (de)	長老派教会員	chōrō ha kyōkaīn
lutheranisme (het)	ルーテル教会	rūteru kyōkai
lutheraan (de)	ルーテル教徒	rūteru kyōto
baptisme (het)	バプテスト教会	baputesuto kyōkai
baptist (de)	バプテスト	baputesuto
Anglicaanse Kerk (de)	英国国教会	eikoku kokkyōkai
anglicaan (de)	英国国教徒	eikoku koku kyōto
mormonisme (het)	モルモン教	morumon kyō
mormoon (de)	モルモン教徒	morumon kyōto
Jodendom (het)	ユダヤ教	yudaya kyō
jood (aanhanger van het Jodendom)	ユダヤ教徒	yudaya kyōto
boeddhisme (het)	仏教	bukkyō
boeddhist (de)	仏教徒	bukkyōto
hindoeïsme (het)	ヒンドゥー教	hindū kyō
hindoe (de)	ヒンドゥー教徒	hindū kyōto
islam (de)	イスラム教	isuramukyō
islamiet (de)	イスラム教徒	isuramu kyōto
islamitisch (bn)	イスラム教の	isuramu kyō no
sjiisme (het)	シーア派	shīaha
sjiiet (de)	シーア派	shīaha
soennisme (het)	スンニ派	sunniha
soenniet (de)	スンニ派	sunniha

247. Religies. Priesters

priester (de)	祭司	saishi
paus (de)	ローマ法王	rōmahōō
monnik (de)	修道士	shūdō shi
non (de)	修道女	shūdō onna
pastoor (de)	牧師	bokushi
abt (de)	修道院長	shūdōin chō
vicaris (de)	教区牧師	kyōku bokushi
bisschop (de)	司教	shikyō
kardinaal (de)	枢機卿	sūkikyō
predikant (de)	伝道師	dendō shi
preek (de)	伝道	dendō
kerkgangers (mv.)	教区民	kyō kumin
gelovige (de)	信者	shinja
atheïst (de)	無神論者	mushin ron sha

248. Geloof. Christendom. Islam

Adam	アダム	adamu
Eva	イブ	ibu
God (de)	神	kami
Heer (de)	神様	kamisama
Almachtige (de)	全能の神	zennō no kami
zonde (de)	罪	tsumi
zondigen (ww)	罪を犯す	tsumi wo okasu
zondaar (de)	罪人	zainin
zondares (de)	罪人	zainin
hel (de)	地獄	jigoku
paradijs (het)	楽園	rakuen
Jezus	イエス	iesu
Jezus Christus	イエス・キリスト	iesu kirisuto
Heilige Geest (de)	聖霊	seirei
Verlosser (de)	救世主	kyūseishu
Maagd Maria (de)	聖母マリア	seibo maria
duivel (de)	悪魔	akuma
duivels (bn)	悪魔の	akuma no
Satan	サタン	satan
satanisch (bn)	サタンの	satan no
engel (de)	天使	tenshi
beschermengel (de)	守護天使	shugo tenshi
engelachtig (bn)	天使の	tenshi no

apostel (de)	使徒	shito
aartsengel (de)	大天使	dai tenshi
antichrist (de)	反キリスト	han kirisuto
Kerk (de)	教会	kyōkai
bijbel (de)	聖書	seisho
bijbels (bn)	聖書の	seisho no
Oude Testament (het)	旧約聖書	kyūyaku seisho
Nieuwe Testament (het)	新約聖書	shinyaku seisho
evangelie (het)	福音書	fukuin sho
Heilige Schrift (de)	聖典	seiten
Hemel, Hemelrijk (de)	天国	tengoku
gebod (het)	戒律	kairitsu
profeet (de)	預言者	yogen sha
profetie (de)	預言	yogen
Allah	アッラー	arrā
Mohammed	マホメット	mahometto
Koran (de)	コーラン	kōran
moskee (de)	モスク	mosuku
moellah (de)	ムッラー	murrā
gebed (het)	祈り	inori
bidden (ww)	祈る	inoru
pelgrimstocht (de)	巡礼	junrei
pelgrim (de)	巡礼者	junrei sha
Mekka	メッカ	mekka
kerk (de)	教会堂	kyōkaidō
tempel (de)	寺院	jīn
kathedraal (de)	大聖堂	dai seidō
gotisch (bn)	ゴシック…	goshikku …
synagoge (de)	シナゴーグ	shinagōgu
moskee (de)	モスク	mosuku
kapel (de)	チャペル	chaperu
abdij (de)	修道院	shūdōin
nonnenklooster (het)	女子修道院	joshi shūdōin
mannenklooster (het)	男子修道院	danshi shūdōin
klok (de)	鐘	kane
klokkentoren (de)	鐘楼	shurō
luiden (klokken)	鳴る	naru
kruis (het)	十字架	jūjika
koepel (de)	ドーム	dōmu
icoon (de)	イコン	ikon
ziel (de)	魂	tamashī
lot, noodlot (het)	運命	unmei
kwaad (het)	悪	aku
goed (het)	善	zen
vampier (de)	吸血鬼	kyūketsuki

heks (de)	魔女	majo
demoon (de)	悪魔	akuma
duivel (de)	鬼	oni
geest (de)	精神	seishin
verzoeningsleer (de)	贖罪	shokuzai
vrijkopen (ww)	罪を贖う	tsumi wo aganau
mis (de)	ミサ	misa
de mis opdragen	ミサを行う	misa wo okonau
biecht (de)	告解	kokkai
biechten (ww)	告解する	kokkai suru
heilige (de)	聖人	seijin
heilig (bn)	神聖な	shinsei na
wijwater (het)	聖水	seisui
ritueel (het)	儀式	gishiki
ritueel (bn)	儀式の	gishiki no
offerande (de)	犠牲	gisei
bijgeloof (het)	迷信	meishin
bijgelovig (bn)	縁起を担ぐ	engi wo katsugu
hiernamaals (het)	来世	raise
eeuwige leven (het)	永遠の生命	eien no seimei

DIVERSEN

249. Diverse nuttige woorden

achtergrond (de)	背景	haikei
balans (de)	衡平	kōhei
basis (de)	基礎	kiso
begin (het)	始め	hajime
beurt (wie is aan de ~?)	順番	junban
categorie (de)	カテゴリー	kategorī
comfortabel (~ bed, enz.)	心地良い	kokochiyoi
compensatie (de)	埋め合わせ	umeawase
deel (gedeelte)	一部	ichibu
deeltje (het)	小片	shōhen
ding (object, voorwerp)	物	mono
dringend (bn, urgent)	至急の	shikyū no
dringend (bw, met spoed)	至急に	shikyū ni
effect (het)	効果	kōka
eigenschap (kwaliteit)	性質	seishitsu
einde (het)	終わり	owari
element (het)	要素	yōso
feit (het)	事実	jijitsu
fout (de)	間違い	machigai
geheim (het)	秘密	himitsu
graad (mate)	程度	teido
groei (ontwikkeling)	成長	seichō
hindernis (de)	障壁	shōheki
hinderpaal (de)	妨害	bōgai
hulp (de)	手伝い	tetsudai
ideaal (het)	理想	risō
inspanning (de)	尽力	jinryoku
keuze (een grote ~)	選択	sentaku
labyrint (het)	迷路	meiro
manier (de)	方法	hōhō
moment (het)	瞬間	shunkan
nut (bruikbaarheid)	実用性	jitsuyō sei
onderscheid (het)	差異	sai
ontwikkeling (de)	発達	hattatsu
oplossing (de)	解決	kaiketsu
origineel (het)	原本	genpon
pauze (de)	一時停止	ichiji teishi
positie (de)	位置	ichi
principe (het)	原理	genri

probleem (het)	問題	mondai
proces (het)	一連の作業	ichiren no sagyō
reactie (de)	反応	hannō

reden (om ~ van)	理由	riyū
risico (het)	危険	kiken
samenvallen (het)	一致	icchi
serie (de)	シリーズ	shirīzu

situatie (de)	状況	jōkyō
soort (bijv. ~ sport)	種類	shurui
standaard (bn)	標準の	hyōjun no
standaard (de)	標準	hyōjun
stijl (de)	スタイル	sutairu

stop (korte onderbreking)	休止	kyūshi
systeem (het)	システム	shisutemu
tabel (bijv. ~ van Mendelejev)	表	hyō
tempo (langzaam ~)	テンポ	tenpo
term (medische ~en)	用語	yōgo

type (soort)	型	gata
variant (de)	バリアント	barianto
veelvuldig (bn)	よくある	yoku aru
vergelijking (de)	比較	hikaku
voorbeeld (het goede ~)	例	rei

voortgang (de)	進歩	shinpo
voorwerp (ding)	物体	buttai
vorm (uiterlijke ~)	形状	keijō
waarheid (de)	真実	shinjitsu
zone (de)	地帯	chitai

250. Beperkende bijwoorden. Bijvoeglijke naamwoorden. Deel 1

accuraat (uurwerk, enz.)	細心の	saishin no
achter- (abn)	後ろの	ushiro no
additioneel (bn)	追加の	tsuika no
anders (bn)	異なる	kotonaru

arm (bijv. ~e landen)	貧乏な	binbō na
begrijpelijk (bn)	理解しやすい	rikai shi yasui
belangrijk (bn)	重要な	jūyō na
belangrijkst (bn)	最も重要な	mottomo jūyō na

beleefd (bn)	礼儀正しい	reigi tadashī
beperkt (bn)	制限された	seigen sare ta
betekenisvol (bn)	重要な	jūyō na
bijziend (bn)	近視の	kinshi no
binnen- (abn)	内部の	naibu no

bitter (bn)	苦い	nigai
blind (bn)	盲目の	mōmoku no
breed (een ~e straat)	広い	hiroi

breekbaar (porselein, glas)	壊れやすい	koware yasui
buiten- (abn)	外部の	gaibu no
buitenlands (bn)	外国の	gaikoku no
burgerlijk (bn)	市民の	shimin no
centraal (bn)	中心の	chūshin no
dankbaar (bn)	感謝する	kansha suru
dicht (~e mist)	濃い	koi
dicht (bijv. ~e mist)	深い	fukai
dicht (in de ruimte)	近い	chikai
dichtbij (bn)	近くの	chikaku no
dichtstbijzijnd (bn)	最も近い	mottomo chikai
diepvries (~product)	冷凍の	reitō no
dik (bijv. muur)	厚い	atsui
dof (~ licht)	薄暗い	usugurai
dom (dwaas)	愚かな	oroka na
donker (bijv. ~e kamer)	暗い	kurai
dood (bn)	死んだ	shin da
doorzichtig (bn)	透明な	tōmei na
droevig (~ blik)	悲しげな	kanashi ge na
droog (bn)	乾いた	kawai ta
dun (persoon)	痩せた	yase ta
duur (bn)	高い	takai
eender (bn)	同一	dōitsu
eenvoudig (bn)	易しい	yasashī
eenvoudig (bn)	易しい	yasashī
eeuwenoude (~ beschaving)	古代の	kodai no
enorm (bn)	巨大な	kyodai na
geboorte- (stad, land)	生まれた	umare ta
gebruind (bn)	日焼けした	hiyake shi ta
gelijkend (bn)	に似て	ni ni te
gelukkig (bn)	幸福な	kōfuku na
gesloten (bn)	閉店した	heiten shi ta
getaand (bn)	浅黒い	asaguroi
gevaarlijk (bn)	危険な	kiken na
gewoon (bn)	普通の	futsū no
gezamenlijk (~ besluit)	共同の	kyōdō no
glad (~ oppervlak)	平坦な	heitan na
glad (~ oppervlak)	平らな	taira na
goed (bn)	良い	yoi
goedkoop (bn)	安い	yasui
gratis (bn)	無料の	muryō no
groot (bn)	大きい	ohkī
hard (niet zacht)	硬い	katai
heel (volledig)	全体の	zentai no
heet (bn)	熱い	atsui
hongerig (bn)	飢えた	ue ta

hoofd- (abn)	主な	omo na
hoogste (bn)	最高の	saikō no
huidig (courant)	現在の	genzai no
jong (bn)	若い	wakai
juist, correct (bn)	正しい	tadashī
kalm (bn)	静かな	shizuka na
kinder- (abn)	子供の	kodomo no
klein (bn)	小さい	chīsai
koel (~ weer)	涼しい	suzushī
kort (kortstondig)	短い	mijikai
kort (niet lang)	短い	mijikai
koud (~ water, weer)	寒い、冷たい	samui, tsumetai
kunstmatig (bn)	人工の	jinkō no
laatst (bn)	最後の	saigo no
lang (een ~ verhaal)	長い	nagai
langdurig (bn)	連続的な	renzoku teki na
lastig (~ probleem)	困難な	konnan na
leeg (glas, kamer)	空の	karano
lekker (bn)	美味しい	oishī
licht (kleur)	薄い	usui
licht (niet veel weegt)	軽い	karui
linker (bn)	左の	hidari no
luid (bijv. ~e stem)	大声の	ōgoe no
mager (bn)	痩せ細った	yasehosotta
mat (bijv. ~ verf)	マット	matto
moê (bn)	疲れた	tsukare ta
moeilijk (~ besluit)	難しい	muzukashī
mogelijk (bn)	可能な	kanō na
mooi (bn)	美しい	utsukushī
mysterieus (bn)	謎の	nazo no
naburig (bn)	近隣の	kinrin no
nalatig (bn)	不注意な	fuchūi na
nat (~te kleding)	ぬれた	nure ta
nerveus (bn)	緊張した	kinchō shita
niet groot (bn)	小型の	kogata no
niet moeilijk (bn)	難しくない	muzukashiku nai
nieuw (bn)	新しい	atarashī
nodig (bn)	必要な	hitsuyō na
normaal (bn)	標準の	hyōjun no

251. Beperkende bijwoorden. Bijvoeglijke naamwoorden. Deel 2

onbegrijpelijk (bn)	理解し難い	rikai shi gatai
onbelangrijk (bn)	わずかな	wazuka na
onbeweeglijk (bn)	動けない	ugoke nai
onbewolkt (bn)	雲のない	kumo no nai

ondergronds (geheim)	内密の	naimitsu no
ondiep (bn)	浅い	asai
onduidelijk (bn)	明確でない	meikaku de nai
onervaren (bn)	経験の浅い	keiken no asai
onmogelijk (bn)	不可能な	fukanō na
onontbeerlijk (bn)	不可欠の	fukaketsu no
onophoudelijk (bn)	連続的に	renzoku teki ni
ontkennend (bn)	否定の	hitei no
open (bn)	開いた	hirai ta
openbaar (bn)	公共の	kōkyō no
origineel (ongewoon)	独創的な	dokusōtekina
oud (~ huis)	古い	furui
overdreven (bn)	過度の	kado no
passend (bn)	適切な	tekisetsu na
permanent (bn)	永続的な	eizoku teki na
persoonlijk (bn)	個人的な	kojin teki na
plat (bijv. ~ scherm)	平たい	hiratai
prachtig (~ paleis, enz.)	美しい	utsukushī
precies (bn)	正確な	seikaku na
prettig (bn)	快い	kokoroyoi
privé (bn)	私有の	shiyū no
punctueel (bn)	時間を守る	jikan wo mamoru
rauw (niet gekookt)	生の	nama no
recht (weg, straat)	直…、真っすぐな	choku …, massuguna
rechter (bn)	右の	migi no
rijp (fruit)	熟れた	ure ta
riskant (bn)	危険な	kiken na
ruim (een ~ huis)	広々とした	hirobiro to shi ta
rustig (bn)	おとなしい	otonashī
scherp (bijv. ~ mes)	鋭い	surudoi
schoon (niet vies)	きれいな	kireina
slecht (bn)	悪い	warui
slim (verstandig)	利口な	rikō na
smal (~le weg)	狭い	semai
snel (vlug)	速い	hayai
somber (bn)	薄暗い	usugurai
speciaal (bn)	特別の	tokubetsu no
sterk (bn)	強い	tsuyoi
stevig (bn)	頑丈な	ganjō na
straatarm (bn)	極貧の	gokuhin no
strak (schoenen, enz.)	きつい	kitsui
teder (liefderijk)	優しい	yasashī
tegenovergesteld (bn)	正反対の	sei hantai no
tevreden (bn)	満足した	manzoku shi ta
tevreden (klant, enz.)	満足した	manzoku shi ta
treurig (bn)	悲しい	kanashī
tweedehands (bn)	中古の	chūko no
uitstekend (bn)	優れた	sugure ta

uitstekend (bn)	優れた	sugure ta
uniek (bn)	ユニークな	yunīku na
veilig (niet gevaarlijk)	安全な	anzen na
ver (in de ruimte)	遠い	tōi
verenigbaar (bn)	…準拠の	… junkyo no
vermoeiend (bn)	疲れる	tsukareru
verplicht (bn)	義務的な	gimu teki na
vers (~ brood)	生鮮な	seisen na
verschillende (bn)	様々な	samazama na
verst (meest afgelegen)	遠方の	enpō no
vettig (voedsel)	脂っこい	yanikkoi
vijandig (bn)	敵対的な	tekitai teki na
vloeibaar (bn)	液状の	ekijō no
vochtig (bn)	湿度の	shitsudo no
vol (helemaal gevuld)	満ちた	michi ta
volgend (~ jaar)	来…	rai …
voorbij (bn)	過去の	kako no
voornaamste (bn)	主な	omo na
vorig (~ jaar)	先…	sen …
vorig (bijv. ~e baas)	前の	mae no
vriendelijk (aardig)	親切な	shinsetsu na
vriendelijk (goedhartig)	良い	yoi
vrij (bn)	自由の	jiyū no
vrolijk (bn)	嬉しい	ureshī
vruchtbaar (~ land)	肥えた	koe ta
vuil (niet schoon)	汚れた	yogore ta
waarschijnlijk (bn)	ありそうな	arisō na
warm (bn)	暖かい	atatakai
wettelijk (bn)	合法の	gōhō no
zacht (bijv. ~ kussen)	柔らかい	yawarakai
zacht (bn)	低い	hikui
zeldzaam (bn)	珍しい	mezurashī
ziek (bn)	病気の	byōki no
zoet (~ water)	淡…	tan …
zoet (bn)	甘い	amai
zonnig (~e dag)	明るく晴れた	akaruku hare ta
zorgzaam (bn)	世話好きな	sewa zuki na
zout (de soep is ~)	塩味の	shioaji no
zuur (smaak)	酸っぱい [すっぱい]	suppai
zwaar (~ voorwerp)	重い	omoi

DE 500 BELANGRIJKSTE WERKWOORDEN

252. Werkwoorden A-C

aaien (bijv. een konijn ~)	なでる	naderu
aanbevelen (ww)	推薦する	suisen suru
aandringen (ww)	主張する	shuchō suru
aankomen (ov. de treinen)	到着する	tōchaku suru
aanleggen (bijv. bij de pier)	係留する	keiryū suru
aanraken (met de hand)	触れる	fureru
aansteken (kampvuur, enz.)	火を付ける	hi wo tsukeru
aanstellen (in functie plaatsen)	任命する	ninmei suru
aanvallen (mil.)	攻撃する	kōgeki suru
aanvoelen (gevaar ~)	感じる	kanjiru
aanvoeren (leiden)	率いる	hikīru
aanwijzen (de weg ~)	指す	sasu
aanzetten (computer, enz.)	入れる	ireru
ademen (ww)	呼吸する	kokyū suru
adverteren (ww)	広告する	kōkoku suru
adviseren (ww)	助言する	jogen suru
afdalen (on.ww.)	下りる	oriru
afgunstig zijn (ww)	妬む	netamu
afhakken (ww)	おので切る	ono de kiru
afhangen van ...	…に依存する	... ni izon suru
afluisteren (ww)	盗み聞きする	nusumigiki suru
afnemen (verwijderen)	取り外す	torihazusu
afrukken (ww)	はぎ取る	hagitoru
afslaan (naar rechts ~)	曲がる	magaru
afsnijden (ww)	切り取る	kiritoru
afzeggen (ww)	取り消す	torikesu
amputeren (ww)	切断する	setsudan suru
amuseren (ww)	楽しませる	tanoshimaseru
antwoorden (ww)	回答する	kaitō suru
applaudisseren (ww)	拍手する	hakushu suru
aspireren (iets willen worden)	目指す	mezasu
assisteren (ww)	手伝う	tetsudau
bang zijn (ww)	怖がる	kowagaru
barsten (plafond, enz.)	ひびが入る	hibi ga hairu
bedienen (in restaurant)	給仕をする	kyūji wo suru
bedreigen (bijv. met een pistool)	脅す	odosu

bedriegen (ww)	だます	damasu
beduiden (betekenen)	意味する	imi suru
bedwingen (ww)	抑える	osaeru
beëindigen (ww)	終える	oeru
begeleiden (vergezellen)	同伴する	dōhan suru
begieten (water geven)	水をやる	mizu wo yaru
beginnen (ww)	始める	hajimeru
begrijpen (ww)	理解する	rikai suru
behandelen (patiënt, ziekte)	治療する	chiryō suru
beheren (managen)	管理する	kanri suru
beïnvloeden (ww)	影響を及ぼす	eikyō wo oyobosu
bekennen (misdadiger)	自供する	jikyō suru
beledigen (met scheldwoorden)	侮辱する	bujoku suru
beledigen (ww)	感情を害する	kanjō wo gaisuru
beloven (ww)	約束する	yakusoku suru
beperken (de uitgaven ~)	制限する	seigen suru
bereiken (doel ~, enz.)	至る	itaru
bereiken (plaats van bestemming ~)	達する	tassuru
beschermen (bijv. de natuur ~)	保護する	hogo suru
beschuldigen (ww)	責める	semeru
beslissen (~ iets te doen)	決定する	kettei suru
besmet worden (met ...)	感染する	kansen suru
besmetten (ziekte overbrengen)	感染させる	kansen saseru
bespreken (spreken over)	討議する	tōgi suru
bestaan (een ~ voeren)	生きる	ikiru
bestellen (eten ~)	注文する	chūmon suru
bestraffen (een stout kind ~)	罰する	bassuru
betalen (ww)	払う	harau
betekenen (beduiden)	意味する	imi suru
betreuren (ww)	後悔する	kōkai suru
bevallen (prettig vinden)	好む	konomu
bevelen (mil.)	命令する	meirei suru
bevredigen (ww)	満足させる	manzoku saseru
bevrijden (stad, enz.)	解放する	kaihō suru
bewaren (oude brieven, enz.)	取っておく	totte oku
bewaren (vrede, leven)	保つ	tamotsu
bewijzen (ww)	証明する	shōmei suru
bewonderen (ww)	称賛する	shōsan suru
bezitten (ww)	所有する	shoyū suru
bezorgd zijn (ww)	心配する	shinpai suru
bezorgd zijn (ww)	心配する	shinpai suru
bidden (praten met God)	祈る	inoru
bijvoegen (ww)	加える	kuwaeru

binden (ww)	縛る	shibaru
binnengaan (een kamer ~)	入る	hairu
blazen (ww)	吹く	fuku
blozen (zich schamen)	赤面する	sekimen suru
blussen (brand ~)	消火する	shōka suru
boos maken (ww)	怒らせる	okoraseru
boos zijn (ww)	怒る	okoru
breken	壊れる	kowareru
(on.ww., van een touw)		
breken (speelgoed, enz.)	折る、壊す	oru, kowasu
brengen (iets ergens ~)	持って来る	motte kuru
charmeren (ww)	…をうっとりさせる	… wo uttori saseru
citeren (ww)	引用する	inyō suru
compenseren (ww)	補償する	hoshō suru
compliceren (ww)	複雑にする	fukuzatsu ni suru
componeren (muziek ~)	作曲する	sakkyoku suru
compromitteren (ww)	評判を傷つける	hyōban wo kizutsukeru
concurreren (ww)	競争する	kyōsō suru
controleren (ww)	管制する	kansei suru
coöpereren (samenwerken)	協力する	kyōryoku suru
coördineren (ww)	調整する	chōsei suru
corrigeren (fouten ~)	直す	naosu
creëren (ww)	創造する	sōzō suru

253. Werkwoorden D-K

danken (ww)	感謝する	kansha suru
de was doen	洗濯をする	sentaku wo suru
de weg wijzen	方向を指す	hōkō wo sasu
deelnemen (ww)	参加する	sanka suru
delen (wisk.)	割る	wareru
denken (ww)	思う	omō
doden (ww)	殺す	korosu
doen (ww)	する	suru
dresseren (ww)	調教する	chōkyō suru
drinken (ww)	飲む	nomu
drogen (klederen, haar)	乾かす	kawakasu
dromen (in de slaap)	夢を見る	yume wo miru
dromen (over vakantie ~)	夢見る	yumemiru
duiken (ww)	飛び込む	tobikomu
durven (ww)	あえて…する	aete … suru
duwen (ww)	押す	osu
een auto besturen	運転する	unten suru
een bad geven	入浴させる	nyūyoku saseru
een bad nemen	風呂に入る	furo ni hairu
een conclusie trekken	結論を出す	ketsuron wo dasu

een foto maken (ww)	写真をとる	shashin wo toru
eisen (met klem vragen)	要求する	yōkyū suru
erkennen (schuld)	認める	mitomeru
erven (ww)	相続する	sōzoku suru
eten (ww)	食べる	taberu
excuseren (vergeven)	許す	yurusu
existeren (bestaan)	存在する	sonzai suru
feliciteren (ww)	祝う	iwau
gaan (te voet)	行く	iku
gaan slapen	就寝する	shūshin suru
gaan zitten (ww)	座る	suwaru
gaan zwemmen	海水浴をする	kaisuiyoku wo suru
garanderen (garantie geven)	保証する	hoshō suru
gebruiken (bijv. een potlood ~)	使う	tsukau
gebruiken (woord, uitdrukking)	用いる	mochīru
geconserveerd zijn (ww)	保存されている	hozon sare te iru
gedateerd zijn (ww)	…に遡る	… ni sakanoboru
gehoorzamen (ww)	従う	shitagau
gelijken (op elkaar lijken)	似ている	ni te iru
geloven (vinden)	考える	kangaeru
genoeg zijn (ww)	足りる	tariru
geven (ww)	手渡す	tewatasu
gieten (in een beker ~)	注ぐ	sosogu
glimlachen (ww)	ほほえむ［微笑む］	hohoemu
glimmen (glanzen)	輝く	kagayaku
gluren (ww)	のぞき見する	nozokimi suru
goed raden (ww)	言い当てる	īateru
gooien (een steen, enz.)	投げる	nageru
grappen maken (ww)	冗談を言う	jōdan wo iu
graven (tunnel, enz.)	掘る	horu
haasten (iemand ~)	…を急がせる	… wo isoga seru
hebben (ww)	持つ	motsu
helpen (hulp geven)	手伝う	tetsudau
herhalen (opnieuw zeggen)	復唱する	fukushō suru
herinneren (ww)	覚えている	oboe te iru
herinneren aan … (afspraak, opdracht)	思い出させる	omoidasaseru
herkennen (identificeren)	…だと分かる	… da to wakaru
herstellen (repareren)	修理する	shūri suru
het haar kammen	髪をとかす	kami wo tokasu
hopen (ww)	希望する	kibō suru
horen (waarnemen met het oor)	聞く	kiku
houden van (muziek, enz.)	大好きである	daisuki de aru
huilen (wenen)	泣く	naku
huiveren (ww)	身震いする	miburui suru

huren (een boot ~)	借りる	kariru
huren (huis, kamer)	借りる	kariru
huren (personeel)	雇う	yatō
imiteren (ww)	模倣する	mohō suru

importeren (ww)	輸入する	yunyū suru
inenten (vaccineren)	予防接種をする	yobō sesshu wo suru
informeren (informatie geven)	知らせる	shiraseru
informeren naar ... (navraag doen)	尋ねる	tazuneru
inlassen (invoegen)	差し込む	sashikomu

inpakken (in papier)	包装する	hōsō suru
inspireren (ww)	霊感を与える	reikan wo ataeru
instemmen (akkoord gaan)	同意する	dōi suru
interesseren (ww)	興味を持たせる	kyōmi wo motaseru

irriteren (ww)	イライラさせる	iraira saseru
isoleren (ww)	孤立させる	koritsu saseru
jagen (ww)	狩る	karu
kalmeren (kalm maken)	落ち着かせる	ochitsukaseru

kennen (kennis hebben van iemand)	知っている	shitte iru
kennismaken (met ...)	知り合いになる	shiriai ni naru
kiezen (ww)	選択する	sentaku suru
kijken (ww)	見る	miru

klaarmaken (een plan ~)	用意する	yōi suru
klaarmaken (het eten ~)	作る	tsukuru
klagen (ww)	不平を言う	fuhei wo iu
kloppen (aan een deur)	ノックする	nokku suru

kopen (ww)	買う	kau
kopieën maken	複数部コピーする	fukusū bu kopī suru
kosten (ww)	かかる	kakaru
kunnen (ww)	できる	dekiru
kweken (planten ~)	育てる	sodateru

254. Werkwoorden L-R

lachen (ww)	笑う	warau
laden (geweer, kanon)	装填する	sōten suru
laden (vrachtwagen)	積む	tsumu
laten vallen (ww)	落とす	otosu

lenen (geld ~)	借りる	kariru
leren (lesgeven)	教える	oshieru
leven (bijv. in Frankrijk ~)	住む	sumu
lezen (een boek ~)	読む	yomu

lid worden (ww)	加わる	kuwawaru
liefhebben (ww)	愛する	aisuru
liegen (ww)	うそをつく	uso wo tsuku

liggen (op de tafel ~)	ある	aru
liggen (persoon)	横になる	yoko ni naru
lijden (pijn voelen)	苦しむ	kurushimu
losbinden (ww)	ほどく［解く］	hodoku
luisteren (ww)	聴く	kiku
lunchen (ww)	昼食をとる	chūshoku wo toru
markeren (op de kaart, enz.)	印をつける	shirushi wo tsukeru
melden (nieuws ~)	知らせる	shiraseru
memoriseren (ww)	記憶する	kioku suru
mengen (ww)	混ぜる	mazeru
mikken op (ww)	狙う	nerau
minachten (ww)	軽蔑する	keibetsu suru
morsen (koffie, enz.)	こぼす	kobosu
naderen (dichterbij komen)	近づく	chikazuku
neerlaten (ww)	下ろす	orosu
nemen (ww)	取る	toru
nodig zijn (ww)	必要である	hitsuyō de aru
noemen (ww)	命名する	meimei suru
noteren (opschrijven)	書き留める	kakitomeru
omhelzen (ww)	抱きしめる	dakishimeru
omkeren (steen, voorwerp)	ひっくり返す	hikkurikaesu
onderhandelen (ww)	交渉する	kōshō suru
ondernemen (ww)	引き受ける	hikiukeru
onderschatten (ww)	甘く見る	amaku miru
onderscheiden (een ereteken geven)	授ける	sazukeru
onderstrepen (ww)	下線を引く	kasen wo hiku
ondertekenen (ww)	署名する	shomei suru
onderwijzen (ww)	指導する	shidō suru
onderzoeken (alle feiten, enz.)	調べ上げる	shirabe ageru
ongerust maken (ww)	心配させる	shinpai saseru
onmisbaar zijn (ww)	必要となる	hitsuyō to naru
ontbijten (ww)	朝食をとる	chōshoku wo toru
ontdekken (bijv. nieuw land)	発見する	hakken suru
ontkennen (ww)	否定する	hitei suru
ontlopen (gevaar, taak)	回避する	kaihi suru
ontnemen (ww)	奪う	ubau
ontwerpen (machine, enz.)	設計する	sekkei suru
oorlog voeren (ww)	戦争中である	sensō chū de aru
op orde brengen	整頓する	seiton suru
opbergen (in de kast, enz.)	しまう	shimau
opduiken (ov. een duikboot)	浮上する	fujō suru
openen (ww)	開ける	akeru
ophangen (bijv. gordijnen ~)	つるす	tsurusu
ophouden (ww)	止める	tomeru

| oplossen (een probleem ~) | 解く | toku |
| opmerken (zien) | 見掛ける | mikakeru |

opmerken (zien)	目に留まる	me ni tomaru
opscheppen (ww)	自慢する	jiman suru
opschrijven (op een lijst)	記入する	kinyū suru
opschrijven (ww)	書き留める	kakitomeru

opstaan (uit je bed)	起きる	okiru
opstarten (project, enz.)	開始する	kaishi suru
opstijgen (vliegtuig)	離陸する	ririku suru
optreden (resoluut ~)	行動する	kōdō suru

organiseren (concert, feest)	主催する	shusai suru
overdoen (ww)	やり直す	yarinaosu
overheersen (dominant zijn)	優勢である	yūsei de aru
overschatten (ww)	過大評価する	kadai hyōka suru

overtuigd worden (ww)	説得される	settoku sareru
overtuigen (ww)	説得する	settoku suru
passen (jurk, broek)	合う	au
passeren (~ mooie dorpjes, enz.)	通過する	tsūka suru

peinzen (lang nadenken)	物思いにふける	monōmoi ni fukeru
penetreren (ww)	突き抜ける	tsukinukeru
plaatsen (ww)	置く	oku
plaatsen (zetten)	置く	oku

plannen (ww)	計画する	keikaku suru
plezier hebben (ww)	楽しむ	tanoshimu
plukken (bloemen ~)	摘み取る	tsumitoru
prefereren (verkiezen)	好む	konomu

proberen (trachten)	試みる	kokoromiru
proberen (trachten)	試してみる	tameshi te miru
protesteren (ww)	抗議する	kōgi suru
provoceren (uitdagen)	…を怒らせる	… wo okoraseru

raadplegen (dokter, enz.)	相談する	sōdan suru
rapporteren (ww)	報告する	hōkoku suru
redden (ww)	救出する	kyūshutsu suru
regelen (conflict)	解決する	kaiketsu suru

reinigen (schoonmaken)	きれいにする	kirei ni suru
rekenen op …	…を頼りにする	… wo tayori ni suru
rennen (ww)	走る	hashiru
reserveren (een hotelkamer ~)	予約する	yoyaku suru

rijden (per auto, enz.)	行く	iku
rillen (ov. de kou)	震える	furueru
riskeren (ww)	リスクを負う	risuku wo ō
roepen (met je stem)	呼ぶ	yobu
roepen (om hulp)	求める	motomeru
ruiken (bepaalde geur verspreiden)	匂う	niō

| ruiken (rozen) | 嗅ぐ | kagu |
| rusten (verpozen) | 休む | yasumu |

255. Verbs S-V

samenstellen, maken (een lijst ~)	まとめる	matomeru
schieten (ww)	撃つ	utsu
schoonmaken (bijv. schoenen ~)	掃除する	sōji suru
schoonmaken (ww)	掃除をする	sōji wo suru

schrammen (ww)	引っ掻く	hikkaku
schreeuwen (ww)	叫ぶ	sakebu
schrijven (ww)	書く	kaku
schudden (ww)	振る	furu

selecteren (ww)	選ぶ	erabu
simplificeren (ww)	単純化する	tanjun ka suru
slaan (een hond ~)	殴る	naguru
sluiten (ww)	閉める	shimeru

smeken (bijv. om hulp ~)	懇願する	kongan suru
souperen (ww)	夕食をとる	yūshoku wo toru
spelen (bijv. filmacteur)	演じる	enjiru
spelen (kinderen, enz.)	遊ぶ	asobu

spreken met ...	…と話す	... to hanasu
spuwon (ww)	つばを吐く [唾を吐く]	tsuba wo haku
stelen (ww)	盗む	nusumu
stemmen (verkiezing)	投票する	tōhyō suru
steunen (een goed doel, enz.)	支援する	shien suru

stoppen (pauzeren)	止まる	tomaru
storen (lastigvallen)	邪魔をする	jama wo suru
strijden (tegen een vijand)	戦う	tatakau
strijden (ww)	戦う	tatakau

strijken (met een strijkbout)	アイロンをかける	airon wo kakeru
studeren (bijv. wiskunde ~)	勉強する	benkyō suru
sturen (zenden)	送る	okuru
tellen (bijv. geld ~)	計算する	keisan suru

terugkeren (ww)	戻る	modoru
terugsturen (ww)	送り返す	okurikaesu
toebehoren aan ...	所有物である	shoyū butsu de aru
toegeven (zwichten)	降参する	kōsan suru

toenemen (on. ww)	増加する	zōka suru
toespreken (zich tot iemand richten)	話し掛ける	hanashikakeru
toestaan (goedkeuren)	許す	yurusu
toestaan (ww)	許可する	kyoka suru

toewijden (boek, enz.)	献呈する	kentei suru
tonen (uitstallen, laten zien)	展示する	tenji suru
trainen (ww)	トレーニングする	torēningu suru
transformeren (ww)	変形する	henkei suru

trekken (touw)	引っ張る	hipparu
trouwen (ww)	結婚する	kekkon suru
tussenbeide komen (ww)	干渉する	kanshō suru
twijfelen (onzeker zijn)	疑う	utagau

uitdelen (pamfletten ~)	配る	kubaru
uitdoen (licht)	消す	kesu
uitdrukken (opinie, gevoel)	表現する	hyōgen suru
uitgaan (om te dineren, enz.)	外出する	gaishutsu suru
uitlachen (bespotten)	笑い物にする	waraimono ni suru

uitnodigen (ww)	招待する	shōtai suru
uitrusten (ww)	備えつける	sonaetsukeru
uitsluiten (wegsturen)	追放する	tsuihō suru
uitspreken (ww)	発音する	hatsuon suru

uittorenen (boven …)	そびえる	sobieru
uitvaren tegen (ww)	叱る [しかる]	shikaru
uitvinden (machine, enz.)	発明する	hatsumei suru
uitwissen (ww)	消す	kesu

vangen (ww)	捕らえる	toraeru
vastbinden aan …	結びつける	musubitsukeru
vechten (ww)	喧嘩をする	kenka wo suru
veranderen (bijv. mening ~)	変える	kaeru

verbaasd zijn (ww)	驚く	odoroku
verbazen (verwonderen)	驚かす	odorokasu
verbergen (ww)	隠す	kakusu
verbieden (ww)	禁じる	kinjiru

verblinden (andere chauffeurs)	目をくらませる	me wo kuramaseru
verbouwereerd zijn (ww)	戸惑う	tomadō
verbranden (bijv. papieren ~)	燃やす	moyasu
verdedigen (je land ~)	防衛する	bōei suru

verdenken (ww)	疑う	utagau
verdienen (een complimentje, enz.)	値する	ataisuru
verdragen (tandpijn, enz.)	耐える	taeru
verdrinken (in het water omkomen)	溺れる	oboreru

verdubbelen (ww)	倍にする	bai ni suru
verdwijnen (ww)	姿を消す	sugata wo kesu
verenigen (ww)	合体させる	gattai saseru
vergelijken (ww)	比較する	hikaku suru
vergeten (achterlaten)	置き忘れる	okiwasureru
vergeten (ww)	忘れる	wasureru
vergeven (ww)	許す	yurusu

vergroten (groter maken)	増加させる	zōka saseru
verklaren (uitleggen)	説明する	setsumei suru
verklaren (volhouden)	断言する	dangen suru
verklikken (ww)	密告する	mikkoku suru
verkopen (per stuk ~)	売る	uru
verlaten (echtgenoot, enz.)	別れる	wakareru
verlichten (gebouw, straat)	照らす	terasu
verlichten (gemakkelijker maken)	簡単にする	kantan ni suru
verliefd worden (ww)	…と恋に落ちる	… to koi ni ochiru
verliezen (bagage, enz.)	なくす	nakusu
vermelden (praten over)	言及する	genkyū suru
vermenigvuldigen (wisk.)	掛ける	kakeru
verminderen (ww)	落とす	otosu
vermoeid raken (ww)	疲れる	tsukareru
vermoeien (ww)	疲れさせる	tsukaresaseru

256. Verbs V-Z

vernietigen (documenten, enz.)	破棄する	haki suru
veronderstellen (ww)	仮定する	katei suru
verontwaardigd zijn (ww)	憤慨する	fungai suru
veroordelen (in een rechtszaak)	判決を下す	hanketsu wo kudasu
veroorzaken … (oorzaak zijn van …)	…を引き起こす	.. wo hikiokosu
verplaatsen (ww)	移動する	idō suru
verpletteren (een insect, enz.)	潰す	tsubusu
verplichten (ww)	強いる	shīru
verschijnen (bijv. boek)	出版される	shuppan sareru
verschijnen (in zicht komen)	現われる	arawareru
verschillen (~ van iets anders)	異なる	kotonaru
versieren (decoreren)	飾る	kazaru
verspreiden (pamfletten, enz.)	配布する	haifu suru
verspreiden (reuk, enz.)	放つ	hanatsu
versterken (positie ~)	強化する	kyōka suru
verstommen (ww)	話をやめる	hanashi wo yameru
vertalen (ww)	翻訳する	honyaku suru
vertellen (verhaal ~)	話をする	hanashi wo suru
vertrekken (bijv. naar Mexico ~)	発つ	tatsu
vertrouwen (ww)	信用する	shinyō suru
vervolgen (ww)	続ける	tsuzukeru

verwachten (ww)	予期する	yoki suru
verwarmen (ww)	暖める	atatameru
verwarren (met elkaar ~)	混同する	kondō suru
verwelkomen (ww)	挨拶する	aisatsu suru
verwezenlijken (ww)	実現する	jitsugen suru
verwijderen (een obstakel)	取り除く	torinozoku
verwijderen (een vlek ~)	取る	toru
verwijten (ww)	非難する	hinan suru
verwisselen (ww)	交換する	kōkan suru
verzoeken (ww)	頼む	tanomu
verzuimen (school, enz.)	欠席する	kesseki suru
vies worden (ww)	汚れる	yogoreru
vinden (denken)	思う	omō
vinden (ww)	見つける	mitsukeru
vissen (ww)	魚釣りをする	sakanatsuri wo suru
vleien (ww)	おだてる	oda teru
vliegen (vogel, vliegtuig)	飛ぶ	tobu
voederen (een dier voer geven)	食べさせる	tabesaseru
volgen (ww)	…について行く	… ni tsuiteiku
voorstellen (introduceren)	紹介する	shōkai suru
voorstellen (Mag ik jullie ~)	紹介する	shōkai suru
voorstellen (ww)	提案する	teian suru
voorzien (verwachten)	見越す	mikosu
vorderen (vooruitgaan)	進展する	shinten suru
vormen (samenstellen)	構成する	kōsei suru
vullen (glas, fles)	満たす	mitasu
waarnemen (ww)	監視する	kanshi suru
waarschuwen (ww)	警告する	keikoku suru
wachten (ww)	待つ	matsu
wassen (ww)	洗う	arau
weerspreken (ww)	反対する	hantai suru
wegdraaien (ww)	背ける	somukeru
wegdragen (ww)	取り上げる	toriageru
wegen (gewicht hebben)	重さがある	omo sa ga aru
wegjagen (ww)	…を追い払う	… wo oiharau
weglaten (woord, zin)	省略する	shōrya ku suru
wegvaren (uit de haven vertrekken)	出航する	shukkō suru
weigeren (iemand ~)	断る	kotowaru
wekken (ww)	起こす	okosu
wensen (ww)	望む	nozomu
werken (ww)	働く	hataraku
weten (ww)	知る	shiru
willen (verlangen)	欲する	hossuru
wisselen (omruilen, iets ~)	交換する	kōkan suru
worden (bijv. oud ~)	なる	naru

worstelen (sport)	格闘する	kakutō suru
wreken (ww)	復讐する	fukushū suru
zaaien (zaad strooien)	種をまく	tane wo maku
zeggen (ww)	言う	iu
zich baseerd op	…に基づく	… ni motozuku
zich bevrijden van … (afhelpen)	取り除く	torinozoku
zich concentreren (ww)	…を集中させる	…wo shūchū saseru
zich ergeren (ww)	イライラする	iraira suru
zich gedragen (ww)	振る舞う	furumau
zich haasten (ww)	急ぐ	isogu
zich herinneren (ww)	思い出す	omoidasu
zich herstellen (ww)	回復する	kaifuku suru
zich indenken (ww)	想像する	sōzō suru
zich interesseren voor …	…に興味がある	… ni kyōmi ga aru
zich scheren (ww)	ひげを剃る	hige wo soru
zich trainen (ww)	トレーニングする	torēningu suru
zich verdedigen (ww)	身を守る	mi wo mamoru
zich vergissen (ww)	誤りをする	ayamari wo suru
zich verontschuldigen	謝る	ayamaru
zich verspreiden (meel, suiker, enz.)	こぼす	kobosu
zich vervelen (ww)	退屈する	taikutsu suru
zijn (ww)	ある	aru
zinspelen (ww)	ほのめかす	honomekasu
zitten (ww)	座っている	suwatte iru
zoeken (ww)	探す	sagasu
zondigen (ww)	罪を犯す	tsumi wo okasu
zuchten (ww)	ため息をつく	tameiki wo tsuku
zwaaien (met de hand)	手を振る	te wo furu
zwemmen (ww)	泳ぐ	oyogu
zwijgen (ww)	沈黙を守る	chinmoku wo mamoru